明治・大正・昭和

九州の鉄道おもしろ史

弓削信夫
Yuge Nobuo

西日本新聞社

まえがき

私たちは、よく列車に乗って旅行をしたり、列車が走っているのを見たりします。この列車が走る線路は、一体どうやって出来ていったのでしょうか？ 今では鉄道網がほぼ完成していて、線路があるのは当たり前のように思われています。そして線路は起点駅から終点駅へ延びていったのだろう……と一見考えます。ところが実際にはそうではありません。

例えば、九州で一番列車が多く走っている鹿児島本線でも、起点門司港駅から終点鹿児島駅へ延びていったのではないのです。まず博多駅から千歳川（という今では影も形もない仮駅）までが開通し、それが両側に延びていって現在の形になりました。両端から真ん中へ向かって延びて行き、繋がって1本の線になった線もあります（久大本線・豊肥本線など）。鳥栖から長崎へのルートも、両端から線路が敷かれていったが、なかなか繋がらず、途中は船に乗り換えて大村湾を渡らなければならない時期もありました。

汽車は煙をまき散らすから、わが町には走らせない——と鉄道を拒否したところもいっぱいあります。例えば熊本市は鉄道を拒否し、そのため熊本駅は熊本駅という名でありながら隣の春日村に造られた、とか、宇佐八幡宮が拒否したので宇佐駅は宇佐町ではなく、隣の北馬城《まき》村に造られた、などです。逆に誘致――それも単なる誘致ではなく、決まっていたルートを自分の村の方に迂回させて駅を造らせた村もあります（現由布院駅）。

　駅の名前についてもいろいろです。有名な侠客の出身地だから侠客の名を駅名にした駅もあります。幡随院駅（現筑肥線肥前久保駅）です。八屋《はちや》町の駅なのに、隣の宇島《うのしま》町の人が駅の用地を寄付してくれたので、隣の宇島町の名を駅名にした駅もあります（日豊本線宇島駅）。駅が出来たあと、駅のど真ん中を道路が突き抜け、駅が真っ二つに引き裂かれた駅もあります（筑肥線伊万里駅）。

　私は、新聞記者生活のうち、最後（定年まで）の17年間を北九州支社に勤務、国鉄九州総局記者クラブに在籍して九州各地の鉄道取材をしました。

　また定年後も、福岡県の広報誌『グラフふくおか』に「ふくおか駅紀行」を連載、西日本新聞社発行の写真集『九州鉄道の記憶1～5』の文章部分を共同執筆。そのほかＪＲ九州の特急車内備え付け広報誌『プリーズ』や、西日本文化協会発行『西日本文化』などにも単発原稿を書いてきました。それらの中から、九州の鉄道線路はどう延びていって今日に至ったか？　と、九州の珍しい駅の話題を拾い出し、文体を統一して、このような本にまとめました。各章は、初めにその線はどう延びていったか？――にまつわる話題の駅を紹介し、次にその線開通後の話題の駅を紹介するという順で書き進めました。

　浅学非才の私の取材ですから、この本に九州の線路延伸と駅のことが網羅されているわけではありません。九州の鉄道の歩みを知る資料の一つとなれば幸いです。

　取材に当たっては、国鉄・ＪＲの皆様、同ＯＢの皆様、鉄道沿線各地の地元の皆様にお世話になりました。なお、この本は、初め『九州の駅・珍談１６０話』という書名の私家版としてごく少部数作り、友人・知人に配ったものですが、西日本新聞社出版部から、西日本新聞社が撮影・保存している古い貴重な写真なども加え、もっと多くの人に読んでもらうような本にしたら……ということになり、増補・改題し、『明治・大正・昭和　九州の鉄道おもしろ史』として出版されることになったものです。西日本新聞社と、担当された末崎光裕出版部次長、保坂晃孝同部出版コーディネーターにお世話になりました。皆様ありがとうございました。

弓削信夫

凡例

・引用文は、旧字体も現字体で表記、句読点、濁点・半濁点、ルビ、～記号を付けました。
・出典は、初出箇所の脚注に、著者・出版社・発行年を記し、二度目以降は書名だけ記しました。
・九州鉄道会社は明治40年7月1日、国に買収されています。このことは各項では略しました。
・国有化後の省庁名は、帝国鉄道庁、鉄道院、鉄道省、運輸通信省、運輸省、国有鉄道などと変わっていますが、とくに必要ない限り国鉄と略記しました。
・九州旅客鉄道株式会社はＪＲ九州と略記しました。
・門鉄は国鉄門司鉄道管理局の略です。熊鉄・分鉄・鹿鉄もそれぞれの管理局の略です。
・会社名の株式または株式会社を省略しました。
・線の開通、駅の開業、駅名の読み方は『鉄輪の轟き』（ＪＲ九州社史）、『停車場変遷大事典』（ＪＴＢ編発行）によりました。
・開業などの時期は原則として年だけを記し、特に月日が必要なときはカッコ内に略記しました。
・カッコ内では、例えば「明治22年」を「明22」などと略記しました。
・写真の撮影年は、例えば平成22年撮影を「平22撮」などと略記しました。
・文中の、手前、先、右、左などは、特に断らない限り、起点側から見た方向です。
・職業名や無職者の呼び方は当時の呼び方のまま原文から引用しました。
・勾配の‰《パーミル》は千分比です。例・二〇‰は一〇〇〇メートル進む間に二〇メートル高く（または低く）なるの意味です。
・レールの規格をキロで表記しているのは一メートル当たりの重さ（キログラム）です。
・インチは十二進法です。従って軌間を三フィート半と表記したのは三フィート六インチ（一〇六七ミリ）の意味です。
・添付した地図は、その線などの概念を描いたもので、方向や距離を正確に縮小したものではありません。
・鉄道開通前に石炭を運んでいた川舟は、艜《ひらた》、川艜、五平太舟《ごへいたぶね》などと呼ばれていましたが、ここでは五平太舟と表記しました。

明治・大正・昭和　九州の鉄道おもしろ史　◎　目次

1　九州に初めて汽車が走った区間の話

……現・鹿児島本線博多～久留米間

2 博多から上り側に延びた区間の話

……現・鹿児島本線博多～門司港間

3 久留米から九州南端まで延びた線などの話

……現・鹿児島本線久留米から鹿児島間他

4　鳥栖から分岐して長崎まで延びた線の話

……現・長崎本線、佐世保線、大村線他

5 佐賀・長崎県内のその他の線の話

……現・唐津線、筑肥線、松浦鉄道他

6 日豊本線とその支線などの話
……現・日豊本線、吉都線、日南線、宮崎空港線他

7 九州を横断する二つの鉄道と支線の話

……現・久大本線、豊肥本線他

8

炭鉱地帯の鉄道①筑豊本線などの話

……現・筑豊本線、後藤寺線、元・室木線他

9

炭鉱地帯の鉄道②篠栗線などの話

……現・篠栗線、香椎線、日田彦山線他

津屋崎
宮地岳
古賀
福間
東郷
宗像神社
赤間
海老津
筑前芦屋
(仮)奥洞海
藤ノ木
若松
二島
遠賀川
折尾
黒崎
八幡
古賀病院前
筑前新宮
香椎
土井
伊賀
清水口
中久原
筑前脇田
内殿
見坂
直方本線
篠栗
酒殿
須恵
新原
宇美
筑前勝田
古月
鞍手
室木
中間
筑前垣生
筑前植木
直方
新手
岩崎
香月
勝野
筑前宮田
宮田町
千石峡
幸袋本町
二瀬
新二瀬
幸袋線
小竹
鯰田
赤池
中泉
金田
伊田
香春
採銅所
呼野
糸田
豊前大熊
油須原
上伊田
今任
大任
伊原
後藤寺
後藤寺線
池尻
豊前川崎
西添田
添田
船尾
筑前庄内
漆生線
下鴨生
鴨生
漆生
上三緒
飯塚
新飯塚
天道
桂川
上山田
上山田線
下山田
大隈
臼井
豊前桝田

1 九州に初めて汽車が走った区間の話

……現・鹿児島本線博多〜久留米間

九州に初めて汽車を走らせたのは大石内蔵助《くらのすけ》の首を斬った男の子孫

九州に初めて汽車を走らせたのは大石内蔵助《くらのすけ》の首を斬った男の子孫だった。今から約３１０年前の元禄15年12月14日深夜、赤穂浪士47人は吉良邸に討ち入り、吉良上野介《こうずけのすけ》の首を取り、幕府に自訴。四つの藩の江戸屋敷に預けられた。このうち大石内蔵助良雄《よしたか》ら17人が預けられたのは、肥後（現熊本県）細川藩の江戸屋敷だった。

そして翌元禄16年2月4日、幕命により全員切腹をした。切腹は本人が腹を斬るのと同時に介錯人が首を斬るが、内蔵助の介錯を命じられたのが細川藩の家臣で世禄２００石の安場一平という人。――内蔵助が自分で腹を斬り、安場《やすば》一平が介錯をした。

〈一平君藩命を蒙《こうむ》り良雄を介錯す。故に安場家には、今なお介錯の刀と良雄の使用せし木椀とを蔵す。此の介錯の縁に因つて、安場家にては、毎年良雄自尽の日を以て、其の霊を祭るを例とす〉（『安場咬菜《こうさい》・父母の追憶』[註1]）。

そしてその一平から7代目の子孫に安場保和《やすかず》という人がいた。安場保和は、天保６（１８３５）年、熊本に生まれ、27歳で藩の鉄砲副頭となり、戊辰戦争では藩の所有船、万里丸で東上し、徳川方との戦いに活躍。明治維新後は東京で政府の官吏に引き立てられ、胆沢《いさわ》県（現岩手県の一部）大参事、熊本県少参事。さらに岩倉具視特命全権大使に随行して欧米各国を視察。帰国後は福島、愛

安場保和
＊西日本新聞アーカイブ

知県令を経て明治19年福岡県令[註2]となった。

＊

福岡県令になった安場は、九州にも汽車を走らせようと考えた。安場の着任前にも、九州に鉄道を造ろうという声はあり、明治15年、福岡県会（現県議会）で決議。安場の前任者、岸良俊介県令がその決議を持って上京、鉄道庁長官、井上勝と折衝している。しかし井上は、

「融資の金利を払えるほどの利益が上がるはずはない」

と不同意。計画は頓挫〈爾来《じらい》復《また》九州鉄道のことを言ふ者なし〉（同）だった。

ところが安場は着任すると、前任知事の資料を増訂し「九州鉄道布設の儀」と題する上申書を書いて上京、伊藤博文首相と折衝。

〈九州鉄道民設ノ儀ハ発起人等見込相立願出ル節ハ（略）許可スベシ〉

という回答を取り付けた。資本金を出す発起人の見込みが立ったら許可する、というわけ。前任知事が鉄道庁長官に拒否されたのとはえらい違いだ。

なにしろ安場は東京に勤務しているとき、伊藤博文と舟で釣りに行き、舟端で立ち小便。風で小便のしぶきが伊藤の顔にかかり、伊藤が文句を言うと、

「狭い舟の中だ、仕方がない！」

と言い返した。するとそのあと伊藤はブツブツ小言をつぶやくだけだった——と政治結社「玄

洋社」社長、頭山満の懐旧談（同）。当時は一役人の身で、のち首相になる伊藤博文に小便をひっかけて平気な男だから、九州に汽車を走らせる許可も二つ返事で取れたのかもしれない。

＊

福岡に帰ってきた安場は、熊本、佐賀の両知事に呼びかけ、3県知事で3県下の有志に出資を求めた。さらに安場は政府の利子補給も請願した。これは一度却下されたが、すると安場はすぐ上京して井上馨外相の自宅に行き〈家人の案内を待たず、居室に入り〉（同書）とは、相変わらずずいぶん乱暴だが、とにかく井上外相に会って、九州の鉄道は熊本鎮台（現在の師団）、福岡連隊、小倉旅団、佐世保鎮守府、長崎港、門司港などを結ぶ国防上必要なものだと軍事にかこつけて説得。ついに利子補給も獲得した。

九州鉄道会社は初めこの3県有志の出資で創立の予定だったが、のち長崎県で鉄道会社[註3]を計画していた人たちも加わり、4県財界人の出資で会社創立願書を政府に提出。明治21年（6・27）政府から会社創立の本免状が下り、博多駅予定地前に仮本社が建てられ、九州鉄道会社が創立された。そして翌22年（1889年＝12・11）博多駅から九州で初めての汽車が走り出した。

もちろん九州鉄道会社は民間会社だが、九州に汽車を走らせようと思い立ち、政府と折衝、他県知事にも働きかけ、出資者を募り、九州に鉄道を実現させたのは安場知事だった。すなわち大石内蔵助の首を斬った安場一平の子孫、安場保和知事が九州最初の汽車を走らせたと言っていいだろう。

現・鹿児島本線博多〜久留米間

註1　『安場咬菜《こうさい》・父母の追憶』　安場保和の門人、八重野範三郎執筆、保和の孫で弁護士の村田安定編、同じく孫で貴族院議員の安場保健が発行。非売品。咬菜は保和の号。咬菜は野菜の根をかじるが原義で、質素な生活をする男という意味。

註2　県令　現在の県知事。安場が福岡県令として在任中の明治22年、県知事と職名が改定された。

註3　長崎鉄道会社　詳細は第4章の長崎本線の項に。

毎朝、機関車で出勤した
ドイツ人技師ルムシュッテル

政府から会社創立と鉄道建設の許可を得た九州鉄道会社は、明治21年、福岡市の博多駅建設予定地前（福岡市馬場新町＝現博多区祇園町）に仮本社（2階建て）を建て、ここで九州に初めて汽車を走らせる計画を進めていった。

社長は農商務省商務局長だった高橋新吉。技術はプロシア（現ドイツ）国鉄機械製作局長、ヘルマン・ルムシュッテル率いる技術者たちを招いて指導させた。

ドイツ人技師たちは、博多駅（予定地、以下も同）近くの若《わか》八幡宮そばに建てられた社宅に住んでいた。建物は木造の西洋館でネズミ色のペンキが塗られていて、「異人屋敷」と呼ばれていた（『博多風土記』[註1]）。

ルムシュッテルは技師たちと一緒ではなく、博多駅から800メートルほど南西にある住吉神社境内の、神門から入ってすぐ右の空き地にシャレた西洋館が建てられ、日本人女性と二人で住んでい

ルムシュッテル
＊西日本新聞アーカイブ

た。女性のことを近所の人たちは「ラシャメン」と呼んでいた。色白の美人で、子どもたちが遊びに行くと、カステラや、レンコンを砂糖漬けにしたお菓子をくれた。外出するときは和服に西洋のクツをはいていて、これがいかにも異人さんと暮らしている日本人女性という格好だった。

ルムシュッテルは毎朝、神社の裏から蒸気機関車に乗って駅まで行き、駅前の仮本社に出勤した（住吉神社名誉宮司、横田留四郎さんの話[註2]）。いま住吉神社横には線路など通っていないが、当時の博多駅はいま大博多ビルがあるあたりであり、駅から久留米へ向かう線路は住吉神社のすぐ裏を通って延伸工事中だった。線路は博多駅から約８００メートル敷設された時点で住吉神社裏に達しており、ルムシュッテルはこの８００メートルを利用して蒸気機関車で通勤したわけ。まだ自動車はない時代の話だ。いまも博多駅ビル（愛称・博多シティ）屋上の鉄道神社内にルムシュッテルの像が飾られている。

当時日本ではまだレールも国産されておらず、いやそれどころか、鉄を造る近代製鉄所[註3]さえなく、レールも、機関車も、客車も、貨車も、ドイツから輸入した。

これらの機材は博多湾に貨物船で着いたのを、沖でハシケに積み替え、大浜海岸（当時は砂浜）に造られた木製桟橋に陸揚げした。そして大浜から博多駅建設予定地そばまでは道路上に軽便鉄道[註4]の線路[註5]を敷いて運び、敷設されていた（『福岡日日新聞』明22・6・19付など）。

註1　『博多風土記』元九州日報記者、小田部博美著、昭51、海鳥社復刻。

註2　横田留四郎さんの話　昭41・9・28付『夕刊フクニチ』所載。

註3　近代製鉄所　日本初の近代製鉄所である官営製鉄所（現新日鐵八幡製鉄所）が稼働したのは明34

註4　軽便鉄道　道路上に線路を敷いて汽車を走らせる鉄道。ここでは機関車や客車の運搬用。のちには現国道210号の久留米〜日田間に筑後軌道会社の汽車が走るなど、各地に乗客を運ぶ軽便鉄道がお目見えした。さらにのちには鉄道会社や国鉄が線路用地を買収して線路を敷いた軽便鉄道も登場した。

註5　線路　軽便鉄道ではあるが、軌間は九州鉄道と同じく3フィート半（インチは十二進法であり、3フィート6インチ＝1067ミリ）。

初めての汽車が発車した博多駅は現駅より600メートル北西にあった

九州初めての汽車が博多駅を発車した、と前に書いたが、このときの博多駅はいまの博多駅ではない。明治22年（1889年）、九州初めての汽車が発車した博多駅は、いまの博多駅より北西約600メートルのところにあった。博多駅は昭和38年（1963年）、現位置に移転したのだ。

九州初めての汽車が発車した、いわば九州鉄道発祥の地——ともいうべき歴史的意義あるところからなぜ移転したのか？　というと、駅の利用者が増え、それに応じて列車本数も増え、駅が狭隘《きょうあい》になったからだった。

駅の利用者が増えると、出札窓口も、改札口も、数多く必要だし、コンコースも広げなければ

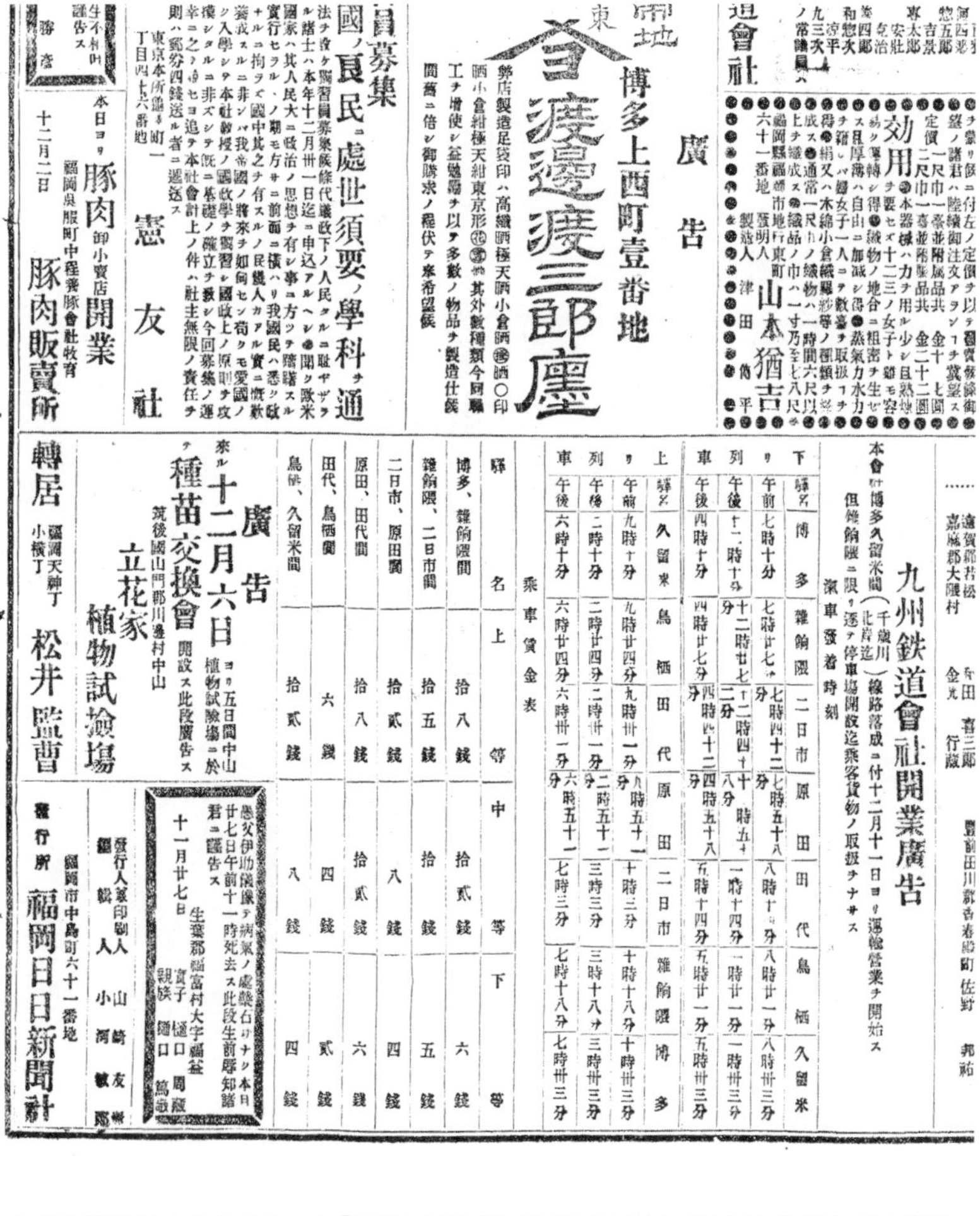

道會社

●…ヲ崇リ假ニ付左ノ定價ヲ以テ發賣致候御望ノ諸君ハ陸續御注文アランコトヲ冀望ス
定價 一尺巾一臺並附屬品共 金十七圓
二尺巾一臺並附屬品共 金二十二圓

効用

●本器械ハ力ヲ用ル少シ且熟練ヲ要セズ十二三ノ女子ト雖モ容易ク運轉シ得●織物ノ地合ニ粗密ヲ生ゼズ且厚薄ハ自由ニ加減シ得●蒸氣力水力ヲ藉レバ婦女子一人ニテ數臺ヲ取扱フヲ得●絹又ハ木綿小倉織縮紗等ノ種類ヲ織成ス●通常一尺九ノ織物ハ一時間六尺以上ヲ織成ス●織品ノ巾ハ一寸乃至七八尺迄

福岡縣福岡市地行東町六十一番地
發明人 山本猶吉
製造人 津田傳平

廣告

博多上西町壹番地

渡邊渡三郎廛

弊店製造足袋印ハ高織晒極天晒小倉晒〇印晒小倉紺極天紺東京形印其外數種類今回職工ヲ増使シ益勉勵ヲ以テ多數ノ物品ヲ製造仕候間舊ニ倍シ御購求ノ程伏テ奉希望候

員募集

國ノ良民ニ處世須要ノ學科ヲ通

法ヲ設ケ獨習員募集候條代議政下ノ人民タルニ耻ヂザラル諸士ハ本年十二月卅一日迄ニ申込アルヘシ●聞ク歐米國家ハ其人民大ニ政治ノ思想ヲ有シ事ニ方ツテ躊躇スル實行セラル、ノ期モ方サニ前面ニ横ハリ我國民ハ悉ク政ナルニ拘ラズ國中其之ヲ有スルノ民幾人カアル實ニ慨歎審哉スルニ非ンバ我帝國ノ將來ヲ如何センヤ苟クモ愛國ノク入學シテ本社教授ノ國政學ヲ獨習シ國政上ノ原則ヲ攻撲シタルニ非ズシテ既ニ基礎ノ確立ヲ致シ今回募集ノ運幸ニ之ヲ希セヨ追テ本社會計上ノ件ハ社主無限ノ責任ヲ則ハ郵券四錢送ル者ニ遞送ス

東京本所龜澤町一丁目四十六番地

憲友社

本日ヨリ 豚肉御小賣店開業

福岡縣服町中程養豚會社牧畜

十二月二日

豚肉販賣所

九州鉄道會社開業廣告

本會社博多久留米間(千歲川北岸迄)線路落成ニ付十二月十一日ヨリ運輸營業ヲ開始ス
但雜餉隈ニ限リ遂テ停車塲開設迄乘客貨物ノ取扱ヲナサス

汽車發着時刻

下り列車

驛名	午前	午後	午後
博多	七時十分	十二時十分	四時十分
雜餉隈	七時廿七分	十二時廿七分	四時廿七分
二日市	七時四十二分	十二時四十二分	四時四十二分
原田	七時五十八分	十二時五十八分	四時五十八分
田代	八時十四分	一時十四分	五時十四分
鳥栖	八時廿一分	一時廿一分	五時廿一分
久留米	八時卅三分	一時卅三分	五時卅三分

上り列車

驛名	午前	午後	午後
久留米	九時十分	二時十分	六時十分
鳥栖	九時廿四分	二時廿四分	六時廿四分
田代	九時卅一分	二時卅一分	六時卅一分
原田	九時五十一分	二時五十一分	六時五十一分
二日市	十時三分	三時三分	七時三分
雜餉隈	十時十八分	三時十八分	七時十八分
博多	十時卅三分	三時卅三分	七時卅三分

乘車賃金表

驛名	上等	中等	下等
博多、雜餉隈間	拾八錢	拾貳錢	六錢
雜餉隈、二日市間	拾五錢	拾錢	五錢
二日市、原田間	拾貳錢	八錢	四錢
原田、田代間	拾八錢	拾貳錢	六錢
田代、鳥栖間	六錢	四錢	貳錢
鳥栖、久留米間	拾貳錢	八錢	四錢

……
遠賀郡若松 有田喜三郎
嘉麻郡大隈村 金丸行藏
豐前田川郡香春町 佐野邦祐

廣告

來ル十二月六日ヨリ五日間中山植物試驗場ニ於テ種苗交換會開設ス此段廣告ス

筑後國山門郡川邊村中山

立花家植物試驗場

轉居 福岡天神丁小横丁 松井監曹

愚父伊助儀豫テ病氣ノ處藥石ナク本日廿七日午前十一時死去ス此段生前辱知諸君ニ謹告ス
十一月廿七日
生葉郡福富村大字福益
實子 樋口周藏
親族 樋口篤敬

發行人兼印刷人 山崎友[illegible]
編輯人 小河[illegible]
發行所 福岡市中島町六十一番地 福岡日日新聞社

九州鉄道開業の広告が載った「福岡日日新聞」(明22.12.7付)。時刻表、運賃なども記載
＊西日本新聞アーカイブ

ならない。売店や食堂も増やさなければならない。駅に来る人や車が増えると、駅前広場も狭くなった。また駅に着発する列車が増えたから、駅周辺の踏切[註1]が遮断されている時間も長くなった。踏切遮断時間が長くなると、駅周辺を通り抜ける車も渋滞。これらを一挙に解決するためには、駅を移転させて、駅前広場も、周辺道路の幅員も広くし、線路を高架にして踏切も減らす以外にないと福岡市が博多駅地区区画整理を計画、国鉄や地域の人たちも応じた（『博多駅地区区画整理誌』[註2]）。

区画整理により、駅は、それまでの馬場新町から三社町[註3]に駅ビルを建てて移転した。移転は昭和38年12月1日、真夜中の午前0時52分、旧駅最後の列車、下り長崎・佐世保行き夜行を送り出すと、駅員たちは６００メートル離れた新駅に急ぎ、午前4時28分、新駅からの一番列車、上り小倉行きを発車させた（当時の駅長、井手下樹さんの話＝昭54取材）。夜が明けると新駅行きのバスが旧駅の中を突っ切り、ホームの屋根の下[註4]をくぐって走った。

*

旧駅跡はいま駅のかけらも残っていないが、駅の幅のまま比較的大きいビルなどが並んでいて、ここにかつて博多駅ありきを偲ばせる。いずれも区画整理事業の中で保留地として一般参加の入札で落札されたり、公共機関、緑地などになっている。上り側（吉塚駅側）から見て行くと、まず福岡市水道局、その少し南は出来町公園。この公園に「九州鉄道発祥の地」の石碑[註5]が建っている。この駅から九州初の汽車が走り始めて90年目の昭和54年（１９７９年）12月11日、国鉄九州総局が建立した。できれば駅の中心だったところに立てたかったのだが、駅中心は50メートル道路（大博通り）

九州鉄道開通当時、博多～千歳川間を走ったドイツ製機関車(明22ごろ)
＊西日本新聞アーカイブ

日露戦争凱旋門がつくられた博多駅前(明38)
＊西日本新聞アーカイブ

になっており、まさかそんなところに立てるわけにも行かず、駅の一角だったところにできた出来町公園に立てたというわけ。

公園の西は第一生命ビルなどがある。このビルと大博多ビルの間に50㍍道路が通っているが、このあたりが旧駅の中心部。さらに南側は入札直後は民間の福岡体育館が建っていたが、いまは福岡ファッションビルになっている。西へ進んでゆくと福岡商工会議所、博多区役所、藤田公園、博多警察署、三井生命ビルなどが建っている。

九州鉄道発祥の地の石碑（出来町公園）

少し離れたところにＴＶＱ《テレキュー》九州放送本社がある。ここは本線から分かれて貨物積み降ろし場があったところ。初め日本経済新聞が落札し、西部本社を建て、輪転機を据えて九州進出を果たした。しかし九州進出が成功し、西部本社の規模が大きくなると社屋が狭隘になり、移転。跡地に、同社と西日本新聞などが出資して開局したＴＶＱが本社を建てた。その南側は博多消防署だったが、移転して、いまは駐車場になっている。

駅が移転したから当然線路も移設。吉塚駅から旧博多駅までも、旧博多駅から現在の線路までも道路になっている。この旧駅から現線までの道路脇に住吉神社があり、ルムシュッテルが神社の裏から蒸気機関車に乗って博多駅まで出勤していたのがうなずける。

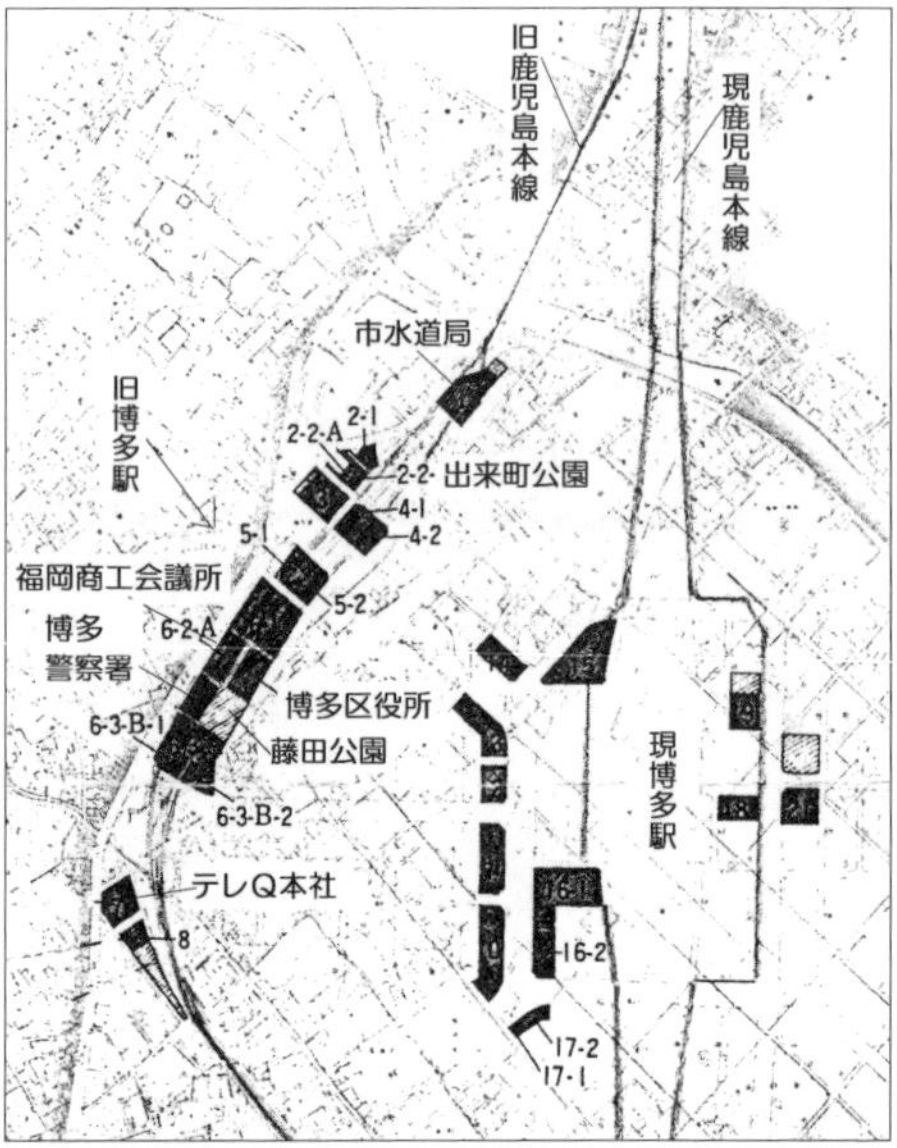

『博多駅地区区画整理誌』所載の地図。旧博多駅跡部分の保留地番号の一部は現在のビル名、公園名に書き換えた。

旧線と現線の接点は、鹿児島本線から筑肥線が分岐していた付近でもあり、ここには区画整理で東領公園ができている。

＊

こうして現位置に移転し、大きくなった博多駅だが、さらに昭和50年（1975年＝3・10）、位置はそのままだが駅は大きく変わった。それまで東京～岡山間だった東海道・山陽新幹線が博多駅まで延伸開業したのだ。それまでは在来線のホームが四本あり、それぞれの両側に線路があったが（国鉄用語で4面8線と略称）この日からは、それらの東側に2面4線が増設され、ここに新幹線が発着するようになった。

さらに平成23年（2011年＝3・12）には九州新幹線博多～鹿児島中央間が全通。博多駅の新幹線ホームは3面6線に増やされた。同時に駅ビルも建て替えられ、地下3階、地上10階、床面積20万平方メートル、旧駅ビルの7倍だ。ここに博多阪急デパートを核として約230店舗がひしめいている。1日の乗客はJR九州が約10万人、JR西日本が約1万5000人（平成23年度）。合計11

万5000人、ちょっとした市の人口ぐらいの人が、この駅1カ所に毎日集まってきているわけだ。

註1　踏切　吉塚〜博多〜竹下間に15カ所もあった。
註2　『博多駅地区区画整理誌』昭49、福岡市編・発行。
註3　三社町　かつては筑紫郡堅粕《かたかず》村だったところ。
註4　ホームの屋根の下　コンクリートのホームはあらかじめ道幅分切り取って板張りにし、板は簡単に取り外されるようにされていた。
註5　「九州鉄道発祥の地」の石碑　蒸気機関車の動輪もはめ込まれている。

起点博多駅を発車したが　終点久留米駅に着かなかった初列車

九州で初めての汽車は明治22年（1889年）12月11日午前7時10分、博多駅を発車した。終点は久留米駅——のはずだったが、あいにくこの汽車は久留米駅には着かなかった。駅の手前の筑後川に架かるはずの鉄橋がまだ架かっていなかったのだ。理由は、この年の6月から7月にかけて筑後地方は霖雨《りんう》がつづき、7月4日、筑後川が氾濫、水死40人、行方不明20人。九州鉄道としても〈久留米市内最高所ヲ撰ミ貯蔵シ置キタルセメント六百九十樽ヲ固結セシメ〉（『九鉄報告』明治23年下期分）という被害。——セメントが濡れて固まってしまっては架橋工事は進められず、お陰で鉄橋が架からなかったというわけ。

鉄橋がなくては汽車は川を渡れない。仕方なく九州鉄道は川の手前の〈千歳川北岸、即チ佐賀県養父《やぶ》郡[註1]旭村大字下野ニ仮停車場を建築シ（略）博多～千歳川間ノ運輸営業ヲ開始〉（同）した。仮停車場ヲ建築シ……などとなっているが、実際は建築などというものではなく、列車の乗降口のそばだけ枕木を積み重ねてお客が乗降できるようにしただけだった（鳥栖市下野町、執行儀一さん[註2]の話＝昭54取材）。

もちろんこのことは事前に乗客にも知らされており、『福岡日日新聞』（明22・12・7付）に載った九州鉄道会社の広告にも〈博多～久留米間（千歳川北岸迄）線路落成ニ付十二月十一日ヨリ運輸営業ヲ開始ス〉と、カッコ書きで汽車が筑後川の手前までしか行かないことが書かれている。列車の運行は1日3往復だった（『九鉄報告』明治23年下期分）。

＊

3カ月後の明治23年（1890年）3月1日、筑後川の鉄橋は完成、この日から汽車は晴れて博多～久留米間を走るようになった。線路が880㍍延びたので、運賃[註3]は1銭上がった。例えば博多～久留米間は27銭だったのが28銭になった（『福岡日日新聞』明23・3・1付に掲載された九州鉄道会社の広告）。なお千歳川は筑後川の旧名だが、同橋梁名は平成のいまも千歳川橋梁。

＊

このとき架けられた鉄橋は、いま熊本県山鹿市の「水辺プラザかもと」の小さい川に架かっている。

九州鉄道会社が架けた鉄橋は、幅約5㍍、長さ約32㍍という、いまの目で見れば小さい桁を繋いだものだった。従ってそのうちに機関車が大型化すると、鉄橋も強大化しなければならなくなり、国鉄は、大正2年、大きな桁のものに架け替えた。

するとその直後、熊本県に鹿本鉄道[註4]という私鉄が誕生、国鉄植木駅（熊本県鹿本郡植木町＝現在は熊本市）を起点として温泉地、山鹿町までの鉄道建設を始めた。そして延伸中、宮原～来民《くたみ》間の菊池川に鉄橋を架けるとき、国鉄から、使わなくなった千歳川橋梁の桁の譲渡を受け、菊池川に架けた（大10）。

しかし同鉄道は昭和35年、水害のため営業休止、のち廃止された。菊池川橋梁も撤去されたが、橋桁のうち一つだけは24メートルに短縮されて宮原駅跡に保存された（鉄道友の会九州支部顧問、奈良崎博保さん[註5]の話＝平5取材）。

ところが駅跡に置かれているだけではまるで草むらに放置されているような感じで、傷み放題。そこで地元有志が保存会を結成。鹿本町（平17山鹿市に合併）は保存会の要望を聞き入れて、平成14年、同鉄橋を「水辺プラザかもと」に移し、そばに説明板も立てて大切に保存している。

初めて汽車が走った区間

*

千歳川橋梁の橋脚は、橋桁を鹿本鉄道に譲渡後もそのまま使われていた。昭和17年（1942年）、関門トンネル開通とともに鹿児島本

橋脚で造られた石碑

水辺プラザかもとの千歳川橋梁＝平22撮

線の列車本数も増え、横にもう1本鉄橋が架けられ、単線並列鉄橋になったが、橋脚はそのままだった。しかし、さらにのちの昭和54年（1979年）には、2本とも取り壊され、横（東側）に複線鉄橋が架けられた。

このとき明治23年に造られた歴史的意義のある橋脚も撤去。そこで久留米駅では、橋脚に使われていた自然石の一つに、久留米駅開業90周年と久留米市制90周年（ともに明治22年誕生）の文字を刻み、石碑として久留米駅前に建立している。

註1　養父《やぶ》郡　明29、三根郡、基肄《きい》郡と合併し、3郡の頭文字をとって三養基郡となった。旭村は現在は鳥栖市。

註2　執行儀一さん　開業当時、子どもだったが、のち国鉄下請けの建設業者だったので記憶が具体的。

註3　運賃　これは三等車（現普通車）の場合であり、二等車（現グリーン車）は2銭、一等車（昭14廃止）は3銭の値上がり。

註4　鹿本鉄道　大6・12・22部分開業。大12・12・31国鉄植木駅〜山鹿間全通。昭27山鹿温泉鉄道と社名変更。昭和35年、水害のため営業休止、のち廃止。

註5　奈良崎博保さん　元鉄道友の会九州支部長、本業は北九州市で産婦人科医院長、医学博士。故人。

現地に出張したのに記事を書かなかった？『佐賀新聞』記者

九州初めての汽車が一般のお客を乗せて営業運転を始める前日の明治22年（1889年）12月10日、各界の知名士や新聞記者を乗せた試運転列車が走った。いわば知名士招待祝賀列車ともいうべきもので、祝賀セレモニーもこの日行われている。

この試運転列車の試乗記やセレモニーの様子を知ろうと、福岡県立図書館など各図書館に保存されている『福岡日日新聞』のマイクロフィルムを見たが、10日のニュースが載っているはずの11日付が欠落している。同紙の明治時代はほかにも欠号があり、どうやら社の保存新聞自体が完全ではなくマイクロフィルムに撮れなかったようだ。

仕方がないとあきらめていたが、佐賀県立図書館で『佐賀新聞』のマイクロフィルムを見ると、3日後の13日付に〈九州鉄道開業式彙報《いほう》〉という見出しの記事が載っている。列車の終点、千歳川仮停車場があるのは佐賀県養父郡旭村だから、『佐賀新聞』も佐賀県内のニュースとして当然取材したのだな、と思って記事を読むと、ナンと記事は、

〈再昨十日の博多～久留米間九州鉄道試運転式に就ては、予《かね》て同会社の招待もあり、本社にても社員一名を同地に派出せしめ開業式に関する総ての景況は洩らさず通信する定めなりしも、昨朝着福岡日日新聞の記する處《ところ》は極めて其詳細を尽したる如く思はれるので、先づ取り敢へず左に同

新聞より景況の一、二を転載す。読者乞ふ之を諒《りょう》せよ〉という前書きで『福岡日日新聞』の記事が長々と紹介されている。すなわち九州に初めて汽車が走ったことが載っているはずの日の『福岡日日新聞』はなくなっているが、その記事は『佐賀新聞』でそっくり読むことができるのだ。

よかった、よかったと、後世の私は一安心したが、しかし、では〈同地に派出せしめ〉られ〈開業式に関する総ての景況は洩らさず通信する定め〉だった『佐賀新聞』の記者サンは、原稿を送らずに一体どうしていたのだろうか？　あわてた本社が他社の記事を転載とは驚いた。

＊

『佐賀新聞』に載った『福岡日日新聞』の記事によると（と妙なクレジット原稿になるが）、九州に初めて汽車が走った日の光景は〈烟火《はなび》雨の如く歓呼《かんこ》万雷《ばんらい》の祝喊《しゅくかん》中に、汽笛一声轟然号砲《ごうぜんごうほう》と相和し、已に黒煙を噴《ふ》き、怒るが如く吼《た》けるが如く轟轟《ごうごう》空気を蹴《け》って飛び（略）一大竜蛇の象を見る壮観（略）列車は博多を発し……〉だそうだ。

いささかものものしい書き出しなので、現代文に直し、要約すると——祝賀列車は、花火が次々に打ち上げられる中、博多駅を発車、千歳川仮停車場を目指して走った。途中の各駅構内

九州鉄道開業式彙報　再昨十日の博多
間九州鉄道試運転式に就ては豫て全會社の招
より本社にても社員一名を同地に派出せしめ開
に關する總ての景況は洩らさず通信する定めな
り昨朝着福岡日々新聞の記れる處は極めて其詳
盡したる如と思はるれど先づ取り敢へず左に全
より景況の一二を轉載す讀者乞ふ之を諒せよ
◎九州鉄道博多久留米間の試運轉　烟花雨の

『佐賀新聞』（明22.12.13付）記事の一部

現・鹿児島本線博多〜久留米間

には遠くからも老若男女が晴れ着を着て、宛《あたか》も村祭りのようなにぎわい。駅によっては小学生が整列して唱歌を歌って祝い、また佐賀県師範学校の生徒たちが兵式体操を演じて祝意を表し、あちこちの駅で餅捲き、ミカン捲きもあった。列車が千歳川仮停車場に着くと、来賓たちは群衆をかき分けて千歳川の仮橋を渡り、久留米駅に着いた。そしてここで折り詰めの立食祝宴。再び仮橋を渡り千歳川仮停車場から列車に乗って、午後4時45分、博多駅に帰着。ここでは九州鉄道の高橋新吉社長[註1]が全車を一両ずつ回って挨拶。駅では西洋料理立食の饗《うたげ》が開かれた。

そして翌11日から、一般のお客を乗せる営業運転が始まった——。

次項からは、これ以外の開業当時の話題の駅を——。

註1　高橋新吉社長　元薩摩藩士。長崎に出て、英語を学び、日本初の英和辞典を編纂・発行。そのもうけでアメリカに留学。農商務省商務局長を経て、九州鉄道初代社長。当時はまだ全車に一斉放送できるマイクは登場しておらず、社長は全車を一両ずつ回って挨拶した。

雑餉隈《ざっしょのくま》に拒否された雑餉隈駅

九州鉄道会社の計画では、博多駅の次は雑餉隈駅（福岡県大野村雑餉隈＝現大野城市）の予定だった。当時の時刻表にもそう印刷されていた。それなのに雑餉隈の地元の人たちは、雑餉隈に駅ができることに反対をした。

理由は、雑餉隈というところは江戸時代から博多宿と二日市宿の中間にある「間《あい》の宿」として栄えたところであり、鉄道が開通すると人々は皆汽車で素通りしてしまい、宿場町はさびれてしまうということだった（『大野城市史』）。

そこで九州鉄道は、鉄道のルートを雑餉隈よりもっと西の方の那珂村麦野（現在は福岡市）を通るようにし、開業予定日までに線路は敷いた。だから汽車はこの辺を通って千歳川仮停車場方面へ走って行った。しかし駅の建設は間に合わなかった。九州鉄道会社の時刻表（『福岡日日新聞』明22・12・6付に載った広告）には

〈但《ただし》雑餉隈ニ限リ逐《おっ》テ停車場開設迄、乗客・貨物ノ取扱ヲナサズ〉

と書いてあった。博多発の汽車はこの辺りを素通りして次の二日市駅に止まった。

＊

約1カ月後（明23・1・20）雑餉隈駅が開駅した。だが駅の所在地は雑餉隈ではなく、麦野であり、雑餉隈ではないところにある雑餉隈駅ということになった。

雑餉隈駅を拒否した大野村雑餉隈は、

〈旅客はすべて鉄道を利用して通過してしまい、宿場町としての雑餉隈は衰退の道を辿《たど》り（略）逆に雑餉隈駅前（那珂村麦野）が賑やかな商店街通りとなった〉（『大野城市史』）

と後世の人は無念そうに書いている。

＊

雑餉隈駅のその後にも触れると、昭和36年（1961年）、門司港〜久留米間が電化され[註1]、九州に初めて国鉄電車が走ることになった。そしてその電車の基地が雑餉隈駅横の渡辺鉄工所跡の土

註1　現・鹿児島本線博多〜久留米間

地に造られた。電車基地の名前は南福岡電車区と付けられた（西島鴻介区長の話＝平４取材）。すると電車区を終点とする「雑餉隈ゆき」という電車がいっぱい走るようになった。ところがこれが難読駅、しかもどこにあるのか知らない人が多く、

「雑餉隈って博多より手前なの？　先なの？」

などと駅員や車掌に聞く人が絶えない。そこでとうとう昭和41年（１９６６年＝11・１）、雑餉隈駅は電車区名に合わせて南福岡駅と改名した（高口和夫駅長の話＝平４取材）。

南福岡駅駅舎の上はアパート＝平22撮

＊

昭和62年、南福岡駅は放火により駅舎４００平方㍍のうち70平方㍍が焼失した。アルコール依存症で精神科（病院）に入院中の男性の仕業だった。このころ、駅の周辺は福岡市のベッドタウンとして都市化しており、高口駅長は焼けた駅舎の建て直しでは「駅舎の上を賃貸マンションにしたらＪＲの収入増になりますよ」と本社に提案した。その結果、平成11年（１９９９年＝７・31）、新しい南福岡駅は上に賃貸マンションのある駅に生まれ変わった。駅舎の上にマンションがあるのは九州で初めて。

註１　渡辺鉄工所　戦時中は中島飛行機工場。歌手、武田鉄矢さん

の父、嘉元さんは電車区になる前の渡辺鉄工所に働き、母、イクさんは雑餉隈駅近くの自宅でタバコ屋をしていた。鉄矢さんは「〽待て！待て、鉄矢。またタバコば黙って持って行きようが、ほんなことこの子は……」などというセリフの入った「母に捧げるバラード」を作って歌い、有名になった（イクさんの各地での講演による）。

上り坂を汽車が上れず ルートを変更した二日市～原田《はるだ》間

当時、雑餉隈駅の次は二日市駅（御笠郡二日市町＝現在は筑紫野市）で、もう一つ先は原田駅（筑紫郡筑紫村＝現在は筑紫野市）だったが、この間のルートはいまとは大分違ったところを通っていた。開業当時、線路は、いまの線路より３００メートルほど西を通っていた。

ところがこの開業当時のルートには仮塚《かんづか》峠（現筑紫野市城山《きやま》）があり、これを上るのがなかなかの急勾配。『九鉄二十年史』[註1]によると〈（八代線二日市～原田間に於て五十分の一（八代線は現鹿児島本線のこと）〉と書いてある。九州鉄道の十二大急勾配の一つだったわけだ。50分の1の勾配は、現在ＪＲが使っている‰《パーミル》に換算すると20‰。関門トンネルは約20‰で海底へ下り、20‰で地上へ上って行くから、ほぼあのくらいの勾配。

急勾配――それでも旅客列車は上っていたが、貨物列車（編成が長く重い）を引いた蒸気機関車は、あえぎあえぎ上るうち途中でストンと止まってしまい、間もなくズルズルと後退。二日市駅あたりの平地でまた石炭を焚き、助走ではずみをつけて坂を上り直しということがしばしばだった（仮塚峠の付近に住む柴田文吉さんの話＝昭55取材、柴田さんは当時72歳）。

そんな状況がつづいていたが、国鉄は大正時代このあたりを複線化するとき、もうこの峠越えルートはやめようということにした。そして、それまでの線路より約３００メートル（一番離れたところで）東側の平地に新たな2本の線路を敷き（大9・6・10新ルートの下り線完成、使用開始。翌10・12・20同上り線も完成し使用開始＝二日市駅の『駅総覧』）、それまでの単線は廃止した。

前記の柴田文吉さんは、

「それまでは私の家の西側を汽車が走っていたのに、このときからは家の東側を走るようになりました」

と笑っていた。旧線路が取り除かれた跡は筑紫村道になり、いまは筑紫野市道。地元の人たちが通っている。

ルート変更区間は現在の筑紫野市俗明院《ぞくみょういん》踏切付近から原田《はるだ》駅のすぐ手前まで。当時は二日市～原田間だったが、いまはこの間に天拝山《てんぱいざん》駅（平1開業）が出来ており、天拝山～原田間。

＊

この旧ルートに珍しいレンガ造りの三連眼鏡橋が残っている。峠に上る途中で久良々《くらら》川（宝満《ほうまん》川の支流）を越える個所だ。九州に初めて汽車が走るとき造られ、いまや汽車のルートではなくなっているのに、ちゃんとそのままの形で残っており、すばらしい。

これを大事に保存しようという声が起こり、国の文化財保護審議会が平成9年（2・21）国の

旧九州鉄道城山三連橋＝平22撮

文化財として登録するよう答申した。文化財名は「旧九州鉄道城山三連橋」。

＊

原田駅が設けられた筑紫村原田は長崎街道（長崎から江戸へ向かう街道）の筑前六宿《むしゅく》（原田～黒崎間の現国道200号沿いにある六つの宿場）の一つだったところ。

この駅についても、のちのことを紹介すると、昭和4年（1929年）、筑豊本線がこの駅まで延伸されて全通した。当時、篠栗線は筑豊本線と結節していなかったから、筑豊から博多へ行く人たちは筑豊本線で原田まで来て、鹿児島本線列車に乗り換えていた。そのため原田駅はお客がいっぱいで、待合室にもホームにも売店。そのうえホームにはうどん屋もあり、駅弁売りも「ベントー、ベントー」と元気よく走り回っていた（昭36～37年にも同駅に勤務した木下義彰駅長の話＝平成10取材）。

ところが昭和43年（1968年）、篠栗線が延長されて筑豊本線の桂川《けいせん》駅と繋がると、筑豊から博多方面行きは篠栗線経由に変わった。お陰で筑豊本線桂川～原田間の列車はガラ空き。原田駅のホームの売店も、うどん屋も姿を消した。

註1 『九鉄二十年史』 明治40年、国有化を前に九州鉄道会社が編纂した社史。

長崎本線分岐駅になるのを拒否した田代駅の地元

九州に初めて汽車が走ったとき、原田駅の次は田代駅（佐賀県基肄《きい》郡田代村。のち鳥栖市に合併）だった。田代駅は、九州鉄道会社の長崎支線（現長崎本線など）分岐駅に予定されていた。九州鉄道会社発起人たちが政府に出した会社創立願書には、長崎支線について〈西ハ肥前国田代駅ヨリ分岐シ、同国佐賀ヲ経テ早岐港迄〉と書いてある。ところがこの分岐駅になることを田代村が拒否した。なにしろ田代村はハゼの木が多く、ハゼの実から作る木蝋《もくろう》の産地として有名だった。このため分岐点となって広い土地を鉄道会社に買収されると、ハゼの木が減り、木蝋の生産が減るというのが拒否の理由だった（『鳥栖市史』）。

九州鉄道が困っていると、隣の轟木《とどろき》村（佐賀県養父《やぶ》郡、この村に鳥栖駅がある＝現鳥栖市）では、地主で実業家の八坂甚八[註1]が早くから鉄道に着目していた。八坂は、九州鉄道会社創立以前に、福岡市の万行《まんぎょう》寺で開かれた同社発起人総会にも出席しているほどだ。田代村とは逆に、八坂は、長崎支線は鳥栖駅から分岐するように、と誘致運動をした（『鳥栖市史』）。

九州鉄道としては、予定していた田代駅の地元が拒否、鳥栖駅の地元が誘致――なら、鳥栖駅から分岐させようとなるのは当然で、明治24年（１８９１年＝８・20）、鳥栖駅を長崎支線の分岐

パチンコ
めし

鳥栖の駅前通り（昭29）　＊西日本新聞アーカイブ

駅にし、鳥栖駅から佐賀駅までをまず開通させた。これが現在の長崎本線の根っこの部分だ。

＊

鳥栖駅は長崎支線分岐駅になると、乗り換えの乗客で大にぎわい。また貨物列車が着発するようになると、ここで長崎支線に入る貨車と、九州鉄道本線をそのまま南へ進む貨車に組成[註2]しなければならない。そのため広い操車場が必要になった。当時の鳥栖駅は、いまの鳥栖駅より約６００㍍南にある駅舎とホームだけの小さい駅だったが、そこでは操車ができないので、駅の北側の田畑を買収して広大な貨車操車場を造り、そこに駅舎やホームも移転させた（明37・6・22）。

これが現鳥栖駅の位置で、元駅舎跡は空き地になり、そこに4軒の幹部官舎が建った。以後、鳥栖地区には機関区、車掌区、保線区、鉄道病院、鉄道学園など約20の国鉄現場機関ができ、働く国鉄マンが最盛期には３０００人。家族を含めると1万人を超え、5万人の市民の四分の一近くが国鉄関係者という鉄道の町になった（飯田孝尚駅長の話＝昭63取材）。

それに対し、いま田代駅は小さな委託駅。もし明治時代、田代駅が長崎支線分岐駅を引き受けていたら、鉄道最盛期には田代駅周辺がいまの鳥栖駅周辺のような鉄道の町になっていたことだろう。

註１　八坂甚八　のち轟木村長、佐賀県議、貴族院議員、衆議院議員。

註２　組成　着いた貨物列車の貨車をバラバラに切り離して、行き先別に繋ぎ換え別の列車に編成し直すこと。

天井に石油ランプがぶら下がり駅員が屋根の上から点火

九州に初めて汽車が走ったころの汽車はどんなものだっただろうか？
まず機関車は、明治22年（１８８９年）、九州に初めて汽車が走ったときの九州鉄道会社の1号蒸気機関車の写真と側面図（サイズ入り）が『JR九州社史』[註1]に載っている。それによると、その機関車は長さ6・9メートルで、動輪が二軸（四輪）、西部劇に出てくるような長い煙突が立っている。のち全盛期の蒸気機関車が長さ20メートル前後、動輪は四軸（八輪）などになったのに比べると半分以下だった。

その実物はいまでは見られないが、元九州鉄道会社のB26号蒸気機関車[註2]が、宇佐市指定有形民俗文化財として、宇佐八幡宮の参道わきに、保存・展示されている。説明板によると、この機関車は九州鉄道会社が明治27年、ドイツのクラウス社から輸入したもの。同社本線（現鹿児島本線）で列車を牽引して走った。それが昭和23年、大分交通に売られ、同社宇佐参宮線（国鉄宇佐駅から宇佐八幡宮まで）を走っていたが、昭和40年（１９６５年）、同線が廃止され、参道わきに展示されている。

＊

牽引されている客車はどうだったか？『博多駅史』[註3]によると、上中等[註4]（のちの一・二等。現在では二等車はグリーン車になり、一等車は廃止）は１両を中で仕切り、上等は定員12人、中等は同16人だった。下等は１両に定員50人。〈汽車の進行中にも各車相往来するを得るの仕掛けあり〉となっている。汽車が走っているときでも、他の車両と行き来できるなんて、いまでは当たり前だが、特記してあるということは、当時はこれが当たり前ではなかったことを物語っている。

時代は10年ほど下るが、明治32年（１８９９年）、現在の三角《みすみ》線が開通した当時の客車の様子が『三角町史』に書かれている。それによると、三角線の客車は、一旦乗車して座席に座ると、他の客車にどころか、自分が乗っている車内でさえ歩き回れなかった。

すなわち各車両の外側に五つのドアがあり、その一つを開けて乗ると、５人掛けの木製のイスが向かい合わせ。すなわち一つのドアごとに10人が座るわけ。それが１両に５組あり、１両の定員は50人。だから一度イスに座ったら、他の席へは動けなかった。

発車時刻になると、駅員が外から各車両五つずつのドアをバタンバタンと閉め、外から掛け金を掛けて回っていた。ドアが外から閉められ、掛け金が掛かっているから、次の駅に着くと、今度はその駅の駅員が各ドアをいちいち開けて回っていた。

これは九州のローカル線だからというのではなく、明治５年（１８７２年）、日本で初めて新橋〜横浜間を走った客車も通路がない区分室式だった（『日本の鉄道ことはじめ[註5]』）。

＊

このほか客車内の光景が『ささぐり・くらしの四季[註6]』（西義助著）に書かれている。これは明治37年（１９０４年）に開業した九州鉄道会社篠栗線列車の様子だが、それによると、客車内に電灯はなく、各車両の天井にはランプ[註7]が吊り下げられていた。そして夕暮れになると、駅員が列車の屋根に上り、棒の先に種火が点《つ》いたのを屋根の小窓から延ばしてランプに火を点けて回っていた。車内に通路がないから、車内を歩いて点けて回るわけにはいかないわけだ。駅員は一つ点けると次の車両へ、屋根の上をノッシノッシと歩き、乗客はその足音をジーッと聞いていた。

九州鉄道初期の機関車（『九州の鉄道の歩み』より）

日本の鉄道に車軸発電の室内灯が登場したのは、明治30年の山陽鉄道会社線（現山陽本線）が初で（『山陽鉄道物語』[註8]）、九州鉄道でも明治33年から幹線列車には車軸発電の室内灯が付けられ始めたが（『門鉄年表』[註9]）、三角線や篠栗線にまで取り付けられたのはさらに後年。

＊

また『ささぐり・くらしの四季』によると、当時はまだ腕時計がなく、懐中時計を持っている人が10人に1人ぐらい。そのほかの人たちは何ら時刻を知るものを持っておらず、各駅では列車の発車時刻5分前になると、チリンチリンと鈴を振って乗客に知らせた。これは「五分鈴《ごふんりん》」と呼ばれた。五分鈴を聞くと、駅近くの茶店などにたむろしていたお客たちがゾロゾロと駅に集まっていた。

＊

初期の筑豊一帯の列車は、機関車の後ろに貨車が長々と繋がれ、客車は最後尾に1～2両ついているだけの客貨混合列車だった。博多湾鉄道会社線（通称「湾鉄」＝現香椎線）もやはり石炭を運ぶのが主体の線だから筑豊と同じだった。金谷隆一海軍少将が、大正13年、東京から糟屋郡須恵村の海軍炭鉱会計課長として赴任のため、鹿児島本線香椎駅で、この線に乗り換えたときのことが『海軍炭鉱五十年史』[註10]に「十五年前を偲ぶ」との題で掲載されているが、それによると、同線列車はそのころでも前記のような編成。駅に着くと、お客の乗降が終わっても、貨車の連結や切り離しに長々と待たされ、連結するときはガチャーンと衝撃が客車にも響き、客がイスから転げ落ちることもしばしばだった。湾鉄の列車では、客車の室内灯が大正時代でもまだランプだった。雨の日には天井から雨がポタポタ漏れてくる。乗客は客車の中で傘を差さねばならなかった、とも金谷海軍少将は書いている。――いまの冷暖房完備の列車からは想像もできない汽車旅行の時代だった。

ここまでは、九州で最初に汽車が走った区間の、線路がどう延び、駅がどう生まれていったか？を書いた。

次項からは、それらの駅のその後の話題と、後につくられた話題の駅を紹介する。

註1　『ＪＲ九州社史』　正式書名は『鉄輪の轟き―九州の鉄道一〇〇年記念誌』（平成1、ＪＲ九州編・発行）だが、『ＪＲ九州社史』と略記する。

註2　B26号蒸気機関車　Bは車軸が二軸の意味。従って車輪は四輪。

註3　『博多駅史』　昭52、博多駅編・発行。

註4　上中等　のちの一・二等。現在では二等車はグリーン車になり、一等車は廃止。

註5　『日本の鉄道ことはじめ』　元国鉄修史課員で『日本国有鉄道百年史』編纂スタッフだった沢和哉著、平11、築地書館発行。

註6　『ささぐり・くらしの四季』　福岡県糟屋郡篠栗町、西義助著、昭57、自費出版。

註7　天井からランプ　初期は菜種油のち石油を燃やして照明にしていた。

註8　『山陽鉄道物語』　長船友則著、平20、ＪＴＢパブリッシング発行。

註9　『門鉄年表』　正式書名は『鉄道年表―九州の鉄道30年記念』、昭44、門司鉄道管理局編・発行。

註10　『海軍炭鉱五十年史』　昭18、第四海軍燃料廠編・発行。

註11　手記　門鉄局社内報『つくし』（昭43、門鉄局厚生課発行）所載。

九州に初めて汽車が走ったときのレールが柱になっている鳥栖駅

九州に初めて汽車が走ったときのレールが、いま鳥栖駅（鳥栖市）のホームの柱になっている（佐藤孝駅長の話＝平11取材）。

国鉄では、線路が古くなると、本線から外して側線に使ったり、支線に回したり、短く切って線路わきの柵にしたり、建物の柱にしたりしている。そんな中で平成元年、この年が九州に汽車が走り始めてちょうど１００年になるので、ＪR九州施設部が、各保線区に「保守のための巡回の際、レールの銘を調べ、歴史的レールがあったら報告するように」と指示した。

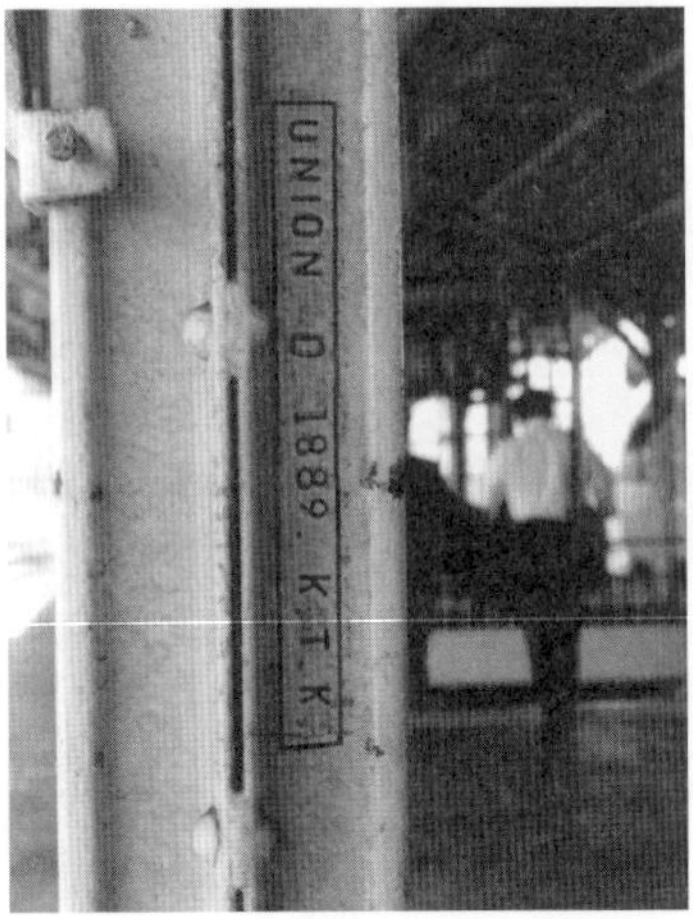

鳥栖駅ホームの柱＝平11撮

指示により集まった報告の中に、明治22年、九州に初めて汽車が走った年の線路が出てきた。そのうち1本は銘の部分約1㍍を切り取り、ＪＲ九州本社に保存されている。そしてほかの数本は鳥栖駅のホームの柱となった。

九州の鉄道は、ドイツ人技師たちの指導で線路が敷かれ、汽車が走らせられた。当時、日本には製鉄所がなく、レールや機関車もドイツから輸入した。だからこの柱はドイツ製だ。柱（元レール）の側面には、

「ＵＮＩＯＮ　Ｄ　１８８９　Ｋ・Ｔ・Ｋ」

の文字が入っている。ＵＮＩＯＮはドイツのウニオン社、Ｄは同社のドルトムント工場、１８８９は明治22年であり、九州に初めて汽車が走った年だ。Ｋ・Ｔ・Ｋは九州鉄道会社の略（ＪＲ九州、坂本修一施設部長の話＝平1取材）。

鳥栖駅と早岐《はいき》駅に勤務した歌手になる前の藤井フミヤさん

さらにズーッとのちの話になるが、元チェッカーズ、現ソロ歌手の藤井フミヤさん（本名、郁《ふみ》弥《や》）が国鉄マンとして鳥栖駅に勤務していた。

父、鉄雄さんが国鉄マン（40年間久留米駅に勤務）だったから、フミヤさんも昭和56年（6月）、久留米市立南筑高校を卒業すると国鉄を受験、合格、まず臨時雇用員[註1]として鳥栖駅勤務。新人だから駅構内の操車場で、機関車から切り離され、惰行で走っている貨車のステップに飛び乗って所定の位置でブレーキを踏んで止めるなど操車係の仕事をしていた。

鉄雄さんは新人のとき駅手（現駅務係）をやったが、これはホームの掃除や、列車のサボ交換[註2]などが仕事。貨車操車場よりきれいでラクな仕事だが、作業をしているとお客と顔が合う。すでにアマチュアながら演奏活動をし、ステージに立ったりしているフミヤさんが、ホーム掃除の姿を聴衆かも知れない人たちに見られるのはカッコ悪いというようなことで、仕事はきついけど、働いているところがお客から見えないヤード（操車場）の仕事を選んだようだ（鉄雄さんの話＝昭59取材）。

フミヤさんは半年の臨時雇用員生活を終えると、正規職員となり（同年12月）、早岐《はいき》駅（佐世保市）に転勤。ここでは一応早岐の独身寮に入っていたが、実際は午前8時半に勤務を交代すると、久留米に帰って練習や演奏会をしていた。国鉄の現場には「一交」という24時間勤務体制（間に仮眠4時間）があり、これは翌日が休み、ほかに日曜・祝日などもあるので、1日働いて2日休みということが多く、その休みをうまく利用して歌の練習や発表に充てていたようだ（当時早岐駅長だった鈴木和夫さん[註3]の話＝昭59取材）。

チェッカーズはフミヤさんが鳥栖駅勤務時代に、ヤマハライトミュージックコンテストのジュニア部門グランプリを受賞した。フミヤさんは、メンバー中の高校生が卒業するのを待って、昭和58年（4月）、鈴木駅長に退職願。鈴木駅長も、父の鉄雄さんも、

「国鉄にいればいつまでも生活は安定しているぞ」

と説得したが、そのうちにまず鉄雄さんが「押し切られ……」、駅長も「それなら……」と退職願を受理（鈴木元駅長の話）。フミヤさんたちは上京。すると安定しているはずの国鉄は分割・民営化の嵐。上京したフミヤさんたちは大スターになった。

*

国鉄分割民営化後は、貨物輸送の形態がほとんどコンテナに移行。各地の操車場は廃止、フミヤさんが働いていた鳥栖操車場跡は、鳥栖市に売却されて、いまサッカー場になっている。Jリーグ、サガン鳥栖のホームスタジアムだ。

註1　臨時雇用員　略語の多い国鉄のこと、略称はリンコ。民間の試用社員に相当。
註2　サボ　これも国鉄略語。サイド・ボードの略。車両の側面に下げる行き先標。
註3　鈴木和夫さん　定年後は、駅弁会社の寿軒博多駅事務所長として勤務。現在は北九州市若松区で自適。

現・鹿児島本線博多〜久留米間

駅長が総理大臣になった 二日市駅

別項で触れた二日市駅に、時代は下るが、大正15年11月、駅長として赴任してきた人が、のち総理大臣になった。全国の駅でも、駅長が総理大臣になったのは二日市だけだ。その駅長というのは佐藤栄作氏。山口県出身、旧制第五高等学校（現熊本大学）から東大法学部卒、鉄道省に入省。25歳で、二日市駅長になった。もっとも在任は翌年4月までの5カ月間だけで、いかにもキャリア官僚の現場見習いという感じの人事だった。佐藤氏は、のち衆議院議員となり、昭和39年、首相になった。

佐藤氏が若き駅長時代、色紙に「和」と書き「榮作」署名したものが駅に残されており、額に入れて駅長室に飾られている（額の文字以外は現字体で表記）。

佐藤栄作駅長の色紙

＊

佐藤栄作元首相は二日市駅長だけではなく、このあと（昭和2年4月から）門司鉄道管理局庶務掛長を務め、昭和6年（4月）からは鳥栖運輸事務所長も務めている。このときは31歳だった。

鳥栖の官舎は、元（明22～明37）鳥栖駅があったところ。位置はいまの鳥栖駅より約600メートル南。当時は旅客列車だけだったので小さな駅舎とホームだけだったが、のち貨物列車が着発するようになって構内を広げ、駅舎とホームは現在の位置に移転した。そして元駅跡の空き地には4軒の鉄道官舎が建てられ、鳥栖地区の幹部が住んでいた。4軒のうち3軒は鳥栖車掌区長などノンキャリ幹部の官舎だったが、キャリア官僚の佐藤氏の官舎だけは敷地も広く、家も大きかった（元鳥栖車掌区長の息子で、元国鉄九州総局旅客課長、八田《やつだ》耕治さんの話＝平11取材）。

八田さんが昭和7年、この官舎で生まれたときは、佐藤氏がのし袋に「御祝　佐藤」と書いた出産祝いを持ってきてくれた。佐藤氏の二男、信二氏（のち衆議院議員、運輸大臣も務めた）も同じ年、この官舎で生まれた。

以上2項目は、この区間の駅から生まれた2人の有名人の話。次項からは米軍が日本を占領していたころの、この区間の駅の話——。

駅員が走ると米兵の小銃弾が飛んできた
飛行場線分岐点の竹下駅

明治時代、博多駅から下り方向に向かった汽車の一つ目の駅は雑餉隈だったが、大正2年（1913年＝9・21）この間の那珂郡那珂村竹下（現在は福岡市）に竹下駅が開業した。駅と言っても、博多～二日市間という近距離を走る蒸気動車[註1]だけが停車する駅だった。しかし、のち（大10年5月）

この村に朝日麦酒《ビール》の前身、大日本麦酒博多工場が出来たことから一般駅に昇格。

太平洋戦争が終わると、米軍が、陸軍席田《むしろだ》飛行場（現在は福岡国際空港）を接収、この駅を分岐点として飛行場まで専用線を敷かせた（昭21・8・31開通）。そして航空燃料を積んだ貨物列車（タンク車）が鹿児島本線から席田飛行場へ走って行くようになった。

米軍専用線分岐駅となると、燃料輸送の大事な拠点駅だから、米兵が駅に常駐するようになった。彼らは不審な人影を見たらいきなり小銃をブッ放した。当時はポイント（線路の分岐器）切り換えを線路のわきで操作していたから、駅員はポイントからポイントへ小走りで移動していた。ところが、夜、遠くからは国鉄の作業服を着ているのが米兵からは分からない。燃料タンク車を襲うため走って駅に侵入した人物かもしれない……と思ったのか、ズドーンと小銃弾が飛んできた（昭22～59、同駅に勤務していた秋山富士夫さんの話＝昭63取材）。幸い弾は当たらなかったが、それ以来、夜間勤務のときは絶対走らないことにしたそうだ。

あるときはそんな1発が駅のそばの駅長宿舎に命中、駅長一家は飛び上がったものだった（秋山さんの話）。

のち米軍の飛行場接収が解除になり、同専用線は昭和47年（1972年）廃止された。

*

竹下駅は、いま、新幹線高架下にある在来線駅という珍しい形になっている。昭和50年（1975年＝3・10）、新幹線が博多まで延長開業（それまでは東京～岡山間だった）した際、終点、博多から筑紫郡那珂川町の車両基地（現在の名称は新幹線博多総合車両所）まで約8キロの回送線を造らな

ければならない。そして、それが竹下駅構内を横切ることになる。そこで国鉄新幹線総局が、国鉄九州総局に、

「駅構内に高架の柱を何本か建てさせてくれ。その代わりこの大正2年に建てられた老朽駅舎は取り壊して、新しい駅舎を新幹線高架の中腹に造って上げましょう」

と申し入れた。こうして昭和48年（１９７３年＝３・23）竹下駅は、新幹線高架下にある在来線駅となった。

註1　蒸気動車　客車の前頭部に運転室を設け、小さい縦型のボイラーを取り付け、運転士が石炭を放り込んで蒸気を沸かし、車輪を回すもの。客車一両が運転士一人の運転で自走するのだから、乗客の少ない線に利用された（『日本の蒸気動車』＝湯口徹著、平21、ネコ・パブリッシング発行）。

米軍が旅客列車を止めて機関車を横取りした南福岡駅

先に紹介した雑餉隈《ざっしょのくま》駅（現南福岡駅＝福岡市）にも、占領軍にまつわる話があった。あるとき、この駅には止まらず通過するはずの旅客列車の前に突然赤信号が出た。列車が駅に止まると、駅員が来て、

「占領軍の命令だ」

と、客車と機関車の間の連結器を切り離して、機関車だけを駅構内の別の線に走らせてしまっ

た。電車ではないから、列車は機関車が引いてくれなければ自分では動けない。乗客は、

「ナンだ。こんな駅に止まるなんて時刻表にも書いてないぞ！」

とブツブツ。しかし、それにはかまわず駅員は機関士に、

「あちらの線にいる占領軍貨物を積んだ貨車を引っ張ってくれ」

ナンと旅客を乗せ、ダイヤ通りに走っている列車を、占領軍が止め、機関車を横取りし、貨車を貨物線から貨物ホームへ動かせというのだ。機関車から切り離された旅客列車は停止位置から動けず、ポカンと待ちぼうけ。機関車が占領軍物資を積んだ貨車の入れ換えを終えて戻って来ると、ようやく発車して行った。


本来なら、機関区から駅へ入れ換え専用の機関車が来て、終日入れ換え作業に当たっているのだが、その入れ換え機関車の駅到着が何かの理由で遅れたりすると、しばしば占領軍がそんな命令を下したものだった（昭19～21雑餉隈駅長、のち長崎駅長、大園半次さんの手記＝門鉄局社内報『つくし』昭43所載）。

米軍春日基地引き込み線の分岐点が駅になった大野城駅

白《しら》木《き》原《ばる》駅（現大野《おおの》城《じょう》駅。大野城市）は、米軍基地引き込み線の分岐点が駅に昇格した駅。

太平洋戦争の終戦と同時に、白木原（当時は大野村）から春《かす》日《が》原《ばる》（現春日市）にかけての１５６

万平方㍍が米軍に接収され、ここに米軍第8戦略戦闘司令部（通称、米軍春日基地）ができた。そして鹿児島本線から基地内へ専用線を敷くため、雑餉隈駅と次の水城《みずき》駅の間にポイントと信号を切り換えるための白木原信号場が設けられた（昭21・6・10開業）。信号場だから国鉄職員は勤務しているが、旅客列車は止まらなかった（田中一郎駅長の話＝昭53取材）。

信号場では、ここに着いた貨物列車から基地内ゆきの貨車を切り離すとか、逆に基地から出て来た貨車を本線を走って来た貨物列車に繋ぐなどの作業をしていた。これを見ていた地元の人たちから、それなら旅客列車も止め、旅客も乗降できるようにしてもらいたいと声が上がった。

信号場が造られたところは、近くの病院長、原資文さんの土地。そこで原さんは、

「占領軍の命令だから貸すが、その代わりここを旅客駅にしてくれ」

と運動。昭和36年（1961年＝6・1）鹿児島本線電化を機に、ホームや跨線橋が造られ、駅舎が建てられて、旅客駅となった（10・1）。

「旅客駅になるのなら」と駅舎部分の土地は同院長が国鉄に寄付。白木原駅時代、駅舎の表に掲げられていた「白木原駅」という自然木の駅看板は同院長の筆だった（田中駅長の話）。

＊

いまでは占領軍基地も、専用線もなくなり（昭47・8・10廃止）、基地の跡は、九州大学大学院総合理工学研究科、春日高校、春日公園、公団団地などになっている。引き込み線がなくなり、従ってポイント切り換えの仕事もなくなり、駅は委託駅。

＊

大野村は、昭和25年、大野町になり、同47年、大野城市になった。大字《おおあざ》白木原は市になったいまもそのままだが、駅はやはり市の名前にしようということになり、平成元年（3・11）のダイヤ改正を機に、白木原駅を改名して大野城駅になった。

次項からは、この区間から分かれている線のこと。

わずか290円で新幹線に乗られる博多南線

新幹線は運賃（距離に応じた額）と特急料金の合計を払わなければ乗ることができないから、日本で二番目に安い東京～品川間（6・8キロ）でも1000円かかる。ところが運賃と特急料金を合わせても290円で新幹線に乗ることができるところが九州にある。日本で一番安い新幹線というわけ。それは博多南線（8・5キロ）だ。

なぜそんなに安いのか？　と言うと、この線は元々お客を乗せるために造った新幹線ではないからだ。いきさつは昭和50年（1975年＝3・10）、山陽新幹線が博多まで延長開業したときに遡る。列車の終点には車両基地が必要だが、博多駅近くには土地がなくて造れない。そこで博多駅から8・5キロも離れた福岡県筑紫郡那珂川町と春日市にまたがる42万平方メートルの広大な土地に新幹線博多車両部が設けられた。そして博多駅と車両基地の間には新幹線の線路が敷かれた（全線高架）。終点、博多駅に着いた新幹線は、そのまま折り返すのもあるが、検査・修理、あるいは翌朝まで車両基地で一泊するのもあり、それらはこの回送線を走って車両部に向かっている。

一方、車両基地がある那珂川町は、近年、福岡市のベッドタウンとして人口が増え、通勤・通学者もいっぱい。その人たちがこのカラで走っている回送新幹線を見て、

「もったいない。あれで通勤・通学をさせてもらえないか」

との声。そこで大久保福義那珂川町長（当時）が会長となって「回送新幹線有料乗車実現期成会」をつくり国鉄に陳情。お固い国鉄はウンと言わなかったが、民営になったJRは、

「よし、やりましょう」

そして平成2年（1990年＝4・1）、車両所（民営後は博多総合車両所と改称）の一角に博多南駅を造り、回送新幹線にお客を乗せるようになった（平成4年度『那珂川町町勢要覧』）。こうして回送線は、博多南線という別名も持つ線となった。

回送線だから列車は〝徐行〟しているが、徐行と言っても新幹線の徐行だから時速120㌔——在来線の特急並みだ。博多まではわずか10分で着く（バスは渋滞し約1時間）。運賃はJR西日本の他の8・5㌔区間と同じ190円、特急料金はわずか100円、合計290円で博多まで行ける。一日平均の利用者は約7000人（平18実績）。

＊

博多南駅は新幹線博多総合車両所の一角にあり、ホームが1本と、線路が1本。そこに回送新幹線列車が着く。

場所は九州ではあるが、山陽新幹線はJR西日本（本社、大阪市）のものであり、車両所もJ

R西日本のもの。従って車両所の敷地内にある博多南駅もJR西日本のもの。しかし、駅に勤務しているのはJR九州の社員。売り上げは一旦JR西日本が全部取り、その中からJR九州に業務委託料を払っている。

同じ駅舎の中に博多南旅行センターもあり、指定券の発売や団体旅行の受付などをしているが、こちらはJR九州の出先。売上金は全部JR九州が持って行き、JR西日本に家賃を払っている（JR九州営業本部管理課長、秀島巌さんの話＝平4取材）。

博多南駅。左は博多総合車両所＝平22撮

乗客がいまでは開業当時の2倍半に増えており、ホームが狭くなった。そこで平成16年（2004年＝2・29）、ホームが拡幅された。

また同年（4・1）には、地元、那珂川町が博多南駅前ビルを完成させた。3階建てで、1階には待合室と店舗、2階から駅に通じる連絡通路が延びている。3階は町の情報ステーション。屋上からは車両所が一望できる（屋上は月曜休館）。

＊

この回送線、車両基地の手前で三つに分かれている。一つは車両基地に入って行き、次の一つは博多南駅に着く。そしてもう1本は駅のすぐ近くで高架がプツンと切れていた。

この光景は新幹線が博多まで開通したときから平成17年ま

で同じだったが、同年からこのプッツンと切れていた高架が少しずつ延び出した。すなわちこのプッツンはいつの日か九州新幹線工事が始まるときに備えて用意されていた1本だ。それがこのとき延び始めて新八代駅を目指した。

そして平成23年（2011年）3月12日、新八代駅に結節して、博多～新八代間開業。これによって博多～鹿児島中央間の九州新幹線が全通。博多駅を発車した九州新幹線列車は、まずこの元々は回送線を通って、左側の車窓から博多南駅を眺めながら、通過して、鹿児島中央へ向かっている。

本物のジェット機が飾られている元航空隊下車駅の太刀《たち》洗《あらい》駅

二日市駅から四つ下り側の基山《きやま》駅（佐賀県三養基郡基山町）からは甘木鉄道が分岐している。この線の太刀《たち》洗《あらい》駅（福岡県筑前町）駅舎の前には本物のジェット機が飾られている。一体なぜだろう？

甘木鉄道は元国鉄甘木線（基山駅～甘木駅[註1]間）。昭和61年（1986年＝4・1）、ローカル線廃止で第三セクターの甘木鉄道会社に移管された。甘木鉄道になると、経営は合理化。全駅とも無人。運賃は車内の運賃箱に投入するようになった。すると無人になった太刀洗駅駅舎を地元の建設会社社長、淵上宗重さんが借り受け「大刀洗[註2]平和記念館」にしたいと申し出た。甘木鉄道としても駅舎が無人のままでは荒れてしまうから有効利用は大歓迎。こうして旧駅舎内には太刀洗飛行場

現・鹿児島本線博多～久留米間

関係の遺品や写真などを展示されていた。

　淵上さんはさらに航空自衛隊T33ジェット練習機を自衛隊から払い下げてもらい、駅舎前の屋根の高さぐらいのところに展示した。

　このあと平成8年には、ヒョッコリ博多湾の海底で旧陸軍九七式戦闘機が発見され、引き揚げられた。これも三輪町（現在は筑前町）が国から払い下げを受け、同記念館が補修し、旧駅舎の建物を少し建て増して、これは屋内に展示してあった。

ジェット機が飾られている太刀洗駅＝平22撮

　平成21年には、筑前町が、記念館をいつまでも個人の力で維持してもらっているのも申し訳ないと、駅から100㍍ほどのところに、町立の大刀洗平和記念館を建てた。そして旧陸軍航空隊員たちの遺品や、博多湾から引き揚げた戦闘機などを引き継ぎ、そちらに展示した。

　旧駅舎の方は「太刀洗レトロステーション」となり、古い昭和の日用品などを展示、また駅の地下道なども保存・公開されている。駅舎前に飾られていた自衛隊のジェット練習機は元のままで、九州でただ一つの駅舎前にジェット機が飾られている駅であることは変わっていない。

＊

太刀洗飛行場は、大正8年、福岡県三井郡大刀洗村・本郷村

（両町とも現在は大刀洗町）朝倉郡馬田村（現在は朝倉市）三輪村（現筑前町）の4村にまたがって建設された（『大刀洗町史』）。

　太刀洗飛行場は建設されたものの、この付近は国鉄線から離れており、兵士たちは国鉄二日市駅で下車し、駅前から朝倉軌道[註3]という小さい軽便鉄道（二日市〜杷木間）の列車に乗り換えて飛行場に着いていた。また、航空燃料は二日市駅前で朝倉軌道に積み換えたあと、新町駅（現筑前町）でまた中央軌道[註4]の軽便鉄道列車に積み換えて、燃料庫に運び込むという有様だった（『甘鉄物語』[註5]）。

　しかし、朝倉軌道や中央軌道は軌間3フィート（914ミリ）時速13キロというノロノロ列車。これでは不便だという軍の意向と地元の要望で、国鉄は鹿児島本線基山駅から分岐して太刀洗方面へ鉄道を計画した。鉄道が飛行場まででよければ太刀洗駅が終点になるところだが、飛行場に関連して付近一帯、主として甘木地区に高射砲隊・陸軍病院などの軍施設もぞくぞく設置され、終点は甘木駅となった。こうして基山〜甘木間の甘木線が建設され、昭和14年（1939年＝4・28）、開通した（『甘木市史』）。国鉄甘木線は陸軍太刀洗飛行場のために造られたものだった。

*

　甘木線が開通すると、飛行場関係の兵士、修理工場関係の民間人、兵士へ面会のため訪れる家族などで列車は満員だった。だから駅舎から島式ホームへ行くのは、跨線橋ではなく、地下道だった。しかし昭和20年3月、米軍機の2度にわたる空襲で飛行場は壊滅。5カ月後の終戦で飛行場もなくなった。お陰で甘木線も閑古鳥。

　戦後の甘木線は飛行場跡に進出した麒麟麦酒《キリンビール》福岡工場のビール輸送でにぎわった時期もあった

が、ビール輸送がトラックに移ると、赤字ローカル線となり、昭和61年（１９８６年）、地元が三セク、甘木鉄道をつくり、そちらに移管された。

註1　甘木駅　所在地は甘木市、平18から朝倉市。

註2　大刀洗町　南北朝時代の武将、菊池武光が大保原の合戦の後、この村の川で太刀を洗ったから太刀洗という地名。しかし明治22年、全国的に県市町村制施行の際、地元が太刀洗村と申請したのに、官報に大刀洗と誤記され、それが村名のち町名になった（大刀洗町役場の話＝平10取材）。そのため村名、町名、記念館名は「丶」のない大刀洗。飛行場や駅はこれにとらわれず、故事に従って「丶」のある太刀洗――という具合に混在している。

註3　朝倉軌道会社　本社は福岡県朝倉郡三輪村（のち三輪町、現筑前町）。明41国鉄二日市駅前の同社二日市駅～甘木駅間開通、大11杷木《はき》駅まで全通。昭14国鉄甘木線が開通すると、翌15会社解散。

註4　中央軌道会社　太刀洗飛行場が完成した大8会社創立。本社は佐賀県三養基郡田代村。大9朝倉軌道の新町駅～松崎駅間開通。昭2新町～上田代間全通。のち飛行場内への引き込み線も開通。昭3朝倉軌道と合併。昭15朝倉軌道が解散したので旧中央軌道線も廃線。

註5　『甘鉄物語』飯田栄彦著、平16、甘木鉄道会社発行。

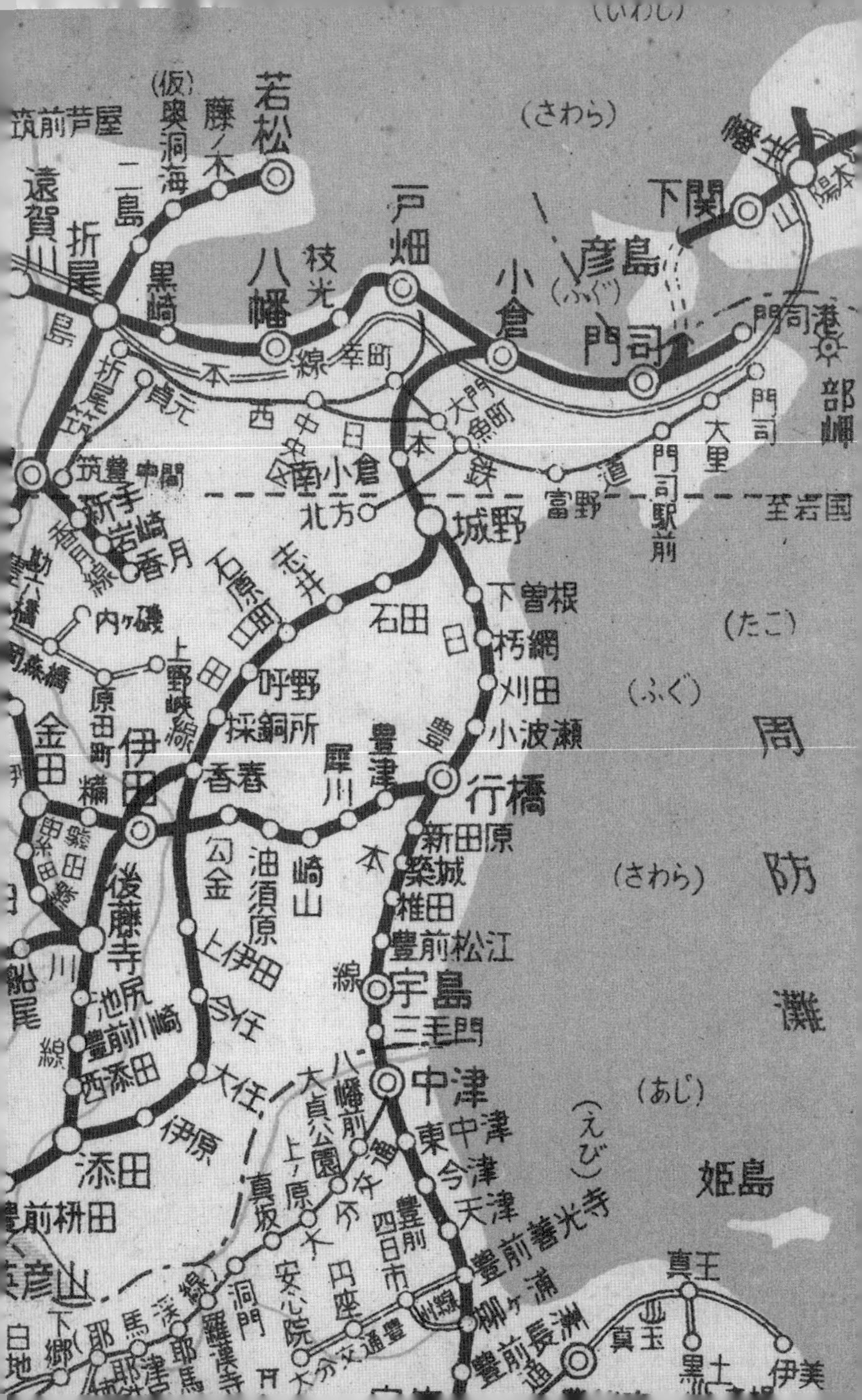

(いわし)
(さわら)
若松
藤ノ木
(仮)奥洞海
二島
筑前芦屋
遠賀川
折尾
黒崎
八幡
枝光
戸畑
小倉
彦島
(ふぐ)
下関
幡生
山陽本線
門司
門司港
部崎
本線
幸町
西
中央
大門
魚町
貞元
筑豊中間
南小倉
北方
門司
大里
門司駅前
富野
至岩国
城野
下曽根
朽網
苅田
小波瀬
行橋
新田原
築城
椎田
豊前松江
宇島
三毛門
中津
東中津
今津
天津
豊前善光寺
柳ヶ浦
豊前長洲
石田
志井
石原町
呼野
採銅所
香春
伊田
後藤寺
金田
新手
岩崎
香月
香月線
内ヶ磯
上野
上野峡線
原田町
勾金
油須原
崎山
犀川
豊津
上伊田
今任
大任
伊原
添田
西添田
豊前川崎
池尻
豊前桝田
真坂
上ノ原
大貞公園
八幡前
安心院
円座
豊前四日市
洞門
羅漢寺
耶馬溪線
大分交通
(たこ)
(ふぐ)
(さわら)
(あじ)
(えび)
周防灘
姫島
真玉
真玉
伊美

2

博多から上り側に延びた区間の話

……現・鹿児島本線博多〜門司港間

上西郷村に拒否されて 下西郷村に造られ、駅名は福間駅

明治22年（1889年）、博多駅〜千歳川仮停車場間（3カ月後、久留米駅まで開通）に九州で初めて汽車を走らせた九州鉄道会社は、これを両側に延ばして行き、翌々24年、上り側は門司《もじ》駅（現門司港駅）まで、下り側は熊本駅まで開通させた。

上り側は、まず23年9月、博多駅から赤間《あかま》駅まで開通させ、同年11月、遠賀川《おんががわ》駅まで、24年2月、黒崎駅まで、同年4月、門司駅まで開通させた。

まずは、この区間が建設されたころの話から——。

＊

博多駅〜赤間駅（宗像《むなかた》郡赤間村＝現在は宗像市）間は、途中に箱崎、香椎《かしい》、古賀各駅ができ、線路も順調に延びたが、赤間の一つ手前の駅を造ろうとするとき問題が起きた。九州鉄道会社は、上西郷村（宗像郡）に駅を造る予定だったのに、地元上西郷村会[註1]がこれに反対。全員一致で「九鉄布設反対」を決議した。理由は、①先祖伝来の広大な田畑が潰れる②青年の風紀が乱れるの二つで、②についてはさらに詳しく、

「（わが村に駅ができると）村の若い者ンが、仕事を放《ほっ》ったらかして、汽車でいつも博多に遊びに行く。そして博多で紅白粉《べにおしろい》をつけたジョウモンさん[註2]を見ると、仕事に身が入らん」

ということだった（『福間町史』）。明治時代の議員たちの意見が地元の方言で実に生々しく書かれている。

仕方なく九州鉄道は、上西郷村の隣村の下西郷村を通るルートを考えた。すると下西郷村は今林孫十郎村長が、

「これからの村の発展は鉄道以外にない」

と、上西郷村とは全く逆の意見。自ら進んで自家の田んぼを鉄道用地に提供する協力ぶり。こうして九州鉄道の線路は下西郷村の中央を横断し、村の真ん中に駅が設置された。駅名は下西郷村の旧村名（明22県市町村制施行以前の）福間村にちなんで福間駅と付けられた（同）。福間駅を含む博多～赤間間は明治23年9月28日開通した。

*

九州で商売繁盛の神様として有名な宮地嶽《みやじだけ》神社があるのは下西郷村の隣の同郡宮地村。福間駅ができると、ここから約2キロという近さ。参拝者は皆福間駅で下車し、駅前から、宮地村へ行く6人乗りの乗合馬車に乗った。お陰で下西郷村は日に日ににぎやかになり、明治42年には町制施行。もうこのころは村名より駅名の方が有名になっており、町名は、それまでの村名、下西郷を捨て、駅名に合わせて福間町[註3]とされた（同）。

鉄道を拒否した上西郷村はズーッと村のままで、昭和29年、福間町に合併した。

〈もしあのとき、上西郷村が鉄道を拒否せず、村を汽車が通り、現在の鞍掛橋付近に「西郷駅」でも出来ていたら（略）宗像郡に福間町という町名はなく、恐らく「西郷町」としてこの上西郷

一帯が大発展をしていたに違いない〉と『福間町史』には書いてある。雑餉隈駅を拒否して、のちに恨み節を書いた『大野城市史』と似ている。

註1　村会　現村議会。太平洋戦前は、現在の県市町村議会が、県会、市会、町会、村会だった。

註2　ジョウモンさん　きれいな女という意味。福岡地方の方言。

註3　福間町　平17、津屋崎町と合併して現在は福津市。

日本第1号の立体交差駅だった折尾駅

九州鉄道会社の線は、博多〜赤間間が開通した2カ月後（明23＝1890年＝11・15）遠賀川《おんががわ》駅まで開通。翌24年（2・28）、黒崎駅まで開通した。遠賀川と黒崎間にできた折尾《おりお》駅（遠賀郡洞南《くきなみ》村＝現在は北九州市）は4年後、日本の第1号立体交差駅になった。

なぜ立体交差駅が造られたのか？　と言うと——まず明治24年2月、洞南村を東西に走る九州鉄道の線が開通し、折尾駅が開業した。西から遠賀川を越えて延びてきた線だから、線路は川の土手の高さのまま盛り土の高架で進んでいた。従って駅も高架の上だった。

つづいて半年後の8月には、ここに直方から若松へ向かう筑豊興業鉄道[註1]の線が延びてきて、九州鉄道線の盛り土に穴を開け、下を通り抜けて行った。そしてこちらも折尾駅を造った。

九州鉄道の折尾駅は盛り土の上、筑豊興業鉄道の折尾駅は盛り土の下。しかも両駅は約300

現・鹿児島本線博多〜門司港間

メートル離れていた。そのため筑鉄列車から九鉄列車に乗り換える客は、筑鉄折尾駅で下車し、３００メートル歩き、土手を斜めに登って、九鉄折尾駅にたどり着き、改めて切符を買わねばならなかった。ところが当時のダイヤは、乗り継ぎ時間が2分しか取られておらず、乗り遅れる客があとを絶たなかった（『門司新報』明24・9・11付）。これではお客にとってあまりにも不便であり、両社が協議して、共同駅が現折尾駅の位置に建てられた（明28＝１８９５年＝11・12完成＝『九鉄報告』明28下期分）。

＊

立体交差駅になった折尾駅は、1階が筑豊興業鉄道で、ほぼ十文字に交差した形の2階が九州鉄道と、二つの会社の同居駅。2階には九鉄の駅長や駅員が木綿の制服で勤務。1階には筑鉄の駅長と駅員がラシャの制服で勤務していた。主として旅客を運ぶ九鉄より、主として石炭を運ぶ筑鉄の方が景気がよかったのだった（『九州の鉄道』[註2]）。

現在はJR折尾駅。平成から令和にかけて、北九州市が周辺一帯の区画整理、JR九州が駅を大改造という事業に取り組んだ。その結果、筑豊本線は直進の線路を撤去し、西に迂回しトンネルを掘って丘に登り、高架上で鹿児島本線と並んだ（令和4年＝２０２２年）。利用者は喜んだが、「日本第1号の立体交差駅」ではなくなった。

註1　筑豊興業鉄道会社　明22創立、本社は初め直方駅構内、明25若松駅構内に移転、明27筑豊鉄道と社名変更、明30九州鉄道に合併、明40国有化。

註2　『九州の鉄道』門鉄局広報課長、倉地英夫・同補佐、大谷節夫共著、昭55、西日本新聞社発行。

混雑する折尾駅前(昭27)　＊西日本新聞アーカイブ

１３０㍍離れたところに もう一つの折尾駅があったわけ

折尾駅の駅舎から１３０㍍離れたところに、もう一つ「折尾駅」の看板を掲げた建物がある。別館がある駅とは九州でもここだけだろう。

このもう一つの折尾駅は昭和63年（１９８８年＝3・13）に登場した。こちらは看板の「折尾駅」という字の下に「６・７番ホーム」と書いてある。本駅舎の1階筑豊本線乗り場が１・２番、２階の鹿児島本線乗り場が３・４・５番、そして離れたところにあるのが６・７番乗り場というわけ。

なぜそんな別館のある駅になったかというと、この新ホームがあるところには、筑豊本線中間《なかま》駅[註1]から鹿児島本線黒崎駅への短絡線が通っているのだ。両線が開業した明治時代、筑豊炭田の石炭を積んだ貨物列車は筑豊興業鉄道の線を、折尾駅経由でまっすぐ若松へ向かうのが大部分だった。しかし各炭鉱からは、貨物列車を筑鉄の線から九鉄の線に乗り入れさせ、門司の港へも向かえるようにしてもらえないか、という声が出てきた。そこで両社は話し合い、筑鉄線の中間駅から、折尾駅には向かわず、九鉄の黒崎駅へ向かい、九州鉄道の線に入って行く短絡線を造り、明治明26年（１８９３年）6月30日開業させた（『筑鉄報告』）。

いまでは石炭輸送はなくなったが、今度は筑豊と北九州間の通勤・通学・買い物客が増え、それに応じて短絡線経由の旅客列車が増えた。ところがこの短絡線、折尾駅構内の一角を通るが、そこはホームからは全然離れたところ。当然列車は止まらない。そのため折尾地区の学校へ通学する人たちや、折尾地区から買い物に出る人たちは、目の前に列車を見ながら乗れない。そこでこの短絡線にも駅を設けて……という声が上がった。これを承《う》けてＪＲ九州は短絡線のそばにある元折尾保線区折尾支区の線路側の空き地にホームを造り、支区の建物を駅舎別館にしてここも折尾駅の看板を掲げたという次第（ＪＲ九州工事課、東島与一郎副長の話＝昭63取材）。

折尾駅舎から１３０メートルも離れたところにあるのだから、まるで別の駅のよう。そのためＪＲは初めここを「新折尾駅（仮称）」という別の駅にするつもりだったが、九州運輸局から、

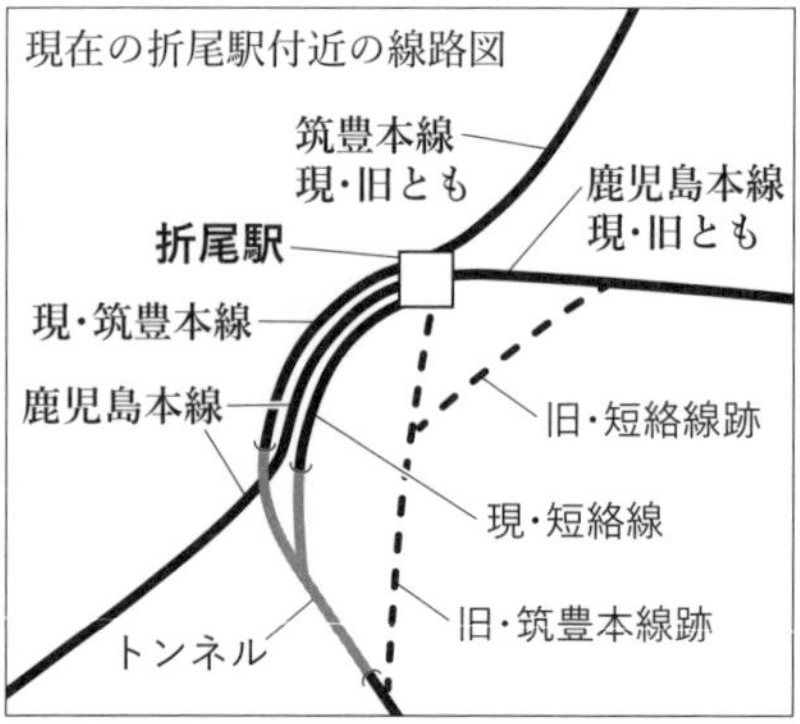

現在の折尾駅付近の線路図

「別の駅にすると、折尾駅で乗車・下車する定期券を持ったお客が、新折尾駅では乗降できませんよ」

と言われた。お客としてはどちらからでも乗降出来た方が便利なわけで、それでは……と、別のところにあるけれども一つの駅にした（森山隆幸駅長の話＝昭63取材）。そういうわけでここも折尾駅というわけ。

＊

この筑豊本線は1階、鹿児島本線は2階、短絡線ホームは本駅舎から１３０メートルも離れたところにある——という変則駅舎を解消しようと、平成18年、北九州市とＪＲ九州が駅を建て替えることになった。市が駅とその周辺の区画整理をし、ＪＲが駅

舎を建て替えたり、線路を移動させたりしようというわけ。線路はいずれも高架の上になり、コンコースの改札口を出た乗客は、筑豊本線の列車に乗るのなら右側（西側）、鹿児島本線と短絡線なら左側（東側）の高架ホームへ、エスカレーター（または階段）で昇る。もう一つの短絡線のホームも本駅舎から１３０㍍も離れたところではなく、鹿児島本線ホームの横に並ぶ。

平成18年８月11日に起工式が行われ、令和４年（２０２２年）に完成した（北九州市ＨＰ：折尾地区総合整備事業）。

註１　中間駅　当時は折尾駅の一つ南側の駅。現在は間に東水巻駅ができているので、短絡線は東水巻～黒崎間。

九州第1号の高架駅前広場《ペデストリアンデッキ》がある黒崎駅

折尾駅の開業と同じ日（明24＝１８９１年＝２・28）、東隣の黒崎駅（遠賀郡黒崎村、現北九州市八《や》幡《はた》西区）も開業した（ＪＲになって両駅間に陣原《じんのはる》駅が開業し、いまは二つ隣の駅になっている）。

黒崎村は、小倉から長崎へ向かう長崎街道の最初の宿場があったところだから駅もできた。しかし利用者が少ない小さい駅だった。駅周辺も寂しく、いま井筒屋黒崎店前の大通りは川だった。そして井筒屋の向かいのスーパー長崎屋があったところ（平12閉店後はビジネスホテル）は特殊飲

食店街。川を背にしてズラリと遊郭が並び、向こう側が表通りで、

「ちょっと兄ィさん、寄っていらっしゃいよ」

と黄色い声が聞こえていた。いま九州厚生年金病院があるあたりは沼地で、葦が茂っていた。そんな田舎がにぎやかになってきたのは、昭和30年代に八幡製鉄のアパートがこちらにぞくぞく建ち出したころからだった（元同駅駅員、田原良純さんの話＝昭59取材）。

黒崎駅とペデストリアンデッキ

＊

駅の乗降客が増えてくると、駅舎も、駅前広場も、手狭になってきた。しかし駅前は国道3号であり、西鉄電車も走っていた。だから駅前広場を広げようにも全然土地がない。そこで北九州市とJRは、駅を高架化し、駅前広場はペデストリアンデッキにした（昭59・10・16完成）。九州第1号のペデストリアンデッキだ。

ペデストリアンデッキというのは高架駅前広場とでも言うべきもの。多くの駅は、列車からホームに降りると、跨線橋の階段を上がって、改・集札口の前で階段を下りる。しかし、黒崎駅では跨線橋の階段を上がり、横に歩くと改・集札口。そこを出るとその高さで（地上8㍍、普通のビルの3階ぐらいの位置）駅前広場が広がっている。

下を見下ろすと、駅前広場の下を車や人が通っている。駅舎を出た人たちは、狭い歩道を通るでもなく、車に注意するでもなく、悠々と歩いて道路の向こうの商業ビル（かつては黒崎そごうが入っていたが撤退）の2階に入ったり、商店街やバス停に降りたりできるようになった。ペデストリアンデッキの広さは約７００平方㍍。

ところがのちに「これは便利だ。もっと広げて……」という利用者たちの声。そこで北九州市は、一旦これを取り壊して、幅60㍍×奥行きが22㍍、広さ約１６００平方㍍、それまでのより2倍以上もある広いペデストリアンデッキにした（平1・11・3完成）。いまは高架の上にベンチなどもあり、若いカップルの談笑風景などが見られる。

＊

黒崎駅は、いまやＪＲ九州の全駅（８７０余）のうちで博多、小倉に次ぐ3番目に乗客の多い駅に。

初めは八幡村大蔵《おおくら》駅などを通っていた現鹿児島本線

黒崎駅まで開業した2カ月後（明24・4・1）、九州鉄道会社の線は、上り側の端の門司駅（現門司港駅）まで開通した。——と言ってもこのうち黒崎駅～小倉《こくら》駅間は、現在の鹿児島本線が走っている海岸ルートではなく、内陸部の現国道3号付近を通っていた。当時小さい漁村だった八幡村、戸畑村（ともに遠賀郡＝現在は北九州市）の海岸には汽車に乗る人が大勢いるとは考えられなかっ

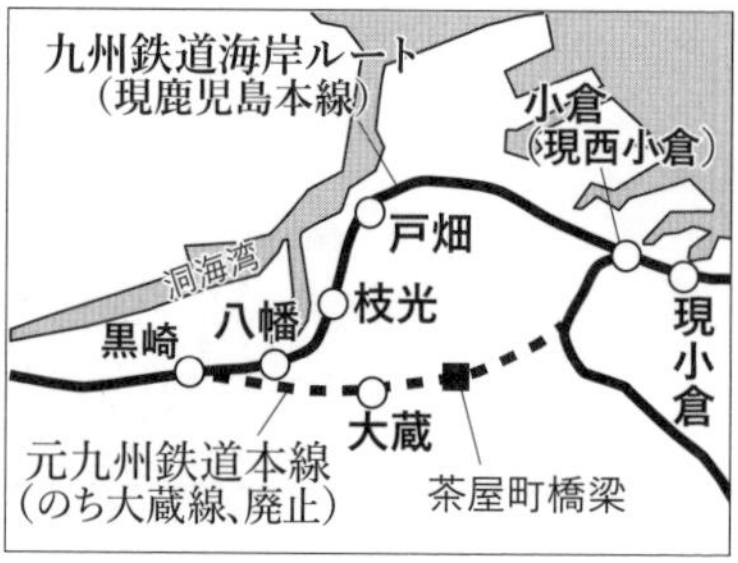

たからだった。だから黒崎から小倉へほぼ直線で線路が敷かれたのだ。

黒崎〜小倉間には駅もなかった。しかし黒崎村から小倉町へ向かう線路は、途中で八幡村を通っていた。そこで八幡村の内陸部の人たちは八幡村にも駅を造ってもらいたい、と声を上げた。これに応じて九州鉄道は、明治31年（1898年＝9・5）、黒崎と小倉のほぼ真ん中付近の八幡村大蔵（現北九州市八幡東区大蔵）に、大蔵駅を新設した。

明治31年ごろには、九州鉄道の本線は、同線の終点、八代《やつしろ》駅（熊本県八代市）まで開通し（明29）、八代線（門司〜八代間）と呼ばれていた。従って門司〜八代間を行き来する汽車は、この大蔵駅経由で走っていた（『九州の鉄道』）。

＊

ところが、この内陸部ルートで汽車が走るようになって間もなくの明治30年、八幡村に官営製鉄所が開庁した。いまの新日鉄住金八幡製鉄所だが、誕生したときは国営であり「開庁」という言葉が使われている。また当時、製鉄所は日本にここ一つしかないのだから「八幡」とは付かず、単に官営製鉄所という名称だった（『八幡製鉄所八十年史』[註1]）。

ここに、鉄の原料である鉄鉱石は海外から船で洞海湾に着くが、溶鉱炉で焚く石炭は筑豊炭田から運ぶのだから鉄道が欲しい。また、製鉄所で働く大勢の労働者たちの足としても鉄道は必要。そこで製鉄所の和田維四郎長官が中心になって、製鉄所の近くに鉄道を通してもらいたいと九州

工事中の八幡製鐵所・東田第一高炉（明33）　＊西日本新聞アーカイブ

旧大蔵線跡の茶屋町レンガ橋

鉄道に要請した（同）。

同じころ、若松築港会社の安川敬一郎[註2]社長も海岸ルートの鉄道を望んでいた。若松駅は、筑豊炭田の石炭を積んだ貨物列車が次々に着くところ。ここで船に積み替えて阪神工業地帯に送り出すのだが、年々石炭輸送が増えて、若松駅と若松港は飽和状態。そこで洞海湾の対岸の戸畑村からも積み出そうと、若松築港が戸畑村にも港を造成中だった。その戸畑港のそばにも鉄道を延ばして欲しかったのだ（『門鉄駅物語[註3]』）。

こうして官営製鉄所と若松築港が、それぞれ目的は全然違うが、共同戦線を張って、九州鉄道に、八幡村の製鉄所付近・戸畑村の港付近への鉄道延伸を要請した。

九州鉄道としても貨物・旅客双方の運賃収入増が見込めるわけだから、これに応じることにした。そして小倉からと、黒崎からの両方から、海岸線沿いに新線を延ばして行き、結節させた（明35＝１９０２年＝12・27開通）。そしてこのとき、この間に八幡・戸畑の両駅も開業した（『八幡市史』）。開業と同時にこの海岸沿いの線路が九州鉄道の本線になり、それまでの黒崎～小倉間は大蔵線という支線になった。

*

支線になった大蔵線には、黒崎〜大蔵〜小倉など近距離の蒸気動車が走るだけになった。しかも明治44年（1911年）には、大蔵線とほぼ並行して現国道3号上に九州電気軌道会社（のち五社合併して現西日本鉄道＝西鉄）の線路が敷かれ、門司〜黒崎間電車が開通した。通勤・通学・買い物客など近距離の移動は、わざわざ駅まで行かず、国道上の電停で乗り降りできる電車の方が便利。大蔵線はたちまち客を取られ、同年（明44・9・30）廃止になった。いま大蔵駅跡は大蔵公園になっており、北九州市教委の「大蔵駅跡」という説明板が立っている。また「到津《いとうづ》の森公園」付近には、内陸部ルートの線路が槻田《つきだ》川を渡った赤レンガの茶屋町橋梁が残っており、これは北九州市指定史跡として保存されている。

＊

海岸沿いの本線に話を戻すと、八幡駅は官営製鉄所の溶鉱炉そばに設けられたが、製鉄所の庁舎（民営化後は八幡製鉄所本事務所）は八幡町（八幡村は明32から八幡町）の枝光《えだみつ》にあった。製鉄所は庁舎そばにも駅が欲しいと国（九州鉄道は明40から国鉄）に要望、国は明治41年（1908年）、製鉄所庁舎そばに枝光駅を開業した。

＊

八幡駅は昭和30年（1954年）、八幡製鉄所（この時点では民営）の作業形態に合わせて製鉄西門そばの現位置（旧八幡駅より1・1キロ西）に移転した。どこまでも製鉄所と一体の駅だ。

＊

戸畑駅は、初めは石炭到着駅として開業したが、のち八幡製鉄が戸畑市の沖も埋め立てて、構内を広げたので、製鉄所への通勤者たちにも利用されるようになった。駅舎は線路より洞海湾側にあったが、昭和39年（１９６４年）、線路より市街地側に移転した。

註１　『八幡製鉄所八十年史』昭55、新日鉄八幡製鉄所編・発行。

註２　安川敬一郎　元福岡藩士、廃藩置県後は赤池炭坑（のち合併して明治鉱業）を経営。炭坑で使うモーターなどを造るために安川電機を創業（現在は産業用ロボット製作などで有名）。炭坑の採鉱冶金技術者などを養成のため明治専門学校を創設（のち国有化されて現国立九州工業大学）。衆議院議員、貴族院議員を歴任（『福岡県百科事典』＝昭57西日本新聞社編・発行）。

註３　『門鉄駅物語』安藤喜代司著、昭58、交通月報社発行。

九州の第1号橋上駅は現九州工大前駅

九州鉄道会社の黒崎～小倉間海岸ルート（現ＪＲ鹿児島本線）には初め八幡・戸畑の２駅だけしかなかった。ところが大正８年（１９１９年＝２・１）、鹿児島本線小倉駅と戸畑駅の途中から東洋製鉄（のち八幡製鉄に合併）への専用線が敷かれた。

本線から分岐する線ができると、分岐点で、ポイント（分岐器）と信号機を操作するために上戸畑信号場が設けられた。ところがそのうちに専用線から出入りする貨車が増え、分岐点で操車場のような仕事もするようになった。すなわち積み込む現場の都合でバラバラに繋がれて出てきた貨物列車を、ここで一度切り放して、行き先別などに繋ぎ直し、編成し直すわけだ。そのため

に構内が広げられ、次々に側線が増やされ、最終的には側線が16本も並ぶ、操車場か貨物駅のような形になった。だから、

「人事異動で『上戸畑信号場助役を命ず』と書いた辞令をもらったのに、現場に来ると『上戸畑貨物駅』と看板が掲げてありました。国鉄内部の公式名称は信号場でしたが、実態は貨物駅でした」(同駅助役、末吉克巳さんの話＝昭55取材)

ということだった。

九州の橋上駅第１号の九州工大前駅

＊

長いこと、構内には貨車だけがひしめいている貨物駅だったが、旅客列車も信号待ちのために止まる。戦後は周辺に住宅などが増え、地元の人たちが、このせっかく止まる旅客列車に乗せてもらいたいと声を上げた。これを承《う》けて国鉄は、昭和45年(1970年＝7・1)、貨物駅の一角に旅客駅を造った。貨物線がギッシリ並んでいて駅舎を建てる土地がないので、国鉄は仕方なく僅かな余地に柱を建ててその上に駅舎を載せた。こうして橋上駅が登場した。旅客列車が止まり、お客が乗降するとなれば、上戸畑貨物駅ではいけない。駅の所在地が北九州市戸畑区中原だから中原駅にしようとしたが、中原駅は長崎本線に存在する。そこで頭に「新」を付けて、新中原駅と命名された。

＊

地元の住民とともに近くの国立九州工業大学の学生たちも大いにこの新駅を利用するようになった。そしてそのうちに、同大学関係者から、

「近年は、学会や視察などで遠くから本大学を訪れる人が増えたが、駅名に九州工大の名が入っていないので分かりにくい。間違えてよその駅に下車して慌てる人もある」

という声が上がってきた。そしてJR新中原駅名変更期成会（森定雄会長）が結成されてJR九州に陳情。経費を全部地元が負担するという条件で、平成2年（1990年＝11・1）、新中原駅は九州工大前駅と変わった。経費の地元負担は680万円で、九工大OBを中心に募金が寄せられた。すなわち九工大OBたちが経費を負担して駅名を変えた駅だ。

＊

いまでは〝上戸畑貨物駅〟はなくなり、旅客ホームの北側に広がっていた16本の側線の跡は、一部が北九州テクノセンター（各会社の研究機関団地）になり、一部は北九州高速道路が通っている。

＊

駅名を変えた九州工大前駅は、九州のJR駅で一番長い駅名の駅となった。ひらがなで書くと「きゅうしゅうこうだいまえ」だから12字。

2位はひらがなで書くと11字の駅が三つある。▽小波瀬《おばせ》西工大前駅（日豊本線、京都《みやこ》郡苅田《かんだ》町）▽崇城《そうじょう》大学前駅（鹿児島本線、熊本市）▽九大学研都市駅（筑肥線、福岡市）。1位、2位、計4駅とも全部大学名の付いた駅。

小倉町ではなく足立村か板櫃《いたびつ》村に造られるはずだった小倉駅

黒崎～小倉間が内陸部ルートで建設されているときに話を戻すと、小倉駅は、いまのように海岸近くではなく、内陸部の企救《きく》郡足立村か板櫃《いたびつ》村あたりに造られるはずだった。政府が九州鉄道会社発起人総代に下した鉄道建設と会社創立の免許状には、

〈稟請《りんせい》ノ趣ヲ認可シ免許状ヲ下付ス。但《ただし》軍事上ヨリ変更ヲ命ジタル新町～小倉間、瀬高～高瀬間ノ線路ハ、申出ノ通《とおり》改撰ノ線路ニ布設スル儀ト心得ベシ〉（明21・6・27付免許状＝『九鉄二十年史』所載）

と書いてある。すなわち新町～小倉間と、瀬高～高瀬（現玉名＝熊本県）間は、軍事上の理由――すなわち敵の艦砲射撃を受ける恐れのある海岸線に鉄道を走らせることはまかりならん、海岸線から離れたところにルートを変更せよ、ということだった。

新町というのは、大里《だいり》駅（現門司駅）の少し西側の地名（現在は北九州市門司区新町）で、新町から西は海岸を避けて、手向《たむけ》山（現小倉北区）の背後を回り、小倉城の裏を通せ、というのが軍の意向。小倉町は小倉城の城下町として城の前面にできた町。線路が城の後ろ、すなわち隣村を通り、隣村に駅ができたのでは、小倉町の人たちは不便でたまらない。また九州鉄道としても、工費・工期が余計にかかる。

そこで九州鉄道は政府に対し、軍の意向通りにルートを小倉城の裏に変更するが、そのルート

は工期が長くかかるので開通が遅れる。だから海岸に仮線を造って、そこに汽車を走らせながら本線の工事を進める。そして小倉城の裏を通る本線が完成したら、そちらに汽車を走らせ、仮線は廃止するということでいいか、と嘆願書を出し、認められた。こうして海岸沿いに仮線が敷かれ、海岸近く（現西小倉駅の位置）に明治24年（1891年＝4・1）、小倉駅が開業した（『小倉の鉄道[註1]』）。

もちろん九州鉄道は、同時に軍が望むルートで本線の工事も進めた。さすがに手向山の裏を迂回するのは勘弁してもらったが、その少し西の企救郡足立村富野（現小倉北区富野）で本線から分岐して、小倉城の裏を通り、紫川付近で豊州線（現日豊本線）に合流、豊州線を少し走って、九州鉄道本線[註2]（当時は内陸部を通っていた）の大蔵～小倉間に結節するというルートだ。これは明治37年までにほぼ完成した（『九州の鉄道』）。

海岸を通る仮線と小倉駅が完成して営業中の明治32年、九州鉄道は、この仮線を本線にしたいが、よろしいか？　と政府に願い出た。すると陸軍省は、

「第十二師団（司令部は小倉）の機能を十分に発揮出来るような軍用停車場を小倉南方に設置し、これを各本線と連絡出来るようにすれば、仮線を本線にしてもよろしい」

と条件付きで許可した（同）。

こうして仮線の名で建設された線が九州鉄道本線となり、現在はＪＲ鹿児島本線。仮線の駅として建設された小倉駅も本線の駅として認知され、現ＪＲ小倉駅となっている。そして一方、このときは本線だった富野から足立を経由して大蔵線に繋がる線は、せっかく線路が敷かれたのに汽車は全然走らない線となり、小倉裏線と呼ばれるようになった。

註1 『小倉の鉄道』小倉郷土会会報「記録」昭41・11月号所載。小笠原有之、奈良崎博保共同執筆。
註2 九州鉄道本線 黒崎〜大蔵〜小倉間は内陸部を通っていた。詳細は前項に。

日露戦争が始まったので軍命令で造られた足立駅と大黒町駅

明治37年（1904年＝2・10）、日露戦争が始まると、前項で紹介した「陸軍第十二師団にとって必要なときは小倉南方に軍用停車場を設置する」という付帯条件が生きてきた。政府は九州鉄道に対し、

「直ちに小倉南方に軍用停車場を造れ」

と命令した。これを承《う》けて、九州鉄道は、

〈（明治37年）二月上旬、露国トノ平和破レ、我社ハ他ノ鉄道ニ先《さきだ》チ軍隊輸送ノ命ニ接シタルヲ以テ、直チニ豫《かね》テノ計画ニ據《よ》リ小倉裏線ト本線トヲ接続シ、又長崎駅（現浦上駅）ト同市大黒町ニ仮ニ線路ヲ延長シ、且《かつ》足立停車場及大黒町仮停車場ノ設備ノ為メ日夜其工ヲ督励シ……〉（『九鉄報告』明36年下期分）

小倉裏線[註1]というのは、前項で紹介したように九州鉄道本線の富野信号場[註2]から分岐して大蔵線[註3]の小倉〜大蔵間に結節するというルートだった。その裏線の企救《きく》郡足立村（現小倉北区、足立中学校付近）に足立停車場が造られた。広さ3万5000坪（約12万平方㍍＝福岡ドームの約3倍）で、側

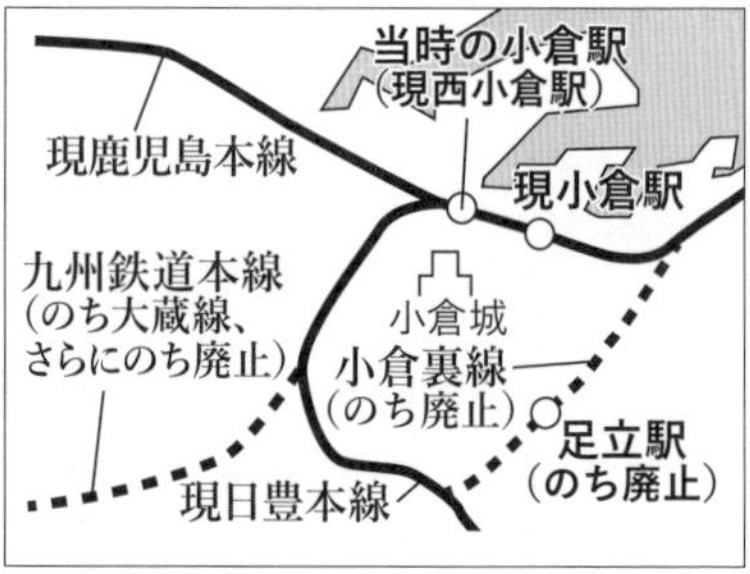

線が13本も並んでいる大駅だった。現在のＪＲ小倉駅は在来線の線路8本、新幹線の線路4本、計12本が並んでいるが、それよりも多く、従って駅構内も広かった。

〈駅舎ハ一昨年末竣工セル洋風ノ建築ニシテ……夜間ハ特ニ電燈ヲ點《とも》シテ操業上ノ便利ヲ謀リ〉（同）

と書いてある。夜、電灯をつけたくらいのことが会社の公式文書に特記されているとは、一般家庭はまだランプの時代だった。

＊

もう一つの大黒町仮停車場というのは長崎市内の話。当時の長崎駅は隣の浦上山里村にあり（現浦上駅が当時は長崎駅だった）、線を長崎市内まで延伸して、長崎市内に長崎駅を造るため長崎湾の一部を埋め立てているときだった。その埋め立ての最中に日露戦争は始まった。大黒町に新しい長崎駅はまだできていないが、駅予定地に急遽、軍用の仮停車場を造ったのだった（両停車場とも明37・2・12開業）。

〈十二日ニ至リ愈《いよいよ》輸送開始トナルヤ社長以下数百人ノ係員ハ二隊ニ分レ、一ハ足立停車場ニ、又一ハ大黒町仮停車場ニ詰切リテ昼夜輸送ニ従事シ……〉（同）

小倉は軍都であり、小倉町と周辺一帯にはいくつもの部隊がいて、そこの兵隊たちがこの足立駅から列車に乗り、門司の港に近い門司駅（現門司港駅）と、長崎港に近い大黒町仮停車場に運ばれ、輸送船で戦地へ向かった（『小倉市誌・続編』）。そして、

〈約一週間ヲ経テ無事ニ其任務ヲ終了セリ〉（同）

せっかく造った大駅なのに使われたのはわずか約1週間ほどだった。

＊

またこの間（明37・2・12〜19）小倉駅は、近距離客だけが乗降するようにし、九州鉄道本線（現鹿児島本線）と豊州線（現日豊本線）のほとんどの列車は足立駅に発着するようにされた。この約1週間は小倉駅よりも足立駅の方が小倉市の代表駅のような大混雑だった。

約1週間の混雑が終わると、小倉裏線も、足立駅もほとんど使われず、ひっそりとなった。ただ陸軍予備病院（企救郡砂津村）への傷病兵輸送にときどき使われただけ。大正5年には、裏線も、足立駅も撤去されてしまった（『小倉の鉄道』）。裏線の線路跡は主として国道3号になり、足立駅跡には、JR宿舎・足立中学校・小倉消防署などが建っている。

大黒町仮停車場跡にはいま長崎駅が建っている。

註1　小倉裏線　元々は九州鉄道本線として着工、しかし仮線（海岸ルート）が本線となり、元本線は小倉裏線となった。詳しくは前項参照。

註2　富野信号場　九州鉄道本線から小倉裏線へ分岐のポイント転換をするために設置。現東小倉貨物駅付近。

註3　大蔵線　元九州鉄道本線のうち黒崎〜小倉間。明35現在の海岸ルートができてからは大蔵線という支線になっていた。前々項参照。

元祖・小倉駅は現西小倉駅

前2項で小倉駅と書いてきたのは現小倉駅ではない。明治24年（1891年＝4・1）に開業した小倉駅があったところは現小倉駅の西隣の西小倉駅の位置だ。この付近には小倉城址があり、廃藩置県後は城跡を陸軍が使い、また近くには役所なども多く、このあたりが福岡県企救《きく》郡小倉町（明33からは小倉市）の中心だった。ここに小さい木造平屋の小倉駅が、昭和33年（1958年）まであった。

しかし、このころは駅の利用者が増え、また周辺道路の交通量も増加。そこで国鉄は、昭和33年、700㍍東の現位置に鉄筋コンクリート4階建ての小倉駅ビルを造り、移転した。

ところがさらにのちには、それも狭くなり、平成10年（1998年＝3・14）、地下3階・地上14階の現駅ビルに建て替えた。

現小倉駅ビルは、4階に北九州モノレールが突っ込んでいる。3階がJR小倉駅のコンコースや出・改・集札口で、その他の階はショッピング、食堂、ホテルなど。駅ビルにモノレールが乗り入れているのは、九州ではここだけ。

*

小倉駅が700㍍東に移ったあとの旧小倉駅跡は、しばらく貨物専用駅になっていたが、そのうちに貨物の形態がコンテナに変わってきたので、昭和44年（1969年）には、少し西の海岸側埋め立て地に広大なコンテナ基地、浜小倉駅が新設され、貨物はそちらに移った。

　完全に空き家状態になった旧駅跡を見た周辺のデパート・商店・住民たちは、

「空き施設になっているのなら、旅客駅を復活させて……」

と国鉄に陳情。駅舎や跨線橋の建設費などは地元が負担して、昭和49年（1974年＝12・14）、西小倉駅が開業した。

モノレールも乗り入れているＪＲ小倉駅

＊

　西小倉駅は、旧小倉駅が700メートル東に移転した跡に造られたのに、時刻表の駅間距離欄を見ると、小倉駅～西小倉駅間は800メートルとなっている。100メートルの差はなぜだろう？

　これは、旧小倉駅は駅舎前の駅前広場が狭く、駅近くの道路も狭隘だった。そんな駅前が狭いところに再び駅舎を造ることはない。そこで西小倉駅の駅舎は、旧駅の構内ではあるが、駅舎があったところより100メートル西側に建てられた。駅の位置は駅舎の中心で表記するようになっているから、西小倉駅の位置は旧小倉駅より100メートル西、すなわち両駅間の距離は800メートルというわけだ。

文《も》字《じ》ケ《が》関《せき》村に 赤レンガ建ての九州鉄道本社

今は九州鉄道記念館になっている旧九州鉄道本社

小倉駅が開業した日（明24＝１８９１年＝４・１）、九州鉄道会社線の起点になる門司駅（現門司港）も開業した。同じ日、久留米から南へ延びた線は高瀬（現玉名）まで開通しており、この日からは現門司港から現玉名まで汽車が走るようになった。

それまでの間、九州鉄道は博多駅前の仮本社で仕事をしていたが、鉄道建設と並行して門司駅そばに赤レンガ２階建ての本社社屋を建設していた。この本社社屋は、門司駅より二十余日後に完成し、４月23日、九州鉄道は博多駅前の仮本社からここに引っ越した（『九鉄報告』明24年上期分）。

門司駅と九州鉄道本社ができたところは福岡県企救《きく》郡文字ケ関村[註1]。戸数５７０戸で、宅地より塩田の方が広かった。村内には株式会社が三つしかなかった。すなわち九州鉄道、門司築港、門司精米の３社（『門司市史』）。のちには鉄道の街になった門司は元々は塩田が主体の村だった。

九州鉄道は明治40年、国に買収されたが、国も引き続き、この建物を九州の鉄道の元締め（最初は九州帝国鉄道管理局）として使った。佐藤栄作庶務掛長（のち首相）が勤務した昭和2年ごろは門司鉄道管理局だった。国鉄の九州の出先機関は次第に大きくなり、太平洋戦後は旧三井物産門司支店ビル（財閥解体で売りに出された）を国鉄が買収、門鉄《もんてつ》ビルとビル名を変更。総務・営業・運転部門などはここに移り、赤レンガの旧九州鉄道本社は、門鉄局経理部・施設部や九州地方資材部などが入っていた。電気部はさらに別のビルというタコ足状態だった。しかし、分割民営化でJR九州になるとそっくり福岡市に移転。赤レンガ館はいま九州鉄道記念館になって一般公開されている。

この章のここまでは、博多から門司（現門司港）まで線路が延びていった様子を書いてきた。次項からは九州～本州間の話題――。

註1　文字ヶ関村　明27から門司町、同32から門司市、昭38から北九州市門司区

初めは関門間ではなかった
関門連絡船

門司駅（現門司港駅）が開業して7年後の明治31年（1898年＝9・1）、駅から200メートルほど離れた海岸に、本州から連絡船が着くようになった。この連絡船は関門連絡船の前身だが、関と門、すなわち下関と門司を結ぶものではなかった。徳山と門司を結ぶものだった。

関門連絡船（『九州の鉄道の歩み』より）

連絡船がなぜ下関～門司間ではなく、徳山～門司間なのか？と言うと、当時、本州の方は、新橋～神戸間（現東海道本線）を国鉄が全通させ（明22）、神戸から本州の西の端までは、山陽鉄道会社が鉄道（現山陽本線）を建設中だった。この線は明治30年（1897年）、徳山まで開通した。すると同社は傍系の山陽汽船会社を作り、翌31年、徳山～門司間を船で繋いだ（『山陽鉄道物語[註1]』）。線路がまだ徳山までしか延びてきていなかったから、連絡船は徳山～門司間というわけだ。

そのころ九州と関西の間を行き来する人たちは関西汽船などの船を利用していた。ところが船は時間がかかる。そこで鉄道が部分開業した区間だけでも汽車に乗り、未開通区間だけを船にすれば、所要時間は大幅に短縮される。山陽鉄道としてはそれが狙いだった。

もちろん赤間関市《あかまがせき》（現下関市）は山口県下最大の市であり、ここに用がある人もあり、連絡船は徳山～門司を走った後、赤間関にも寄った（『下関駅物語[註2]』）。

*

連絡船が就航したとはいっても、あいにく徳山にも、門司にも、連絡船が直接接岸できるような埠頭の設備はなかった。連絡船は沖に停泊し、乗客は岸から本船まで約40人乗りのハシケで運ばれ、沖で乗り換えねばならなかった。ハシケは4人の船頭が櫓を漕いで進めていたが、荒天の日にはハシケの速度が落ちたり、本船に乗り換えるのに手間取ったりし、連絡船がダイヤ通り着かず、そのため列車を遅発させることもしばしばだった（『連絡船物語』[註3]）。

＊

3年後の明治34年（1901年＝5・27）、山陽鉄道の線は赤間関市まで延び、ここに馬関《ばかん》駅が開業した。すると連絡船は徳山～門司間が廃止となり、馬関～門司間に変更され、関門連絡船となった。翌35年、赤間関市は下関市と改称、同時に馬関駅も下関駅と改称された（『下関駅物語』）。明治39年、山陽鉄道が国に買収されると、関門連絡船は国鉄関門連絡船となった。

＊

門司駅と連絡船桟橋は、前記のように約200メートル離れていた。これでは汽車と船の間の乗り継ぎに不便であり、国鉄は大正3年（1914年＝2・1）、桟橋のすぐ近くの現位置に、新しい駅舎を建て、移転した。今度は駅のホームから、国道199号の下を地下道でくぐると、そこは桟橋という、駅と桟橋を一体化した構造になった。

このとき建てられた駅舎は、木造モルタル塗りだが、外壁を石貼り風に見せた洋風建築。屋根は銅板葺《ぶ》き、内部もコンコースの柱が真鍮巻きになっているなどネオ・ルネサンス風を基調とした建物。設計は鉄道院の九州鉄道管理局工建造物課で、施工は岡山市の土木業者、菱川組が当たった（『重要文化財・門司港駅・建設の経緯』[註4]）。

それが、はるかのち、駅名も門司港駅と替わったあとの昭和63年、日本の駅舎では初めて国の重要文化財に指定された（『官報』昭63・12・14付）。

＊

九州の玄関駅の形になった門司駅は大忙し。出札窓口（切符売り場）の駅員は、受け取った札を本来なら机の引き出しに入れるのだが、引き出しはすぐ一杯になってあふれ出る。仕方なく足もとにバケツを置いてそれに投げ込んだが、それもすぐに満杯。札を足で踏みつけて、さらに札を投げ込んだものだった（元同駅出札係、原田弘さんの話＝昭54取材）。

しかし昭和17年（１９４２年＝11・15）、関門トンネルが開通すると、九州～本州間の行き来は、そちらに移り、関門連絡船は昭和39年（10・31）廃止された。

註1 『山陽鉄道物語』 長船友則著、平8、ＪＴＢパブリッシング発行。

註2 『下関駅物語』 元国鉄職員、下関駅に長く勤務した斉藤哲雄著、平7、近代文芸社発行。

註3 『連絡船物語』 門鉄局長、本社運転局長などを歴任した阪田貞之編、昭15、日本海事協会発行。

註4 『重要文化財・門司港駅・建設の経緯』 文化庁主任文化財調査官、宮澤智士工博著、平1門司港駅保存会発行。

日本で初めて貨車を船に積んで運んだ
関門貨車航送船

汽車の乗客は、自分で歩いて、汽車から連絡船に乗り換え、対岸に着けば自分で降りてまた汽車に乗る。しかし、貨物は自分で歩かないから厄介だ。門司駅（現門司港駅）では、貨物列車が着くと、貨車から積み荷を全部降ろし、ハシケに積んで海峡を渡し、下関駅でまた本州の貨車に積み込んでいた。これは時間と労力がかかる上、何回もの積み下ろしで荷が傷み、荷主や鉄道会社の悩みのタネになっていた（『連絡船物語』）。

そこで下関の荷役業、宮本組経営者、宮本高次は、岸壁まで延びて来ている貨物線路を、ハシケのそばまで延ばし、さらにハシケの上にも線路を敷いた。そして貨物を積んだままの貨車をハシケの上まで押して、貨車ごとハシケに積んだ。当時の貨車は7トン積みだったが、これをハシケ1隻に3両積み、小蒸気船で曳航《えいこう》した（明44＝1911年＝10・1開業）。ハシケで運ぶところはそれまでと同じだが、貨車に積んでいる貨物をいちいち貨車から降ろしたりしなくなったから、時間は短縮され、荷物の傷みも少なくなった。

のちには青函連絡船、宇高連絡船[註1]なども、貨車航送をするようになったが、この関門間が日本初の貨車航送だった。関門海峡は日本貨車航送発祥の地だ（同）。

㊤ハシケに貨車を積み、曳船で引いていたころ
㊦外輪船の貨車航送船（『九州の鉄道の歩み』）

＊

もっともこれは宮本高次の発明ではなく、アメリカではすでに行われていた方法。宮本は大分県中津町（現中津市）の出身。関門で沖仲仕（荷役労働者）をしていたが、渡米、数年間アメリカで働き、その間にアメリカで貨車を船に積んで渡しているのを見ていた。帰国して下関で海運業を始めたが、そこでアメリカでの見聞と体験を基に、関門貨車航送を始めた（『下関駅物語』に所載の『鉄道時報』明44・11・25付）。

＊

貨車航送船の発着は、下関側は下関駅構内だったが、門司側は門司駅ではなく、大里《だいり》駅（現門司駅）構内の桟橋（門司市小森江）だった。そのため国有化後の明治44年、国鉄はこの航路を、下関と小森江の間の航路という意味で関森《かんしん》航路と命名した。

また大正２年（６・１）には、国鉄が宮本組から関森航路を買収、航路は国鉄直営にした。そして国鉄は、デンマークの海上貨車輸送法を参考に、それまでの貨車をハシケに載せて小蒸気船で曳航するという方法をさらに進歩させた。すなわちハシケより大きくて、船自体が動力も持っている航送船を建造した。

船は４６３トンで、甲板に線路を敷いたのはハシケ時代と同じだが、船が大きいから線路も長く、７トン貨車を７両積むことができた。甲板の真ん中に線路が通っているから、普通の船のように船橋を甲板には造れず、船橋は両舷側に柱を建て、梁を張って貨車の頭上に造った。スクリューはなく、両舷側に大きな水車が付いていてそれが回る外輪船。下関の桟橋では船尾側から貨車が載り、門司の小森江桟橋に着くと、貨車は船首側から降りていった。この自走する貨車航送船は大正8年（1919年＝7・25）から就航した（元大里駅員、二宮象男さんの手記『関森航路の今昔』＝門鉄局社内報『きてき』昭12・2・15日付所載）。

＊

この世に初めて汽船が登場したころのような、あるいはミシシッピ川の遊覧船を思わせるような外輪船は、関門海峡の風物詩だった。しかし、作業に当たる人たちは大変だった。例えば貨車は蒸気機関車で押して船の甲板に載せるのだが、干潮のときは船の甲板が桟橋よりはるかに低くなっている。貨車が船に載ったとたん、ブレーキを掛けるのだが、ズルズルと引きずり込まれ、機関車が止まらず、真っ青になったことがしばしばだった（元大里機関区員、高井武勝さんの話[註2]）。

引きずり込まれて蒸気機関車が海にドボーンと転落することもあった。作業員が船と桟橋の間に挟まれ死亡したこともあった。軍需輸送が増えると作業は無理に無理を重ね、幾人もの殉職者が出たものだった（元門司機関区員、岡田稔さんの話[註3]）。

＊

昭和17年（1942年）、関門トンネルが開通すると、旅客列車も、貨物列車も、海底トンネルを走り抜けて九州に着くから、それまでのように貨車を船に積み替えて本州～九州間を渡す必要はなくなった。そこで関森貨車航送船は廃止（昭17・7・10）。船は同じ国鉄の宇高連絡船に回された。

ところがそのうちにモータリゼーションの波。本州～九州間を自動車のまま渡りたいという需要が出てきて、日本自動車航走会社が出現。宇高連絡船に回っていた航送船を買い、関門間に就航させた（昭25）。しかし車はますます増えたので、関門国道トンネルが掘られ（昭33開通）、同時に自動車航走船は廃止になった。

＊

下関側の貨車航送桟橋があったところは、航送船廃止後、埋め立てられ、その埋め立て地には下関鉄道病院が建った。同病院の門のそばに、昭和42年、国鉄中国支社が「貨車航送船発祥の地」の碑を建てた。しかし、さらにのち鉄道病院はなくなり、跡地に商業ビル、シーモールが建ったので、碑はそのビルの外壁に埋め込まれている。

門司側の小森江桟橋跡近くには、いま小森江駅ができている。

以上、この章のここまでは、博多〜門司間の線路延伸と関門間の船について紹介した。次項からは関門間のトンネルについての話題を――。

註1　宇高連絡船　本州（岡山県）の宇野と四国（香川県）の高松を結ぶ連絡船。昭53本四架橋開通により廃止。

註2　高井武勝さんの話、註3　岡田稔さんの話　ともに大里機関庫30周年座談会での発言。門鉄局社内報『門鉄ジャーナル』昭53・3月号所載。

世界第1号の海底トンネルは関門トンネル

本州と九州の間は、長い間、旅客は関門連絡船、貨物は関森《かんしん》貨車航送船で運ばれていたが、昭和17年、関門海峡の海底にトンネルが掘られ、本州~九州間を列車に乗ったまま行き来できるようになった。その関門トンネルは世界の第1号海底トンネルだった（河底トンネルはあったが）。

本州~九州間を、橋かトンネルで繋ごうという話は明治時代からあったが、莫大な工事費がかかるためなかなか具体化しなかった。しかし、昭和6年ごろには貨車航送船で運ぶ貨車の数が増え、これ以上の貨物はトンネルを掘って通す以外にないということになった。そしてついに国の予算も決まり、昭和11年（11・7）、関門トンネルが着工された。

同トンネルは、門司側のトンネル口を見ると、一つの複線トンネルのようだが、実は単線が敷かれた円い筒を2本並べた単線並列型。従って下り線が通っているトンネルと上り線が通っているトンネルは、長さも、開通日も、違っている。すなわち下りトンネルは３６１４㍍で、上りトンネルは少し短く３６０４㍍。まず昭和17年（１９４２年＝11・15）、下りトンネルが開通し（同日、開通式挙行）、このトンネルを上り列車も、下り列車も通しながらもう一本の工事を進め、二年後の19年（１９４４年＝８・８）、上りトンネルも開通した（『関門トンネルのはなし』[註1]）。

*

関門トンネル門司口

関門トンネルは、シールド工法（潜函工法）で掘られた。シールドは直径7㍍、長さ6㍍の鉄の円筒で、この中に24人の作業員が入って作業をした。後ろは密閉されており、前は切り羽に押しつけられているから外気とは完全に遮断された円筒の中。シールドが土や海水の重みでつぶれないよう、中には圧搾空気が送り込まれて充満。この中で作業員たちは切り羽に削岩機で穴を空け、火薬を詰めて爆破させ、前に掘り進んでいった。少し掘るとシールドを前進させ、穴はコンクリートで巻き立て、丸いトンネルの形に仕上げてゆく。

高い気圧の部屋で作業をつづけるわけだから、

「作業が終わり、外に出てきて手を洗おうと洗面器に入れると、体の中に入っていた空気が水の中に噴き出し、洗面器の水がたちまち泡だらけになったものでした」（当時掘削作業に当たった国鉄下関工事局の種村繁男機械係長の話＝昭37取材）。

＊

そんな空気の圧力で土圧・水圧を押し返しながらの掘削だったが、昭和15年12月、門司側から700㍍ほど進んだところで、切り羽から湧水がドクドクと流れ込んできた。土もボロボロ崩れ落ちる。それを押しとどめるためにシールド内の気圧を上げると、今度は圧搾空気が切り羽から海底の土を通り抜け、海面に噴き出した。

技術者たちがモーターボートで海面を走り回ってみると、青い海がこの付近だけ泡で真っ白になっていた。

「これでは切り羽に穴が空いて海水でトンネルが水没するぞ！」

技術者たちは海面から大きな石をドボドボと投げ込んだ。あとで投げ込むものが動かないようにするためだ。石につづいて粘土を詰めた俵が投げ込まれた。海の底を厚くするわけだ。ところがせっかく底を厚くした個所に４０００トン級の貨物船が衝突して座礁。ズズズーッと海底を滑って粘土を剥ぎ取った。そのため12月、トンネル掘削作業は中止になった。

技術者たちは粘土を追加してせっせと投げ込み、トンネル内ではせっかく掘っていた切り羽に削岩機で穴を空け、セメントと凝固剤を圧搾空気で注入、土をコチコチに固めてしまった。お陰で海水流入は止まり、翌16年2月、工事は再開されたが、今度はこのコチコチに固まった壁を掘るのがまた大変だった（同）。

このほか圧搾空気が爆発状態になり、作業員が切り羽に叩きつけられたり、深さ50メートルの竪坑の階段から転落したり、潜函病になったりで、完成までには31人が殉職した。負傷者は５８６６人だった。トンネルの下関側入り口に殉職者慰霊碑が建てられている。

註1　『関門トンネルのはなし』　昭27、国鉄下関工事局編・発行。

日本でただ一つ入り口にドアがある関門トンネル

トンネルは次から次に列車が通り抜けてゆくもので、出入り口にドアなどないのが普通だが、関門トンネルには観音開きの扉が付いている。全国でただ一つだ。恐らく世界でもただ一つではなかろうか。

訓練で閉じられる関門トンネルの扉

――と言っても、列車が通る度に開き、通り過ぎたら閉まる、などというものではなく、常時開いているから、列車で通る人たちはほとんど気付かない。実はこれ、大雨のとき雨水がトンネルに入らないようにするトンネルの蓋なのだ。

なぜこのトンネルにだけ蓋があるかというと、昭和28年6月28日、西日本大水害（死者1168人）が発生、山や街に降った豪雨がトンネルの口から浸入、トンネルは水没[註1]、列車は約20日間不通になった。そこで復旧の直後から、擁壁をかさ上げし、地下から押し上げ式だった排水ポンプを地上からの吸い上げ式に取り替え、馬力もアップするなどとともに、観音開きの扉も設置された。

現・鹿児島本線博多〜門司港間

扉は鉄製で、2段になっており、下は4・6メートル×4・6メートルの正方形（重さ3トン）が2枚で観音開き。上は架線が通っているので、これを切断し、鉄扉を上から落とすようになっていて、縦1・3メートル、横は4・6メートルが2枚。

大水害の翌昭和29年から毎年6月になると、門司保線区員たちがこの扉を閉める防災訓練をしているが、幸いなことにその後、このような大水害（通称、二八災《にじゅうはっさい》）はなく、扉が〝実戦〟で閉められたことは一回もない。

註1　水没　全長3600余メートルのうち下りトンネルは1700メートル、上りトンネル1800メートルが水没。

隣の大里《だいり》駅に門司駅の名を取られた現門司港駅

関門トンネルは、関門という名ではあるが、下関駅と門司駅（現門司港駅）の間に造られたのではなかった。この両駅の間は2キロ余しかなく、2キロ余のトンネルなら簡単にできそう。ところがそうはいかなかった。

国鉄の線路は35‰《パーミル》以下で造らねばならないことになっている

関門トンネルの断面図（『関門トンネルの話』より）

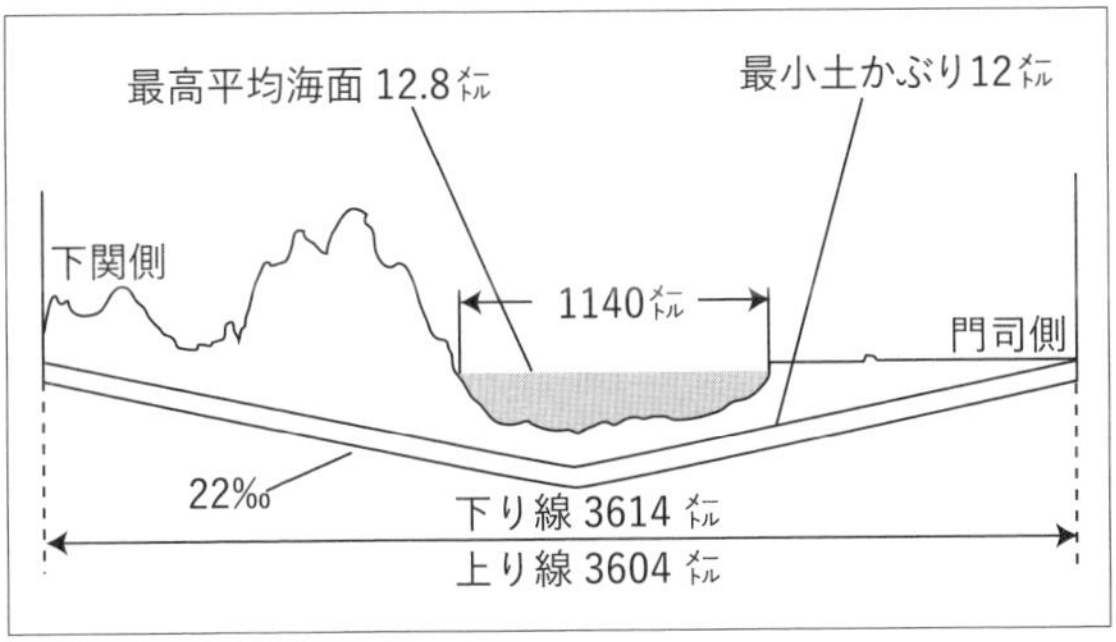

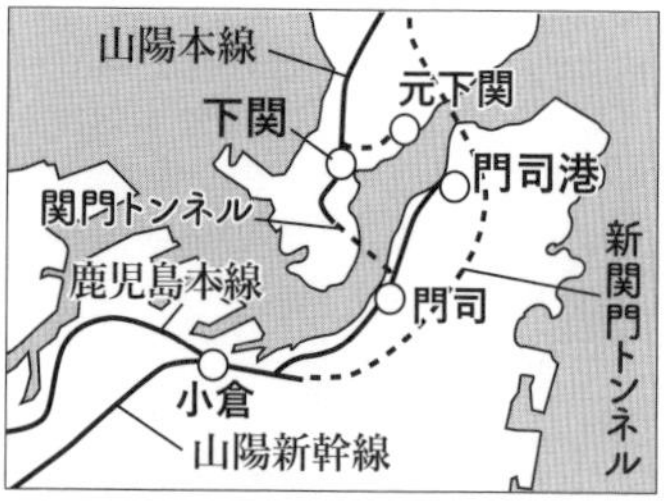

『関門トンネルのはなし』より

（日本国有鉄道建設規程）。九州でも山には規程ギリギに近い33‰（例・豊肥本線立野駅付近など）というところもあるが、海底だから安全のためもっと緩やかな25‰以下で造ろうということになった（『関門トンネルのはなし』）。

関門海峡は、位置によって違うが水深ほぼ12㍍、その海底のさらに12㍍下にトンネルを通し、勾配は22‰で設計してみると、トンネルの全長は3600余㍍となる。そうなると九州側のトンネルの出口は門司駅ではなく、隣の大里《だいり》駅構内になる（このとき、下関駅も海岸から現位置に移転）。

トンネルの出口が大里駅（元は企救《きく》郡大里村、のち柳ヶ浦村、さらにのち門司市に合併）になると、九州の玄関駅はそれまでの門司駅から大里駅に移る。ところが大里駅は、よその人にはあまり馴染みのない駅名。そこで門司市の市名をこちらに付け、大里駅を門司駅にしようということになった。

こうなると門司駅が二つあるわけにはゆかないから、それまでの門司駅（元は企救郡文字ヶ関村、のち門司村→門司市）は門司港駅ということになり、トンネル開通の7カ月ほど前（昭17・4・1）、両駅の駅名が変更された。

九州で一番長いトンネルは新関門トンネル

昭和17年（1942年）に世界初の海底トンネルが掘られた関門間だったが、昭和50年（1975年＝3・10）に東海道・山陽新幹線が博多まで延長開業することになると（それまでは東京～岡山間だった）、新たに新幹線列車が通れる海底トンネルが必要になった。

ところが、新幹線はスピードが命。そのため勾配は在来線よりさらに緩やかな15‰《パーミル》以下でなければならない。規定ギリギリの15‰で設計するとトンネルの全長は1万8675メートル（18キロ余）ということになった（『新関門トンネル建設工事』[註1]）。これなら下関～門司間（6・3キロ）にはとても造れない。

そこで本州側は山陽本線の下関より2駅上り側の長門《ながと》一宮《いちのみや》駅を新幹線も止まる駅に建て直し、駅名も新下関駅と改称して、この駅のホームを離れるとすぐにトンネルに入るようにした。そしてトンネルは、関門海峡の海底をくぐり抜け九州に着いた後も、門司区の地下を延々と走り、小倉北区

新下関駅ホームから見た新関門トンネル

の小倉駅に着く寸前で地上に出るようにした（前項の地図参照。点線が新関門トンネル）。

本州〜九州間の行き来が関門連絡船だったころは、現門司港駅が九州の玄関駅だったのが、関門トンネルの開通で現門司駅が九州の玄関駅。それが新関門トンネル開通で再び九州の玄関駅は移り、いまでは小倉駅が九州の玄関駅になっている。

＊

鉄道の二つのトンネルのほか、道路公団が昭和33年に自動車と歩行者が通る関門トンネルを開通させ、さらに昭和48年には関門橋を開通させた。このためいま本州〜九州間は、トンネル（鉄道2本、道路1本）と橋の計4ルートで結ばれている。

＊

新関門トンネルは九州で一番長いトンネル。

同トンネルは、昭和50年の完成当時は全国でも一番長いトンネルだった。

しかし、その後、昭和55年に、上越新幹線に大清水トンネル（22キロ余）ができて抜かれ、さらに昭和63年、青函トンネル（53キロ余）ができてまた抜かれ、新関門トンネルは現在で日本第3位（『鉄道工学ハンドブック』[註2]）。

註1　『新関門トンネル建設工事』　昭50、国鉄下関工事局編・発行。

註2　『鉄道工学ハンドブック』　国鉄小倉工場長などを歴任した久保田博著、グランプリ出版。

関門海峡の真ん中ではない ＪＲ九州とＪＲ西日本の境界線

時代は下って昭和62年（1987年＝4・1）、国鉄が分割・民営化されると、本州の西の方はＪＲ西日本、九州はＪＲ九州となった。こうなったあとのＪＲ西日本とＪＲ九州の境界線はどこだろう？　山口県と福岡県の県境が関門海峡の真ん中だから、これも関門海峡の真ん中だろう、と思われるかもしれないが、そうではない。

下関駅・場内信号機そばの境界標

　実は両社の境界線は本州側の下関にある。その場所は下関駅構内の西の端（下関市彦島）。そこに下関駅の下り側の場内信号機が立っており、そこが両社の境界線なのだ。場内信号機のそばに高さ1《メートル》20《センチ》ぐらいの白い杭が立っており、上り側の面には「ＪＲ西日本」、下り側の面には「ＪＲ九州」と書いてある。

　駅構内というのは、駅舎やホーム付近だけでなく、上り側・下り側ともかなり広い。上下両場内信号機に挟まれた間が駅構内だ。列車は駅に近づくと場内信号機を見て、青ならば停

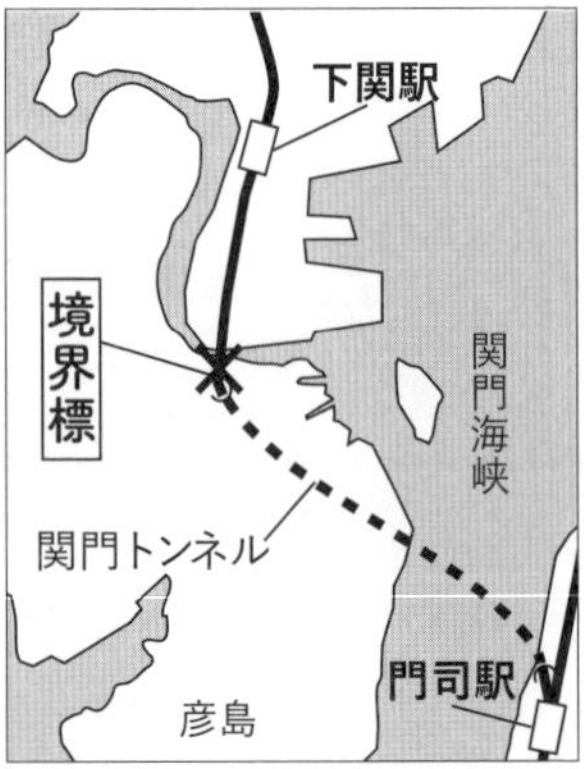

ＪＲ九州とＪＲ西日本の境界標の位置

車場内に入り、赤なら停車場内には入らず、信号機の手前で青になるのを待つ。

下関駅の下り側はホームから１２００余㍍までが駅構内となっていて、そこに場内信号機が立っている。そのそばに前記の両社の境界杭が立っている。なんだか下関市内の一部までＪＲ九州がもらって得したように見えるが、これは

「関門トンネルは九州の人が本州に行くためにあるのだからＪＲ九州が金を出して保守をしなさい」

ということで、両社の境界線が決められたのだそうだ（石井幸孝国鉄九州総局長＝のちＪＲ九州社長＝の話、昭61取材）。下関駅構内を一歩でも出たら、線路でも、トンネルでも、保守に金がかかるものはＪＲ九州にくれてやるとは、ＪＲ西日本、なかなかチャッカリしている。

次項からは鹿児島本線が初めて電化されたころの話題のいくつかを紹介する。

関門トンネル出口そばにある死電区間《デッドセクション》とは

九州でも、関門トンネル内は昭和17年（１９４２年）に同トンネルが開通したときから電化され、

電気機関車が走っていた。

　なにしろ関門トンネルは長さ4キロ近く、しかも海底の急勾配。そんなところに蒸気機関車を走らせたら、トンネルの中は煤煙《ばいえん》だらけになる。だから九州はまだ電化されていない時代だったのに、トンネル内は電化されていたのだ。厳密に言うと、トンネル内だけではなく、トンネルの出口から、門司機関区（旅客ホームより少し下り側の貨物操車場そば）までが電化されていた。だから下りの旅客列車は、トンネルを出て門司駅ホームに着くと、電気機関車を切り離し、代わりに蒸気機関車を連結、蒸気機関車に牽引されて九州各地に向かっていた。貨物列車は電気機関車に引かれて操車場に着いていた。ここで貨物列車は電気機関車から切り放され、行き先別の列車に組《そ》成《せい》され、蒸気機関車に引かれて、これも九州各地に向かっていた。

*

　そんな状態が長いこと続いていたが、戦後、日本が次第に豊かになってくると、国鉄は九州も幹線だけは電化しようと計画を立てた。そしてまず鹿児島本線の起点、門司港から久留米までを電化することになった。

　ところがここで問題が一つ起こった。東海道・山陽本線、もちろん関門トンネル内も架線（トロリー線）に流れている電流は直流１５００ボルト。それに対しこれから門司港〜久留米間に架線を張り、これに流す電流は交流2万ボルトなのだ。

　なぜ同じ国鉄なのに直流電化と交流電化があるのか？　と言うと、早い時期に電化された線は当時世界的に採用されていた直流電化を取り入れた。ところが戦後は、電車や機関車の床下に取り付けられる小型の整流器が開発された。すると架線に交流を流して電車に送り込む交流電化が世界的流れになった。直流電化だと線路の沿線5〜10㌔ごとに変電所を設けて架線に送電しなければならなかったが、交流電化だと30〜50㌔ごとですむ。そのため国鉄は昭和30年の仙山《せんざん》線（仙台〜山形間）電化以後は交流電化を採用した。こういういきさつで、戦前に電化した関門トンネル内は直流電化、戦後の昭和36年に電化する門司港〜久留米間は交流電化というわけだ。

だが直流1500ボルトの架線と交流2万ボルトの架線を繋いだら、たちまちショートして両方とも停電してしまう。そこでこれを直接繋がず、間に絶縁物を挟んだらどうか？　と国鉄門司電気工事局は考えた（門司電気工事局の話＝昭36取材）。

そして間に長さ25㍍の樫の棒[註1]を挟んだ。これはデッドセクション（死電区間）と呼ばれ、ここだけは電気が流れていない。しかし電車は25㍍ぐらいは、パンタグラフから集電できなくても、惰性で走るからストップはしない。電車の運転台では、運転士が、デッドセクションの手前で主幹制御器のハンドルをオフにする。とたんに車輪を回すモーターも止まり、車内灯も消えるが、セクションを過ぎると自動的にノッチはオンになり、モーターも回り、室内灯もつく（青木久義門司電力区長の話＝昭59取材）。

こうして門司港〜久留米間は昭和36年（6・1）電化され、電車が走るようになった。のちにはこの世にプラスチックが登場。すると、デッドセクションも木製からプラスチック[註2]に取り替えられた（昭44）。

スイスイと走っている電車のパンタの上の銅製の架線の一部が、元は樫の棒、いまはプラスチックの棒とは、ご存じない乗客も多いことだろう。

＊

デッドセクションが樫の棒だった時代は、絶縁力を強めるため、棒にシリコン油をしみこませて取り付けていた。ところがこのシリコン油はときどき塗り替えねばならない。夜中の電車が少ない時間帯に電気を切って塗るのだが、電気を切っておられる時間は短い。そこで昼間、電流が通っているときにも絶縁ハシゴに昇って塗らざるを得なかった。25㍍の真ん中の付近はいいのだが、端から3本目あたりに来ると電流が漏れてきており、刷毛を持つ手がビリビリ。仕方がないからシリコン油の塊を樫の棒に投げるようにして塗っていた（門司電力区助役、松本秀夫さんの話＝昭59取材）。そばから青木区長があわてて口を挟み「いまはそんなことはやらせていません。いまなら大変な騒ぎ（労組や労基署や新聞が？）になります」。

門司駅構内のデッドセクション

＊

デッドセクションがあるところは、菱形に赤と白の斜線が入った標識と、「交直切換」と書かれた板が掲げられている。またプラスチックの部分はトロリー線より太いし、トロリー線の上の碍子《がいし》も、この部分はほかのところより大きいからホームの端からでもよく分かる。

＊

九州のその後の電化についても触れておくと、

▽鹿児島本線はこのあと昭45・10・1全線電化完了

▽長崎本線・佐世保線は昭51・7・1全線同時に電化

▽日豊本線は昭54・10・1全線電化完了

▽筑肥線姪浜～西唐津間（唐津～西唐津間は唐津線）は昭58・3・22電化

▽筑豊本線・篠栗線（黒崎～吉塚間）は平13・10・6電化

▽他に短区間だが、大村線早岐～ハウステンボス1駅間、豊肥本線熊本～肥後大津間、宮崎空港線（1駅間だけの線）も電化されている。

註1　樫の棒　1メートルの棒を25本、金具で留めて繋いだもの。

註2　プラスチックの棒　長さ2メートル（高さ3センチ×幅4・5センチ）のプラスチックの角材を13本繋いで26メートルのデッドセクションにしている。

架線のないところに碍子《がいし》をぶら下げた話

現・鹿児島本線博多～門司港間

門司港～久留米間が電化された直後（3カ月後の昭和36年9月）に台風が襲来した。強い風が玄海灘の海水を吹き飛ばし、海水の塩分があちこちに付着。その一部が電化開業したばかりの鹿児島本線の架線を支えている碍子《がいし》にくっついた。塩は伝導体だから碍子はたちまち絶縁不良になり、送電ストップ。全電車が4日間も運休になってしまった。

電車は止まっても、当時はまだ蒸気機関車とディーゼルカーも走っていたから、乗客の足が完全に奪われたわけではなかったが、せっかく電化したのに、かえって列車ダイヤが乱れるとは大変なことだった。

碍子が絶縁不良になると、国鉄の変電所のＡＢＢ[註1]（ブレーカー）が切れ、送電が停止し、電車は走れない。そして碍子の塩分はいちいち布で拭き取る以外に取り去る方法がない。各電力支区員たちは強風の中、架線にハシゴを掛け、布でぬぐって塩分を拭き取っていった。拭いた碍子の数は門司港〜折尾間で4万個だった（門司電力区門司第一支区長、山下繁道さんの話＝昭59取材）。

パイロット碍子

しかし、これは大変な仕事。またどのあたりの碍子にどのくらい付着しているか調べるのでも、送電を止め、電車を止めて、架線の位置までハシゴを掛けて上らねばならないのだから厄介なこと。そこで門司電力区では、線路のすぐそばに、架線を張るのと同じ高さのコンクリート電柱を建て、パイロット碍子（電線とは関係ないただの碍子）を吊しておき、ときどきヒモを緩めてこれを下ろし、地上で塩分の付き具合を調べることにした。もし大量に付着していたら、そばの架線の碍子にも大量に付着しているわけだから、そんなときだけハシゴを掛けて登り、拭き取ればいいわけだ（考案者の同区、網野久好さんの話＝昭54取材）。

いまでは門司電力区が移転し、また海水や煤煙による絶縁不良も減り、同電力区のパイロット碍子は姿を消している。

註1　ＡＢＢ　エアー・ブレスト・ブレーカーの略。家庭のブレーカーと同じく過電流が流れると金属片が離れて、電流が止まる。ただ架線の電流は2万ボルトの高圧であるため、金属片が離れるとそこにアーク（放電現象）ができる。そこで圧搾空気を吹き付けてアークを消すような構造になっているので、エアーと付く。

毎日1回人工スコール？が降った
戸畑～枝光《えだみつ》間

毎日1回必ずスコール（？）が降るところが鹿児島本線戸畑～枝光《えだみつ》間にあった。スコールといっても人工スコールだが、毎日正午になるとそれから30秒ザーッと降った。

これも前項と同じく電化された直後の産物。前項で紹介した海水による碍子《がいし》の絶縁不良のほか、北九州工業地帯の煙突から出る煤塵《ばいじん》も碍子に付着して変電所のブレーカーを作動させた。

具体的には、しばしば国鉄折尾変電所のＡＢＢが切れた。折尾変電所のブレーカーが働いたということは、同変電所から送電している小倉駅から折尾駅までの間のどこかで、架線に過電流が流れたわけだ。そこでこの間の各電力支区の係員たちが総出動して架線と碍子を点検――しかしこれが30〜40分かかり、その間、電車は乗客を乗せたまま立ち往生。

　そして探し出してみると、ショート箇所はいつも枝光駅東側の牧山地区。ときには旭硝子北九州工場から、

「碍子が火を噴いていますよ」

　と戸畑電力支区に電話がかかることもあった。それが昼間だと碍子からジージーとセミが鳴いているような音。夜だったら碍子から青白い火花が出ていて、この区間全体を見回すと何万匹ものホタルがとまっているようだった（門司電力区、佐々木忠昭助役＝電化開業当時は戸畑支区電力検査長＝の話、昭56取材）。

　主たる原因発生場所が分かったので、戸畑支区員たちは、毎日、夜中の列車通過がなくなった時間帯に、電流を止め、ハシゴを掛けてボロ布で碍子の煤塵をふき取った。しかしこれではとても間に合わない。何かいい方法はないか？　といろいろやってみた末、考え出されたのが、人工スコールだった。

　煤塵付着が一番多いのは枝光駅の上り側（東側）約４００㍍区間。電柱と架線の間などに碍子が挟んであるのだが、これが74カ所。１カ所でいくつも挟んである箇所もあり、碍子の数にして１１６個。この碍子に付いた煤塵を洗い落とさなければならないのだ。

　支区ではこの74本の電柱の上の方までパイプを延ばし、その先はジョウロのように12個の穴を

開けた（門司電力区、川崎宏区長の話＝昭56取材）。そして毎日正午になると、タンクの水がパイプを上って行き、ジョウロから噴き出した。74カ所×12個＝８８８個の穴から一斉に水が飛び出し、碍子に当たった水は霧のようになって跳ね返り、見ているとまるでスコールのよう。30秒降るとこの雨はサッとやむ（昭43・９設置）。考案者の佐々木さんは国鉄総裁表彰を受けた。

いまでは各工場の公害防止策が進み、煤塵も少なくなり、この人工スコールも廃止されている。

この章の、ここまでは、博多〜現門司港間に線路が敷かれたときからある駅と、関門間の連絡船・トンネル、鹿児島本線電化のときの話題を紹介してきた。次項からは、開通後の話題の駅を博多側から訪ねて行く。

篠栗《ささぐり》線分岐駅になるのを拒否した箱崎駅の地元

博多からの線が門司（現門司港）まで開通して十余年後の明治37年、九州鉄道会社は、篠栗村（糟屋郡＝現在は篠栗町）一帯の石炭を同社の本線（現鹿児島本線）に運び出すための篠栗線建設を計画した。当時、九州鉄道線の博多の次（上り側）は箱崎駅（糟屋《かすや》郡箱崎町＝現在は福岡市）であり、この駅が篠栗村に一番近い。そこで九州鉄道は箱崎駅から線を分岐させて篠栗村方面へ延ばそうと考えた。篠栗駅などからの貨物列車を、箱崎駅で本線に乗り入れさせ、門司など港のある駅へ輸送しようというわけだ。

ところが箱崎駅からそのまま東へ分岐すると、線路が須恵《すえ》川沿いになる。この川は雨季にはしばしば大雨で氾濫する。氾濫で線路が冠水すると列車の運行に被害が出る。そこで九州鉄道は駅の位置を少し変更しようとしたが〈箱崎町町長、町民が頑として応ぜず〉（『篠栗線鉄道建設之沿革』）という困ったことになった。なにしろ箱崎駅は筥崎宮のすぐそば。裏門の鳥居から約30㍍のところにあった。筥崎宮参拝者下車駅として有名な駅。駅を筥崎宮そばから動かすことは、地元として許せなかったのだろう。

九州鉄道は仕方なく、博多駅と箱崎駅の間（当時この間には駅がなかった）の筑紫郡堅粕《かたかす》村（現在は福岡市）に吉塚駅を新設した（明37＝１９０４年＝６・19）。そして同日、ここを分岐駅として、吉塚～篠栗間（現篠栗線）を開業させた（『九鉄報告』明37上期分）。

*

初めは箱崎駅が篠栗線分岐駅になるのを拒否したため代役として、人家も少なく、乗客もあまりないところに造られた吉塚駅だったが、その後にぎやかになった。篠栗線につづいて大正８年（１９１９年＝５・20）には筑前参宮鉄道会社[註1]が糟屋郡志免・勝田地区の石炭を吉塚駅に運ぶ鉄道を開業。吉塚駅は石炭列車の中継駅として大活況。

さらに昭和56年には、駅のそばの東公園内に福岡県庁が移転してきたので、吉塚駅は県庁前の駅となり、一日の乗客も８０００人余。ＪＲ九州５７０余駅中15位の大駅になっている。

明治時代には移動を拒否した箱崎駅だったが、近年は駅の東側（筥崎宮とは反対側）にも住宅が増え、両側から入れる駅にしてもらいたいとの声。そこでＪＲ九州と福岡市はこのあたりを連続高架にし、箱崎駅も平成14年（12・1）、440メートル北に移転して高架下に入った。

註1　筑前参宮鉄道　大正8年、国鉄吉塚駅を起点として筑前勝田駅まで全通。昭和17年、5社合併で西鉄。昭和19年、国に買収され国鉄勝田線。昭50廃止。

新宮《しんぐう》村に拒否されて 和白《わじろ》村に造られた新宮駅

明治23年、九州鉄道の線が博多から上り方向に延伸されたとき、博多駅の次は前項で紹介した箱崎駅で、二つ目は香椎駅、三つ目は古賀駅だった。ところが鉄道が開通すると、香椎駅と古賀駅の中間にある新宮村（糟屋郡＝現新宮町）でも、わが村に駅が欲しいとの声が上がり、各地区の代表16人が、

「香椎〜古賀間の新宮村大字下府字野入に新宮駅を造ってもらいたい」

と、翌24年、九州鉄道社長あてに嘆願書を書いた。ところがこの嘆願書が提出される前に、これを知った村の古老が、

「駅ができると、村の若い者たちが博多に遊びに出て、仕事をしなくなる」

と強力に反対した。先に紹介した上西郷村と同じような理由だ。古老の言葉には逆らえぬ人が各地区代表たちの中にも出て、署名16人のうち10人が自分の押印に「×」を付け、署名を取り消した。署名押印した人の半数以上が撤回では嘆願書を出すわけにはいかない。結局、せっかくの

嘆願書は九州鉄道に出されなかった。

こうして新宮村に九州鉄道の駅は造られなかった。幻となった嘆願書はいまも地元の磯崎神社に保管されている（『新宮町誌』）。

＊

九州鉄道が国に買収されたあと、今度は国鉄が、香椎～古賀間に駅を造ってはどうか？　と考えた。しかし新宮村は拒否するだろうから……と、隣の和白《わじろ》村（糟屋郡＝のち福岡市と合併）に、駅設置を相談した。しかし和白村も、

「駅が出来ると若い者が博多に遊びに行くので好ましくない」

と、ここも上西郷村や新宮村と同様の理由で断った。

＊

ところがそのうちに列車本数が増え、単線ではさばききれなくなった。これを解決するためには香椎～古賀間に離合箇所を一カ所造る必要がある。離合箇所としては側線のある駅を新設すればいい。しかし新宮村も、和白村も、駅新設には反対だ。そこで国鉄は大正4年（6・10）、どちらの村の中心からも一番離れた両村の境界線上に、新宮信号場を設置した。信号場というのは単線区間の離合施設だ。国鉄マンが勤務していて、分岐器や信号機を切り換えたりする。列車も停車するが、これは対向列車が来て離合するのを待つ間だけのことで、乗客の乗降はできない。人の乗降ができなければ、若者が乗ることもなく、博多へ遊びに行くこともない。しかも場所は両村の境界だから、どちらの村からも恨まれることはないというわけだ。

＊

ところがさらにのちには、汽車の便利さが知られるようになり、地元にも駅が欲しいという意向の方が強くなった。そして信号場にせっかく列車が止まるのなら、そこでお客を乗降させてもらいたい、という声が新宮村と立花村（ともに現在は新宮町）から起こった。この要望を承《う》けて国鉄は大正9年（1920年＝10・1）、それまでの信号場に、ホームと駅舎を造り、旅客駅にした（元和白町収入役で、退職後は和白文化研究会を主宰している末信源蔵さんが故安河内好美さんからの聞き書きを会報に掲載＝平10取材）。駅名は筑前新宮駅と付けられた。

新宮・和白両村の境界線上に造られた筑前新宮駅だが、駅構内は広いから両村にまたがっている。しかし駅舎があるところは和白村域内であり、駅の位置は駅舎の中心で示すという国鉄の規定に従って駅の所在地は和白村となった（末信さんの話）。従って新宮村の名が付いた駅が和白村にあるという奇妙なことになった。

＊

昭和33年、昭和天皇・皇后両陛下がご巡幸で同駅に降りられたが、筑前新宮駅でありながら、新宮町の人たちは駅舎の玄関前ではお迎えできなかった。駅構内でも新宮町域は端の方であり、駅の端の方でお迎え。そして駅舎玄関前にゴザを敷いて座り、お迎えしたのは和白町の人たちだった（末信さんの話）。

＊

筑前新宮駅は平成15年、6階建ての駅ビルに建て替わった。駅ビル名は「フレスタ[註1]筑前新宮」

だが、ビルの中に新宮町の施設はなく、福岡市和白交流センター、和白図書館など、和白の地名が付くものばかり。やはり駅の名は新宮でも、駅舎の位置は和白だな、と実感させられた。

その上、平成20年（２００８年＝３・15）筑前新宮駅は福工大前駅と変わり、駅名からも新宮町の名は消えた。

註1　フレスタ　フレンドリーとステーションを合わせたJR九州の造語。ここのほか香椎、熊本、鹿児島、大分、宮崎の各駅など九州13の駅ビルにフレスタと付けられている。

城山《じょうやま》にトンネルを掘らせてもらう代わりに造った海老津《えびつ》駅

いま鹿児島本線を博多から門司港方面へ上って行くと、教育大前駅と海老津《えびつ》駅の間に城山トンネルがあるが、明治23年（１８９０年＝11・15）、九州鉄道の線が開通したときは、両駅も、トンネルもなかった。赤間駅の次は遠賀川《おんががわ》駅だった。

駅間が赤間〜遠賀川時代でも、この間に城山《じょうやま》峠はあった。それなのにトンネルがなかったのは、線路が峠を越えて走っていたからだった。当時のトンネル掘削技術では、長さ約７００メートルものトンネルを掘るのは無理だと、トンネルを避け、峠越えにしたのだった。峠越えであるため、線路は四四分の一の急勾配（JRの表記に換算すると約23‰《パーミル》）。下り列車には遠賀川駅で、上り列車には赤間駅で、後部補助機関車が付き、前引き・後押しで峠を越えていた（『九鉄二十年史』）。旅客列車より重量が重い貨物列車は前に2両、後ろに1両と計3両の機関車で牽引・推進し走っていた（地元の古老、長畑幸一さんの話＝昭54取材）。

＊

九州鉄道は、明治40年、国に買収され、国鉄は買収の直後からこのあたりを複線にすることを考えた。そして、もうこのころはトンネル掘削技術も進歩していたらしく、国鉄は増やすもう一本の線路を峠越えの線の横に敷くのではなく、峠の下に複線トンネルを掘って、トンネルの中に複線を敷き、峠越えの線は撤去することにした（『岡垣小史・増補改訂版』[註1]）。

＊

複線トンネルを掘るとなると、新しい用地が必要。しかも複線だから単線よりも広い用地がいる。国鉄としては用地が買えなければトンネル掘りも、複線化もできない。そこを衝いて地元、岡垣村（遠賀郡。現在は岡垣町）は、

「用地買収に協力してもらいたいのなら、峠の東側に駅を新設してくれ」

と交渉した。峠の東側に駅を……というのは、岡垣村がまだ矢矧《やはぎ》村と岡県《おかあがた》村（明40合併して岡垣村）だった時代から九州鉄道会社に陳情していたことだった。しかしなかなか実現せず〈一寒村に駅を設置することなど思いも寄らないこと〉（『岡垣町史』）と地元でもあきらめ顔だった。

ところが国鉄としても、駅を造らなければ、用地買収に応じてもらえない……では困る。仕方なく駅設置を呑《の》んだ。

こうして明治42年（11・5）、城山トンネル[註2]が完成、翌43年（1910年＝2・6）、海老津駅が

開業した。

駅設置交渉の中で、

「駅を造っても果たして乗るお客がいるのか？」（国鉄）

「必ず乗る」（地元）

「新設駅から乗るお客が１日４人以下だったら駅を廃止する」（国鉄）

というやりとりがあった。

岡垣村としては胸を張ったものの、もし乗る人が４人以下で、駅が廃止されたら大変。村役場の職員に金をやって、海老津駅から東隣の遠賀川駅や、西隣の赤間駅まで１駅だけ乗せて、１日４人以下にならないようにした（『岡垣小史・増補改訂版』）。

＊

平成25年には、鹿児島県知事が、中国東方航空の鹿児島～上海便の乗客が少なくて航路廃止になっては大変と考えたらしく、県費１億８０００万円を注ぎ込んで、県職員と教員計１０００人をこの便に乗せる……と打ち上げた。明治時代、岡垣村が、海老津駅廃止を阻むため町役場職員４人に金をやって隣の駅まで乗せたのに比べれば、１億８０００万円を使って１０００人を外国まで乗せるとは、天と地ほどの差。

議会・マスコミ・県民らの批判に驚き、知事は、経費を３４００万円、人数を３００人に減らし、しかもうち１００人は議会・マスコミ・県民。これを批判する人の口封じができたのか？一行はドッと飛行機に乗り込み、知事は東方航空本社を訪れ、路線維持を要請した。泉下の岡垣村長が聞いたら、そのスケールの大きさには腰を抜かしたことだろう。

＊

城山トンネルは複線トンネルとして掘られたため、蒸気機関車牽引時代はスムーズに上下列車が行き来した。ところが昭和36年（6・1）、国鉄が門司港～久留米間を電化することになった。するとトンネルの天井の高さが問題になった。トンネルの中を走るのが蒸気機関車時代に造られたトンネルだから、天井は蒸気機関車の煙突の先端がつかえない高さで造られていた。ところが電化となると、電車や電気機関車の屋根上にあるパンタグラフよりも高い位置に架線を張らねばならない。従ってトンネルの天井は蒸気機関車時代より高くなければならない。

しかし毎日列車が走っているトンネルの中で工事をして、天井を高くするなんてことはできるわけがない。そこで国鉄が考えたのは、トンネルの断面は半円形で、その真ん中は両側の2本の線路の上よりも高い。1本の線路を真ん中に移動させればその真上には架線が張れる。もう1本は横（起点側から見て右）に別のトンネルを掘ってそちらに移すことにした。こうして城山トンネルは単線並列式となった。

いま国道3号からトンネル口を見下ろすと、二つの穴が開いているのが見える。左が古くからあるトンネル（下り列車が走行）で、右が新しいトンネル（上り列車が走行）だ。

＊

線が開通したときから駅があったのではなく、あとでトンネル造りに協力した見返りに造られた駅だったから、海老津駅前は狭い道路。バスも入ってこられなかった。従って戦後になっても、駅前にバス停がない駅だった。いまの時代、駅前にバス停がない駅などほかには例がなかろう。これではいけないと昭和63年、岡垣町が国道3号からまっすぐに駅まで行ける幅16メートル、延長350メートルの道路を造り、駅舎をその正面に新築移転させた（昭63＝1988年＝12・6移転開業＝永末幸生駅長の話、平4取材）。そのためいまではバスも駅前に入ってきて、ちゃんとUターンもできている。

註1　『岡垣小史・増補改訂版』　昭59元岡垣町社会教育課長、長畑武著・発行。

註2　城山トンネル　トンネルの位置は掘削当時は遠賀川～赤間間だったが、翌年、海老津駅が誕生、また昭53、教育大前駅が開業したので、いまトンネルの位置は海老津～教育大前間になっている。

有明海
八代湾
雲仙
島原
諫早
肥前鹿島
肥前浜
肥前七浦
肥前飯田
多良
肥前大浦
小長井
湯江
小江
肥前長田
東諫早
多良山
愛野
吾妻
古部
西郷
神代町
多比良町
島鉄湯江
大三東
松尾町
三会
小浜温泉
島原半島
雲仙公園
雲仙岳
南有馬
雲仙
島原外港
深江
安徳
布津
堂崎
有家
西有家
竜石
筑後川
筑後大川
筑後柳河
筑後若津
諸富
光法
佐賀
東大川
西鉄柳河
西鉄中島
西鉄栄町
大牟田
荒尾
南荒尾
長洲
大野下
玉名
肥後伊倉
木葉
植木
西里
上熊本
熊本
宇土
(あさり)
熊本
菊池川
小天
河内
白川
網田
赤瀬
波多浦
三角
三角線
肥後長浜
住吉
緑川
不知火
八代宮
一里口
松橋
小川
有佐
千丁
八代
肥後高田
日奈久
肥後二見
上田浦
肥後田浦
海浦
佐敷
湯浦
津奈木
水俣
湯浦
袋
球磨川
肥薩線
球磨
坂本
葉木
鎌瀬
瀬戸石
海路
肥薩線
那良口
渡
西人吉
人吉
一勝地
大畑
吉松
真幸
栗野
霧島
霧島温泉
湯之尾
稲葉崎
薩摩大口
羽月
西大良
針持
山野線
薩摩布計
久木野
深渡瀬
肥後深川
東水保
国分
日当山
植村
(金)
(牛)
(馬)
(大豆)
(木材)
(セメント)
(畳表)
南熊本
田辺
上島
六嘉
熊延鉄道
佐俣
砥用町
浜町
水前寺
竜田口
三里木
原水
肥後大津
瀬田
立野
長陽
(肥後米)
俵山
(木材)
阿蘇下田
中松
阿蘇白川
高森
阿蘇
阿蘇山
戸下
栃木
湯之谷
地獄
内牧
市ノ川
赤水
坂ノ下
宮地
山鹿温泉
山鹿温泉鉄道
熊本電気鉄道
北熊本
藤崎宮前
御代志
菊池
泉
鹿本
肥後平島
植木町
山本橋
来民町
石渕
水島
水次
菊池神社
鞍岳
杖立
杖立温泉
肥後小国
(生糸)
夜明
筑後大石
筑後千足
日田
久留米
筑後吉井
善導寺
筑後草野
田主丸
甘木
桂川
上穂波
筑後福島
黒木
北川内
羽犬塚
船小屋
瀬高
渡瀬
銀水
南瀬高
緑ガ丘
立願寺
栖
鳥栖
(しいたけ)
五家荘
湯山
多良木
免田
湯前
湯前線
一武
木上
肥後西村
川村
東人吉
湯前
横谷峠
市房山
国見岳
三方山
高千穂峡
(薪炭)
日ノ影
日向岡元
高千穂
白髪岳
吉田
京町
小林
西小林
高原
蓮太郎
日向前田
高崎新田
万ヶ塚
谷頭
日向庄内
(茶)
西都城
都城
三股
山之口
青井岳
田野
清武
南宮崎
宮崎
大淀川
宮崎神宮
日向住吉
佐土原
黒生野
広瀬
日向新富
高鍋
川南
都農
東都農
美々津
尾鈴山
茶臼原
牛牧
都濃神社
杉安
妻線
妻
穂北
西都原古墳群
北高校前
宮崎神宮
宮崎
日向高岡
月知梅
日向川口
下田ノ平
石瀬戸
野尻町
大将
紙屋
本庄
八代
林
(木材)
宮
崎
清水山
(かつお)
(まぐろ)
青島
日南
海岸
鵜戸神宮
鵜戸神社
油津
大堂
南郷
日南線
日向北方
日向大束
榎原
谷之口
串間
志布志
大隅夏井
福島今町
福島高松
大隅松山
岩川
五十市
岩北
北俣
財部
大隅大川原
北永野田
霧島神宮
都田
萩之元
北郷
飫肥
内之田
日向酒谷
深瀬
上白木俣
七尾
平野
高岡口
南之郷
志布志線
都城本線
鰐塚山
青島
木花
運動公園
子供ノ国
南方
内海
伊比井

3

久留米から九州南端まで延びた線などの話

……現・鹿児島本線久留米から鹿児島間他

県知事の政敵がいるので鉄道が通らなかった？柳河町

九州鉄道会社は、最初に博多〜久留米（３カ月ほどは千歳川仮停車場）間を開通させたあと、上り側は博多から現門司港駅まで延ばしていくのと同時に、下り側は久留米から熊本県八代へ向けて延ばしていった。前章で上り側を紹介したので、この章では下り側をたどっていこう。

久留米から南へ延ばされた線路は、明治24年（１８９１年）４月１日、熊本県の高瀬駅（現玉名駅）までたどり着き、この間に七つの駅が誕生した。

この線の久留米の次の駅は荒木駅（福岡県三潴郡荒木村。現在は久留米市）。次が羽犬塚《はいぬづか》駅（同県八女郡羽犬塚村。現在は筑後市）。その次は、この先にある大きな町、柳河町[註1]（同県山門郡。現在は柳川市）に駅ができるだろうと思われていたが、あいにく柳河町には駅が造られず、小さな下瀬高村（同郡。現在みやま市）に矢部川駅（現瀬高駅）が造られた。

柳河町は、江戸時代は山門《やまと》（上下瀬高村も所属）・三潴《みずま》・下妻・三池の４郡を従える柳河藩の中心地で、柳河城があり、藩主がいたところだ。明治24年時点でも戸数１５００戸で、下瀬高村の４８０戸の３倍もあったのに、鉄道が通らず、駅も造られなかったのだ。

のちに福岡〜大牟田《おおむた》間に電車を走らせた九州鉄道会社[註2]（５社合併で現西鉄）の線にちゃんと柳河駅（現西鉄柳川駅）が設けられていることから見ても、久留米〜大牟田間の鉄道は柳河町を通るのが当たり前のようだったのに……だ。

そこで地元の柳川で出版されている『柳川の歴史と文化[註3]』を見ると、

〈九州鉄道が種々の事情により、柳川を避けて（略）矢部川駅（を設置）〉

とだけ書いてある。「種々の事情」と抽象的表現でボカシてあるが、一体どんな事情だったのだろうか？　背景を考えてみると、柳河町には、福岡県知事、安場保和の政敵、岡田孤鹿《ころく》（福岡県会議長、のち衆議院議員）が住んでいる。政敵が住む柳河町には、鉄道を通してなるものか、と安場知事が九州鉄道に申し入れたのか、九州鉄道が知事の胸中をおもんばかって、通さなかったのだろうか。

＊

2人の政敵ぶりを見てゆくと、安場は福岡県知事であり、吏党系（政府支持派の諸政党）の政治家。そして九州鉄道生みの親。一方の岡田は民党系（反政府の諸政党）の政治家。かつて2人は愛知県に勤務、安場が県令（知事）、岡田が地租改正課長だったが、このときからしばしば意見が対立していた。岡田は愛知で官を辞して故郷に帰り福岡県議になった。

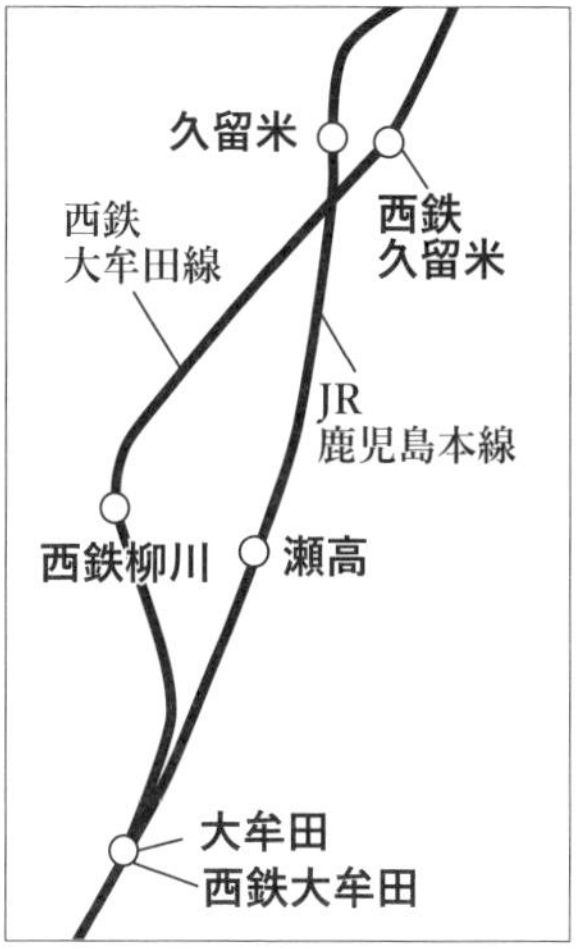

のち（明19）安場が愛知県から福岡県に赴任の途中、神戸の旅館[註4]に泊まっていたら、同じ旅館に、岡田も泊まっていた。岡田は自由党全国大会に出席のため

上京の途中だった。久しぶりだと会食をしたのはいいが、酒を酌み交わすうちに政治問題で議論になり、2人は旅館の2階でドッタンバッタンの取っ組み合いになったほどだった（『福岡県議会史』）。

*

九州の鉄道建設については2人とも熱心だったが、のちに意見が対立するようになった。安場は初め、岡田孤鹿や藤金作（県議、のち衆議院議員）ら福岡県内の有志には、

「鉄道は門司～三角間と、途中の田代から分岐して佐賀まで」

という案を示していた（『藤金作翁』[註5]）。ところが安場が他県知事や有志（出資予定者）と話し合ってみると、熊本県の発起人たちは、

「南は（三角よりもっと南の）八代までにしてもらいたい」

と主張し、佐賀県の発起人たちは、

「西は長崎県の早岐《はいき》までにしてもらいたい」

と主張する。安場としてはことを円滑に進めるためにはこれらを取り入れることにした。これに対し岡田・藤ら福岡県の有志たちは、

「門司～三角間だけでなければ採算が取れぬ」

と主張。佐賀市で3県合同鉄道委員会が開かれる前日夜には、安場の宿泊先（佐賀の資産家、伊丹文右衛門邸）に岡田らが押しかけ徹夜で議論。安場は、

「お前は名古屋でオレに背いた上、ここでまた謀反を起こすのかッ」（要旨）

と怒鳴る始末だった（『安場保和伝』[註6]）。

＊

この「延長論」（八代までや、早岐までの主張）と、「非延長論」（門司～三角間だけにせよの主張）は最後まで対立していたようで、博多～千歳川仮停車場間に九州初の汽車が走ったときも〈明治二十二年十二月十四日（十日の誤り？）博多停車場集合の試乗、（略）式典があったが、本郡（山門郡）からの招待者は渡辺先生（渡辺行男＝旧柳川藩士）一人であった。渡辺先生はただ一人延長論を取られた結果のことであった〉（『瀬高町史』）ということだ。

県会議長ら柳河町の知名士たちが開業の式典や試乗会に招かれないくらいだから、柳河町に鉄道が通らなかったのもうなずける。

鉄道が柳河町を通らなかったので、仕方なく柳河町～矢部川駅間には乗合馬車が走るようになり、柳河町の人たちはこの乗合馬車で矢部川駅に行き、汽車に乗った（『柳川の歴史と文化』）。

＊

こんないきさつで、長い間、国鉄線が通っていない柳河町（現柳川市）だったが、40年後、国鉄は鹿児島本線の矢部川駅（現瀬高駅）から分岐して長崎本線の佐賀駅まで佐賀線を建設した。そしてこの線に筑後柳河駅を設けた（昭６＝１９３１年＝９・24開業）。これで柳河町も晴れて国鉄駅がある町になったが、佐賀線は赤字ローカル線として昭和62年（１９８７年＝３・27）、廃止になり、柳川市（昭27から現市名）はまたＪＲ駅のない市に戻った。

註１　柳河町　昭26から柳川町、同27から柳川市。

註2　九州鉄道会社　国鉄の前身の九州鉄道とは同名の別会社、のち5社合併で現西日本鉄道。
註3　『柳川の歴史と文化』　甲木清著、昭30、柳川の歴史と文化刊行会発行。
註4　神戸の旅館　当時、現山陽本線はなく、九州～東京間の旅行者は、神戸まで汽船で行き、神戸から官鉄（現東海道本線）の汽車に乗っていた。そのため上り客は、神戸で汽船を降り、1泊して翌日の汽車に乗る。下り客は、汽車で神戸まで来て、1泊ののち汽船に乗ることが多く、上りの岡田と、下りの安場が同じ旅館でカチあった。なお現東海道本線はまだ全通（明22年）前であり、途中の琵琶湖は連絡船で渡っていた。
註5　『藤金作翁』　昭10、清原陀仏郎著・発行。
註6　『安場保和伝』　安場の曾孫で元阪大教授の安場保吉編、平19藤原書店発行。福岡県知事時代の章は東條正長崎大学教授執筆。

下瀬高村の駅なのに 瀬高駅と名乗れず矢部川駅

下瀬高村（山門郡、現みやま市）にできた駅は、瀬高と名の付く村にありながら、駅名に瀬高を名乗ることができなかった。

理由は、この駅の三つ先（当時）に高瀬という駅が同時に開業したからだった。高瀬駅と瀬高駅では乗客が間違う恐れがあるというわけ（『九州の駅』[註1]）。高瀬駅の所在地は熊本県玉名郡高瀬町。

明治20年、九州鉄道の発起人会が政府に提出した会社創立願書の路線建設計画にも〈第四工区＝

現・鹿児島本線久留米から鹿児島間他

久留米ヨリ高瀬マデ〉『九鉄二十年史』）と書いてあり、開駅前から高瀬駅と決まっていた。

そんなわけで、下瀬高村にできた駅は、高瀬駅と間違わないよう、下瀬高村の大字名を取って矢部川駅と命名された。

＊

10年後の明治34年、下瀬高村は上瀬高村と合併して瀬高町になった。

さらに時移って昭和17年、今度は高瀬町が玉名町と合併して玉名町になった。ところが旧高瀬町の方は玉名町になったのに、駅名は相変わらず高瀬駅のまま。そこでこの年（4・1）、国鉄は矢部川駅を瀬高町駅と「町」の一字を入れて町名に近い駅名に改称した。高瀬駅と瀬高町駅なら、高瀬と瀬高のときよりは間違えにくかろうと考えられたのだった。まあ、町の名に一歩前進というところ。

＊

そして昭和29年、玉名町は玉名市となった。すると玉名市の地元でもようやく駅名変更の話が持ち上がり、同31年（1956年＝4・10）、高瀬駅は市名と同じ玉名駅となった。玉名駅と瀬高駅なら間違える人はない。それなら……と国鉄は同じ日、やっと瀬高町駅を瀬高駅に変更した（瀬高町町史編纂室の話＝平10取材）。

註1　『九州の駅』国鉄九州総局総務課長、鳥栖出張所長などを歴任した豊野令著、『西日本新聞』に連載の後、昭40、自費出版。

三池町に拒否されて大牟田町に大牟田駅誕生

矢部川駅（現瀬高駅）の一つ南の駅は三池町（三池郡）に造ろうと九州鉄道会社は当初、計画していた。三池町は、郡役所、警察署、税務署などがある三池郡の中心地だった。ところが三池町の人たちは、鉄道を拒否した。理由は煙を吐く汽車が走ったら町が汚れるということだった（『三池郡誌』）。

町民たちは鉄道拒否なのに、三池町長、川崎紋兵衛は、これからの町の発展に鉄道は欠かせないという意見。同じ意見の地元選出福岡県議、野田卯太郎（のち衆議院議員、逓信大臣）とともに町の有志を説得したが、聞き入れられなかった。

説得は、線路が着々と延びてまさに三池町に入ろうというときまでつづいたが、２人の努力は水泡に帰した。やむを得ず九州鉄道では、線路を三池町の手前で大きく右カーブさせて同郡大牟田町へ向かわせ、大牟田町に大牟田駅を造った（明24＝1891年＝4・1開業＝『大牟田市史』）。

駅ができたからだけではないが、大牟田町は鉄道と石炭（関連産業を含む）で大きく発展し、郡役所も、警察署も、税務署も、三池町から大牟田町に移転した。そして大牟田町は大正６年には市制を施行して大牟田市になった。一方の三池町はいつまでも町で、昭和16年には大牟田市に合併、いまでは大牟田市の一部になっている。

JRと西鉄の同居駅、大牟田駅。ただし一時は〝離縁話〟も……

国鉄大牟田駅に、昭和14年（1939年＝7・1）、九州鉄道（現西鉄。136ページの註2参照）の線が乗り入れてきた。この日、福岡市の天神から大牟田までの線（電車が走行）が全通したのだった。このため大牟田駅は国鉄と西鉄の同居駅になった。

同居駅は線路より市街地側に国鉄の駅舎があり、反対側に西鉄の小さい駅舎がある。そして国鉄の駅舎には西鉄の券売機も置いてあり、西鉄電車に乗るお客もここで切符を買って跨線橋を渡り、西鉄ホームへ歩いていた。西鉄券売機の用紙の取り換えも国鉄職員がやっていた。「次の西鉄電車は何時発のどこ行きです」などという案内放送も国鉄の駅員。踏切遮断機の開閉も国鉄職員。西鉄の駅員は1人もおらず、西鉄から国鉄へ業務委託料が払われていた。

ところが昭和58年、西鉄から〝離縁話〟。

「国鉄サンは、西鉄に比べると楽な勤務で、大勢抱え、そしてこれだけかかったからと年間1億2000万円もの業務委託料をお取りになるとはあんまりです。お別れしましょう。出・改・集札口も、マイク放送も自前でやります。跨線橋も国鉄のとは別に自前で1本造ります。踏切遮断機開閉の係員も出します。そして西鉄電車が通るときだけは自社で開閉します」

という趣旨だった（西鉄電車局営業課営業係長、古賀健夫さんの話＝昭58取材）。

驚いた国鉄では、あわてて合理化し、業務委託料を４０００万円減らして、同居はつづいた。

＊

しかしいま踏切は自動化され、人手いらず。大牟田市が駅の東西を結ぶ高架の公共通路を造ったので、跨線橋も必要なし。市街地側から西鉄ホームへ行く人は、昔のようにＪＲ駅舎（東口駅舎）には入らず、この公共通路を渡って直接西口駅舎に行く。従っていま東口駅舎はＪＲ列車乗降客だけが利用する駅舎になっている。

西口駅舎は西鉄ホームのそばだから、一見西鉄の駅のようだが、こちらにはＪＲの券売機もあり、ＪＲの出・改・集札口もある。駅の西側から来た人は、ＪＲ列車に乗る人もこの改札口を通り、ＪＲの跨線橋を渡ってホームに行っている。

西口改札口＝真ん中より左は西鉄、右はＪＲ

西口駅舎や駅構内の全景を見ると、やはり同居駅だな、という感じ。しかし離縁こそしなかったが、昔に比べれば〝家庭内別居〟に近い、縁の薄い同居駅になっている。

煙はイヤだと熊本市に拒否され
隣の春日村に造られた熊本駅

熊本駅は、熊本市から拒否された。

九州鉄道会社が当初、熊本駅を造ろうと考えていたのは熊本市高麗門《こうらいもん》町（現新町）だった。高麗門というのは加藤清正が朝鮮出兵から帰国して建てた門であり、熊本城の一角。当然熊本市の中心部だった。

ところが、市中心部の人たちは、

「汽車が通ると煤煙をまき散らされ、空気が汚れる」

と、鉄道敷設にも、駅設置にも反対した。そのため予定の場所に駅が造られなくなった（『くまもとの鉄道』[註1]）。

九州鉄道が途方に暮れていると熊本市の隣村、飽田《あきた》郡（のちの飽託《ほうたく》郡）春日村が、

「熊本市が駅を造らせないのなら、わが春日村に造ったらいい。土地の斡旋なども全面的に協力しますよ」

と、九州鉄道に申し出た。九州鉄道は大喜びして春日村に熊本駅を造り、明治24年（１８９１年＝７・１）、開業した（同書）。春日村と言えば、熊本の代表的民謡「おてもやん」に、

〽春日ボーブラどん達ァ

尻ひっぴゃ〜て花盛り花盛り……

と歌われた春日ボーブラの産地だ。ボーブラというのは熊本弁でカボチャのこと。そのボーブラ畑、すなわちカボチャ畑の中に熊本駅が誕生した。

春日村にできても駅名は熊本駅だが、地元では春日村の駅ということから春日駅と俗称されていた。そのため熊本市史編纂者さえ春日駅と思い込んでいたようで、市が発行した公式の書『熊本市史』（昭7発行）も、

〈威勢のよい機関車が、凄まじい黒煙を吐《は》きつゝ蜿蜒長蛇《えんえんちょうだ》の如き列車を牽引して、高瀬方面から（略）春日ステーション（現熊本驛）に驀進《ばくしん》……〉

と間違いがそのまま載っている。

春日村はのち（大10）熊本市に合併し、現在、駅の所在地は熊本市春日三丁目。

註1　『くまもとの鉄道』　河野隆（元国鉄職員、熊本駅などに勤務）著、昭47、国鉄熊本物資部発行。

同じ五高教師なのに八雲《やくも》は熊本駅、漱石は池田駅に下車したわけ

同じ旧制第五高等学校（現熊本大学）英語教師として赴任したのに、作家、ラフカディオ・ハーン（のち帰化して小泉八雲）は熊本駅で汽車を降り、作家、夏目漱石は池田駅に下車した。一体どうしてだろうか？　同じ五高に行くのなら同じ駅に下車しそうなものだが、それが別々の駅に下

車とは不思議な話だ。

前項で紹介したように熊本駅は熊本市に拒否され、隣の春日村に造られた。そして同日（明24＝1891年＝7・1）、熊本駅の一つ手前には池田駅（池田村。現在は熊本市で、駅名は上熊本駅）が造られた。隣接する二つの村に駅があって、熊本市にはないのだからおかしな話だ。熊本市内に用事がある人は、それぞれ目的地に近い方の駅で降りて、人力車に乗るなどしていた。

夏目漱石銅像と上熊本駅保存駅舎＝平成22撮

両駅開業直後の『福岡日日新聞』（明24・7・9付）にも「九鉄列車熊本下りの人の心得」という見出しで、二つの駅のことが書かれている。すなわち市の北部に用のある者は池田駅に降りなさい。もし熊本駅で降りると、北部まであと戻りするには八～十銭の人力車賃がかかる上、貴重な時間を費やすということだ。そして五高は市の北部にあり、春日村の熊本駅より、池田村の池田駅の方が近かった。

ギリシャ生まれのイギリス人のハーンは、アメリカで新聞記者生活ののちフリーのライターとなり、取材に来た日本に住み着いて作家になった人。島根県松江中学で英語教師をしたあと、五高に招かれ、熊本駅開業約4カ月後の明治24年11月19日、熊本駅に下車した（『神々の国』[註1]）。島根県に住んでいる人が前記『福岡日日新聞』の記事を読むこともなく、このような情報を口コミで知ることもなかっただろう。だから五高は熊本市内にあるのなら、汽車を熊本駅で降りればいいんだなと思って、熊本駅で降りたのに違いない。ハーンは当時すでに作家として有名であり、熊本駅に降りた有名人第1号だったかもしれない。

*

ハーンは明治27年、契約期間満了で熊本を去ったが、夏目漱石が同じ五高に教授として赴任したのは、その2年後の明治29年だった。漱石は熊本駅の一つ手前の池田駅に下車した（『熊本市史』）。もちろん四国の松山で中学校の英語教師をしていた漱石も九州の新聞は読んでいないだろう。しかし、彼の赴任は駅開業5年後であり、もうそのころは五高には池田駅で降りた方が近いということが四国の人たちの間でも分かっていたのだろう。池田駅は明治34年（1・1）、上熊本駅と改称したが、現上熊本駅前には、この駅が池田駅と言っていた当時、この駅に下車した夏目漱石の銅像が建っていた。

*

赴任のとき池田駅に降りなかったハーンも、間もなく福岡から警官殺し犯人が護送されて池田駅に着く日には、池田駅に見物（取材？）に行って『停車場にて』という作品を書いている。上熊本駅舎入り口には、この駅がかつては池田駅だったこと、当時夏目漱石が五高教授として赴任するときこの駅に下車したこと、池田駅時代にハーンが『停車場にて』を書いたことを刻んだプレートが掲げられていた。

ところが九州新幹線に伴う連続高架工事のため、上熊本駅は少し手前に新しく駅舎を建てて移転した。そこで旧駅舎（大2建築であり、漱石やハーン時代の駅舎とは違うが）は外郭はそのまま熊本市電の電停に移転し、保存され（平18・7・1移転改装完成記念式）、プレートも残された。漱石銅像はバス停のロータリーに移され――と位置は少し変わったが大事に保存されている。

註1 『神々の国』 正式書名は『神々の国―ラフカディオ・ハーンの生涯（日本編）』（ノンフィクション作家、工藤美代子著、平15、集英社発行）

現鹿児島本線の終点は熊本県三角《みすみ》村になる予定だった

いまの常識で考えると、九州鉄道会社の本線は、熊本から先はまっすぐ鹿児島へ向かうと考えられそうだが、そうではなかった。熊本から先は熊本県宇土《うと》郡三角村（明32から三角町、現宇城《うき》市）へ向かい、三角駅を本線の終点にするという計画になっていた。

明治20年、九州鉄道会社発起人代表が政府に提出した会社創立願書には、同社の本線を、

〈門司港[註1]ヨリ福岡、久留米、熊本ヲ経テ三角港迄（明25開通予定）〉

と書き、

〈（その途中の）宇土ヨリ分岐シ八代《やつしろ》迄（同31年、開通予定）〉

と付け加えている。

すなわち同社の本線は、熊本の2駅先の宇土駅から右にカーブして宇土半島に入り、その先端

の三角村を終点とするというわけだ。そして三角まで全通のあと、宇土駅から分岐して八代までの線も6年後に造るとなっている。熊本から八代へ向かうのが支線扱いだった。

なぜ、門司から三角までのルートを本線としたのか？――理由は、熊本鎮台（現在の師団）から一番近い港は三角港であり、出兵のとき、いち早く輸送船に乗ることができる。だから九州鉄道としては、本線を門司～三角港ということで申請し、軍事輸送のお役に立ちますよ、ぜひ九州鉄道の創立を認可してくださいということだったのだろう。

＊

しかし、その後、事情が変わり、門司から熊本・宇土を通り八代へ向かう鉄道が先に開通、宇土から三角への線は3年もあとに開通し、支線となった（詳細は次項に）。

註1　門司港　門司駅（現門司港駅）のこと。三角港は三角駅のこと。願書の原文には「豊前国門司港ヨリ」などと地名には全部旧国名が付いているが略。

明治・大正時代は現肥《ひ》薩《さつ》線が鹿児島本線だった

九州鉄道会社が、同社の本線を門司（現門司港）から三角まで造る、などと書いた会社設立願書を政府に出しているころ（明20）、鹿児島県人、河嶋健介という人が『鹿児島新聞』[註1]に、〈鹿児島市から熊本県球磨《くま》郡を縦貫し（宇土の少し南の）松橋《まつばせ》付近で九州鉄道の線に接続させる

鉄道を建設する必要がある〉

という趣旨の投書を送り、これが紙面に載った（『渋谷礼遺翰』[註2]）。

九州鉄道は、福岡・熊本・佐賀・長崎4県下の有志が出資してつくった会社であり、鹿児島県に線路を延ばすことは全然考えていなかった。熊本県内も八代までで、球磨郡（人吉一帯）には延ばすつもりがなかった。しかし、鹿児島県にも、熊本県球磨郡にも、鉄道は必要だ——と、この投書の主は考えたのだった。彼は、国に対して運動をし、国に鹿児島〜熊本県間の鉄道を造ってもらい、私鉄九州鉄道の松橋付近に繋がせるべきだと主張した。

するとこの投書を読んですぐに反応したのが球磨郡の人たち。中心人物は球磨郡選出の熊本県議、渋谷礼。渋谷は、元人吉藩士。会津若松の戦争には官軍の分隊長として出兵し、武勲を立てた人。渋谷のほか、樅木《もみのき》義道、米良以平ら計20人が集まって意見を交換。20人が金を出し合って渋谷と米良を鹿児島に行かせた。いまのように誘致運動団体をつくり、役所や財界に金を出させて経費に充てるのと違い、自分たちで金を出し合って運動を進めるのだからすごい。

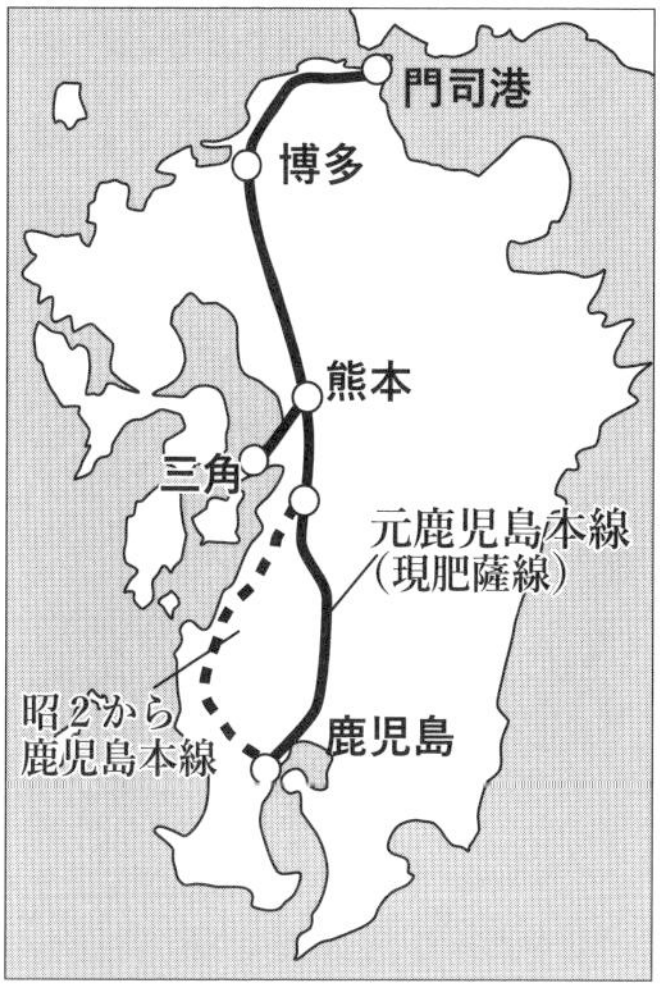

彼らの意向は熊本・鹿児島共同で鉄道誘致運動をやろうということだった（同）。これに対し上村慶吉鹿児島市長らは乗り気だが、渡辺千冬県知事は冷

淡。理由は、

「いまわが県には道路整備が急務だ。ここで鉄道も欲しいと国に要求したら、二兎を追う者は一兎も得ずになる」

ということだった（『鹿児島百年』[註3]）。

鹿児島県がイヤなら仕方がない、熊本県だけでやろうと渋谷らは国に運動を始めた。球磨郡の人たちの鉄道誘致運動だから、当然のように球磨郡の中心、人吉などを経由するルートをということで政府へ陳情した。

のちには鹿児島県、さらに宮崎県も、運動に参加したが、鹿児島県の運動の中心人物は、日置《ひおき》郡串木野《くしきの》村（現いちき串木野市）選出の衆議院議員、長谷場純孝[註4]。串木野村は海岸であり、鹿児島県の運動は海岸ルートを主張するものとなった。ともに熊本～鹿児島間の鉄道を求めての運動ということでは共闘だが、ルートを巡っては「山間部に建設して」（熊本県・宮崎県）と「海岸を通して」（鹿児島県）と両県対立の形だった。

＊

双方それぞれ上京して運動しているが、渋谷は例えば明治26年の上京（10・9～12・30）記録を見ると、大隈重信、犬養毅（ともにのち首相）ら大物政治家だけでなく、陸軍幹部にも大勢会っている。また、逓信大臣の諮問機関、鉄道会議の議長で、陸軍参謀次長、川上操六《そうろく》中将にも働きかけた。川上操六は薩摩藩の出身だが、西南戦争では政府軍の一員として西郷軍と戦った人。鹿児島県の誘致運動のリーダー長谷場純孝[註4]が西郷軍の兵士として西南戦争に参戦したのとは対照的だ。

長谷場は田原坂の戦いで政府軍に敗れ、逮捕されて刑務所入り。西南戦後の明治13年、釈放されて、衆議院議員となっていた。

渋谷はさらに寺内正毅《まさたけ》大佐（のち首相）にも会った。寺内は長州藩出身、西南戦争には政府軍として出陣し、西郷軍に撃たれ右手に負傷をした人。谷干城《たてき》も西南戦争では政府軍。熊本鎮台司令官で、熊本城に籠城し、城を取り巻いて攻撃をつづける西郷軍と戦ったので有名。のち農商務大臣。ほかに児玉源太郎（西南戦争では政府軍、のち陸軍大臣）などにも会い、意見を交わし、鉄道の必要性を力説した（同）。

渋谷が陸軍幹部たちに陳情して回ったのはよい結果をもたらした。まさか政府軍として西南戦争を戦った川上が、西郷軍だった長谷場を敵視したわけでもあるまいし、寺内が西郷軍に撃たれて負傷したのを根に持っていたわけでもあるまいが、多くの陸軍幹部が、

「鉄道は軍事上必要だ。そして敵の艦砲射撃の危険がないところを通すべきである」

と山間部ルートに賛成の意見。中でも寺内大佐の意見は強烈。

「日本は早晩、清国（現中国）と戦端を開かなければなるまい。そのとき万一敵海軍に関門海峡を封鎖されたら、九州は孤立する。両三年、九州の人たちが立て籠もって、糧食の補給ができる安全な地は球磨盆地を置いてほかにはない。球磨郡に鉄道を引くは急務中の急務だ」

と言い、陸軍が作った地図を見せた（同）。九州が孤立したとき球磨盆地で籠城するとは、かなり荒唐無稽のようだが、とにかくこういう陸軍の意向で、政府はルートを山間部と決めた。

＊

そして政府は、
▽熊本～八代《やつしろ》間はすでに九州鉄道会社に認可を与えているから、同社に造らせる（門司～熊本間は明24開通していた）、
▽八代～鹿児島間は国で造る、
と決めた。こうなると九州鉄道も熊本～八代間の建設を後回しにはできなくなった。国が八代～鹿児島間を開通させたとき、その手前の八代までの線路が完成していなかったら、門司～鹿児島が結ばれない。そこで九州鉄道は熊本から三角まで（同社としては本線のつもりだった）の工事と、宇土から八代まで（同社としては支線のつもりだった）の工事を同時に着工した。

ところが熊本～八代間は平坦地つづきであり、工事が順調に進み、明治29年（１８９６年＝11・21）開通。一方、宇土～三角間の方は、山を削り、トンネルを掘り、海を埋め立てての難工事だったため、工事が遅れ、八代まで開通したのより3年後の同32年（１８９９年＝12・25）にやっと開通した。こうして門司～八代間が九州鉄道の本線（この段階では八代線と呼ばれた）となり、宇土～三角間は三角線という支線になった（『三角町史』）。

*

寺内が言った通り翌27年、日清戦争が勃発した。すると国の予算が軍事費に取られ、鉄道建設は後回しになったが、日清戦争後着工され、南の鹿児島からと、北の八代から、部分開業しながら延伸、双方の線路は同42年（１９０９年＝11・21）に繋がり、八代～鹿児島間が全通した。

この間の明治40年、九州鉄道は国に買収されており、門司～八代～人吉～鹿児島間は国鉄の線

となり、鹿児島本線と命名された。こういうわけで八代から先はいまの肥薩線が当時は鹿児島本線だった。

人吉駅前には「澁谷禮・樅木《もみのき》義道兩翁顯彰之碑」と刻まれた石碑が建っている（碑文以外は現字体で表記）。

註1 『鹿児島新聞』 昭17『鹿児島朝日新聞』と合併して『鹿児島日報』となり、昭21から『南日本新聞』）。
註2 『渋谷礼遺翰』 渋谷礼は熊本県議のち衆議院議員。昭36、渋谷勝英編・発行。
註3 『鹿児島百年』 南日本新聞社編、昭42、謙光社発行。
註4 長谷場純孝 鹿児島県串木野村（現いちき串木野市）出身。西南戦争では西郷軍。賊軍として逮捕されたが、三年服役して出所。衆議院議員、のち文相。

遊郭街を集団移転させて跡地に造られた鹿児島駅

八代～鹿児島間を造ることになった国鉄は、工事を、八代側からではなく、南端の鹿児島側から鹿児島線の名で着工した。起点の鹿児島駅は、当時、県庁・市役所・銀行・会社などが集まって、市の政治・経済の中心だった浜町に造ろうということになった。ところが、この付近は町の名が示す通り港に近く、夜になると、紅い灯がきらめき、

「ちょっと兄ィさん、寄ってらっしゃいよ」

と黄色い声が飛び交う常盤遊郭街というのがあった。

そこで市では、遊郭街を新地・沖の村に集団移転させて（遊郭の経営者たちは反対したが説得）、遊郭街の跡地に鹿児島駅が造られた（明34＝1901年＝6・10開業＝『鹿児島百年』）。

同日は、鹿児島〜国分（現隼人《はやと》）間の線路も開通した。それまで九州の鉄道は全部私鉄（九州鉄道会社など）だったが、この鹿児島〜国分間は九州で初めての国鉄線だった。

＊

この線は、このあと国分駅から北へ向かって延伸。二年後の明治36年（1・15）横川（現大隅横川）まで開通した。横川駅の手前には嘉例川《かれいがわ》駅が開業した。この両駅は、開業のときの木造駅舎が100年以上たったいまもそのまま建っているというので、平成18年、国の登録文化財に登録された。

この線は、同じ年の9月、吉松駅まで開通。さらに延伸して、もう一方の八代から南へ延びてきた人吉線と、明治42年（1909年＝11・21）に繋がり、全通。九州鉄道会社が建設し、国有化された門司（現門司港）〜八代間と合わせた門司〜人吉〜吉松〜鹿児島間が鹿児島本線となった。

鉄道院総裁の前に 荷馬車を行ったり来たりさせた串木野村民

八代〜鹿児島間のルートが山間部経由と決まり、着工されたあとも、海岸ルート派の長谷場純孝は西薩鉄道期成同盟を率いて「海岸ルートを造れ」の運動をつづけた。

その運動にはいささか珍戦術も混じっていた。例えば、明治41年、鉄道院総裁、後藤新平が、米ノ津、串木野などを皮切りに鹿児島県内を視察するときには、葉たばこ生産者たちから葉たばこの梱包をいっぱい借り集めてきた。串木野村はちょうど葉タバコの収穫期だったのだ。長谷場は借り受けた葉タバコの梱包を多数荷馬車や荷車に積ませた。葉タバコは軽いから、荷馬車や荷車に山積みして走っても、人や馬は大して疲れない。山積みの荷の上には「後藤鉄道院総裁歓迎」の幟《のぼり》を立て、総裁が村に入ると、それら多数の荷馬車と荷車が総裁のそばを行ったり来たりした。

長谷場純孝の胸像＝平22撮

海岸ルート沿線はこんなに貨物輸送の需要があるのだ、鉄道が必要だ、と総裁にアピールする目的だった（『串木野市郷土史』昭59、串木野市教育委員会編・発行）。

この珍戦術が功を奏したのか、政府は山間部ルートが全通した翌明治42年、海岸ルートの建設に着手した。工事はまず南端の鹿児島から川内《せんだい》線の名で北へ向かって、完成区間を部分開業しながら延伸。川内町駅（昭15川内駅と改称）まで開通したあとも、川内線の名のまま北に向かって延伸。一方、八代からは肥薩線の名で南へ向かって延伸。昭和2年（1927年＝10・17）、この南からの川内線と、北からの肥薩線が、湯浦～水俣間で繋がり、海岸ルートが全通した。

＊

全通を機に、国鉄は、門司からこの海岸ルート（八代・川内など経由）経由で鹿児島までを鹿児島本線とし、それまで鹿児島本線だった山間部ルート（八代～人吉～鹿児島間）を肥薩線と改称した。鹿児島本線と肥薩線の名前が入れ替わったわけだ。

串木野駅前には、海岸ルート生みの親、長谷場純孝の胸像が建っている。

元は鹿児島市内ではなく隣村の駅だった鹿児島中央駅

鹿児島駅からまず西へ延び、そのあと北へ向かった海岸ルートの最初の駅は、鹿児島市の西隣の西武田《にしたけだ》村に造られた。西武田村は鹿児島県鹿児島郡の西別府村・武村・田上村の3村が合併してできた村。旧3村の頭文字を並べて西武田村であり、駅ができたところは旧武村だったところだったから、駅名は武駅とされた（大2＝1913年＝10・11開業、この日鹿児島～東市来《いちき》間開通＝『鹿児島市史』）。

武駅周辺は、水たまりが多く、葦などの水草が生え、子供たちがフナ釣りをしているだけ。稲さえできないところ。そんなさびしいところにポツンと武駅が建った（『武郷土誌[註1]』）。鹿児島市にとってはあくまで隣村の駅だった。

しかし昭和2年（1927年＝10・17）、海岸ルートが全通、こちらを鹿児島本線と改称したのを機に、国鉄は武駅を西鹿児島駅と改称した。さらに昭和9年には、西武田村が鹿児島市に合併。名実ともに鹿児島市内の西部にある駅となった。

そして平成16年（２００４年＝３・13）、九州新幹線が新八代からこの駅まで部分開通すると、駅名は再び変えられて鹿児島中央駅となった。

＊

武駅が西鹿児島駅となり、さらに鹿児島市内の駅になっても、鹿児島市の本駅は政経の中心にある鹿児島駅で、西鹿児島駅は市内の西の端にある小さな駅だった。例えば大正3年の1日平均

鹿児島中央駅。駅舎の屋上の鉄骨や架線は九州新幹線のもの（平16撮影）

乗車人員は、鹿児島駅が８６０余人に対し、西鹿児島駅は５００余人。鹿児島駅の方がはるかに多かった（『鹿児島県統計書』大4版）。戦後もこの状態はつづいたが、そのうちに鹿児島市の市街地は次第に西の方に発展した。すると西鹿児島駅の利用者の方が増え、昭和34年には、鹿児島駅の乗客が３１１７人、西鹿児島駅３１６７人と、西鹿児島駅の乗車人員が鹿児島駅を抜いた（『鹿児島市史』）。そして、その後はこの傾向がますます大きくなり、西鹿児島駅の乗客数が鹿児島駅の数倍。国鉄はとうとう昭和42年（10・1）、西鹿児島駅を鹿児島市の本駅とした（『鹿鉄局30年史』[註2]）。

それまで鹿児島本線の下り特急列車は全部鹿児島行きだったが、この年からは西鹿児島行きとなった。鹿児島駅は線の終点ではあるが、特急列車の終点ではなくなったわ

けだ。

＊

そして平成16年（2004年＝3・13）には九州新幹線の登場。それを前に地元が6600万円を募金で集め、新駅名を募集した。公募に当たっては、鹿児島駅の地元から、

「鹿児島駅と決められては困る」

という意見が出た。老舗、鹿児島駅の名は譲らないぞ、というわけだ。実は昭和47年にも、西鹿児島駅を鹿児島駅に改称し、現鹿児島駅は何かほかの駅名に……という動きがあったが、鹿児島駅周辺の地元が猛反対しつぶれた（『各駅停車全国歴史散歩・鹿児島県編』[註3]）ということがあり、今度も同じ趣旨のよう。公募の結果、幸い?鹿児島駅というのは少数で、鹿児島中央駅と決まった（『朝日新聞』平14・9・3付など）。

註1　『武郷土誌』昭19武小学校PTA郷土史刊行委員会編・発行。
註2　『鹿鉄局年史』昭57、鹿児島鉄道管理局編・発行。
註3　『各駅停車全国歴史散歩・鹿児島県編』昭36、南日本新聞編、河出書房新社発行。

終点標は400キロだが
実際は281・6キロしかない鹿児島本線

鹿児島本線の終点、鹿児島駅のホームの脇に、同線の終点を示す距離標が立っている。「400」

と書いてあり、起点、門司港駅からここは４００キロの地点という意味。従って鹿児島本線は全長４００キロということになる。しかし、実際の鹿児島本線は、八代～川内間が三セクに移管されて短くなったほかにも、２度短くなっている。

＊

一つは昭和38年（１９６３年＝12・１）、博多駅[註1]が６００メートルほど南東の現位置に移転した。当然博多駅前後の線路も移設され、これによって吉塚～博多～竹下間は５００メートル短くなった。こうして、このとき鹿児島本線はそれまでの４００キロより０・５キロ短い３９９・５キロとなった。

＊

さらに平成11年（１９９９年＝７・２）年には、新日鉄八幡製鉄所構内のテーマパーク「スペースワールド」そばにスペー

鹿児島駅の終点標＝平14撮

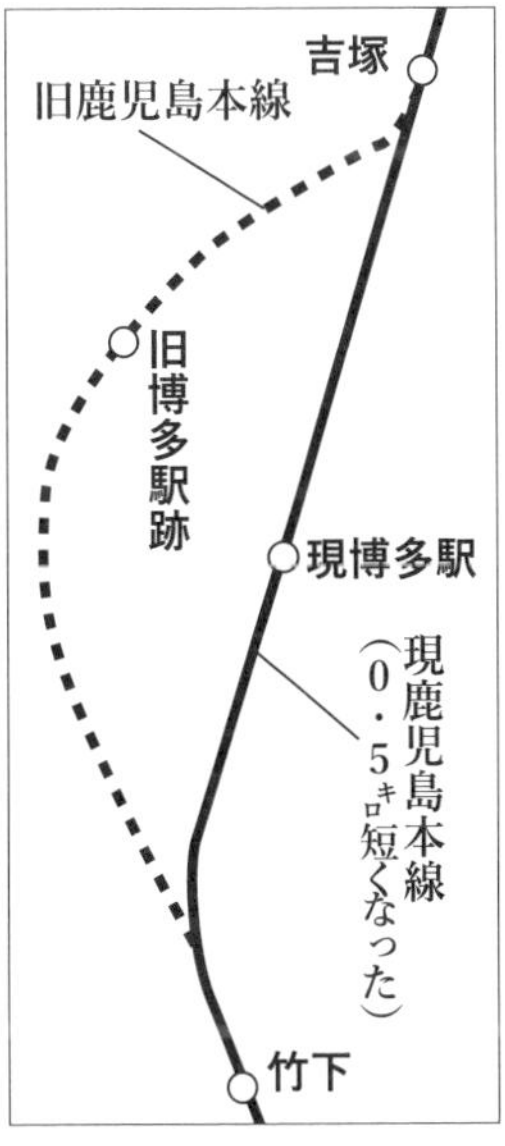

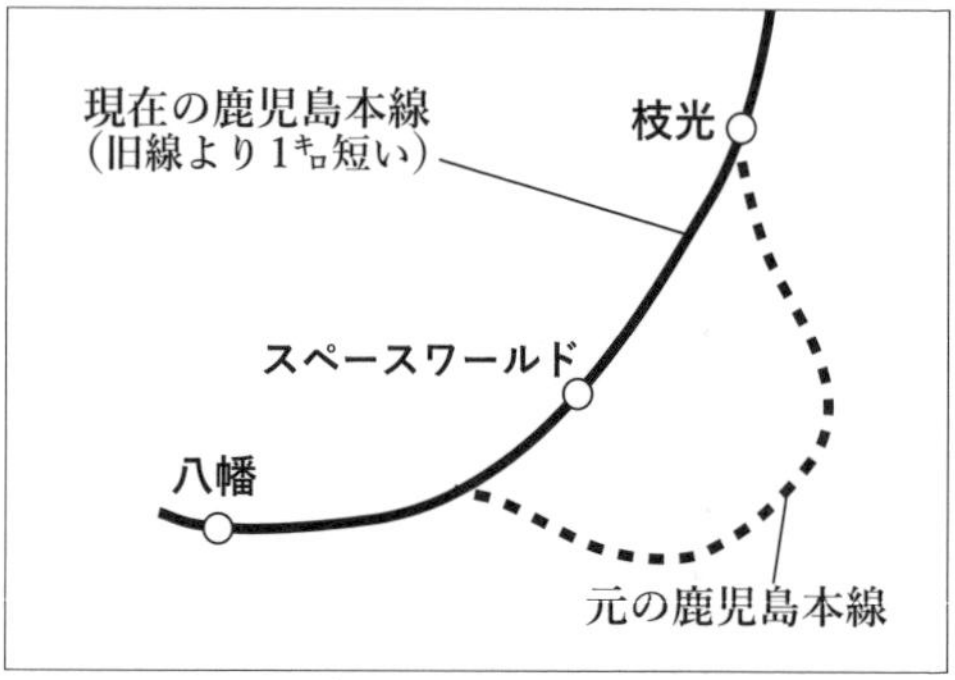

スペースワールド駅周辺の路線図

スワールド駅が新設された。枝光《えだみつ》駅と八幡《やはた》駅の間だ。それまでの鹿児島本線枝光〜八幡間の線路は八幡製鉄所の外壁に沿って大きく迂回する形になっていた。ところが「スペースワールド」は八幡製鉄所構内の遊休地に開園したもの。製鉄所構内にテーマパークを造るくらいなら、製鉄所構内に鹿児島本線を通してもいいじゃないか、ということになり、JR九州と北九州市は枝光〜八幡間のルートを変更、線路を移設してスペースワールド正面ゲートそばにスペースワールド駅を新設した。線路の移設により枝光〜八幡間は1キロ短くなり、鹿児島本線の全長もまた1キロ縮まって398・5キロになった。

＊

そして冒頭に書いた八代〜川内間の三セク移管による116・9キロ減。3回の短縮で、現鹿児島本線の全長は281・6キロになった。

＊

それでも鹿児島駅の終点標が「400キロ」のままなのはなぜか？

距離標[註2]というものはJR全線路わきに100メートルごとに立っている。鹿児島本線の場合、門司港駅の1番線の根っこに高さ1メートル20センチ、白ペンキが塗られ、黒で「0」と書かれた杭が立っている。

これは鹿児島本線の０キロ地点、すなわち起点を示す距離標だ。距離標はここから１００メートルごとの線路わきに立っており、終点、鹿児島駅に立っているのは４００１本目。

しかし、どこかで線の長さが変わるたびに全線の距離標を立て替え、数字を書き換えていては大変な手間。そこでこんなときは変更地点にブレークメーター（高さ１メートル10センチ）を立て、これに旧ルートでの距離と新しい距離（実キロ数）を書くようになっている（国鉄九州総局企画室、赤木貢副室長の話＝昭59取材）。従って鹿児島駅の終点を示す距離標の数字は、実キロが２８１・６キロになったいまも「４００」のままなのだ。

註１　博多駅移転　詳細は25ページ、「初めての汽車が発車した博多駅は現駅より６００メートル北西にあった」の項に。

註２　距離標　３種類あり▽１キロごとのは距離標甲と言い、高さ１メートル20センチ。１キロ地点なら１と書いてある▽その間の５００メートル地点のは乙と言い、高さ90センチ。キロ数は下の方に書いてあり、上には０・５キロのことを１－２と書いてある▽その間の１００メートルごとのは丙と言い、高さの規定はないが乙の90センチよりは低くしてあり、キロ数は乙と同じく下の方に書き、上に１００メートル地点なら１と表記（赤木副室長の話）

「バッテンごわす鉄道」にならなかった肥薩おれんじ鉄道

九州新幹線部分開通で、鹿児島本線から八代～川内《せんだい》間が切り離されて三セクになったことは

肥薩オレンジ鉄道八代駅。左はＪＲ駅

前々項で紹介したが、この三セクの社名は、公募によって決められた。応募の中には「バッテンごわす鉄道」と、熊本・鹿児島両県の方言を巧みに織り込んだ名作（迷作？）もあったが、これは採用されなかった（決定日の新聞各紙）。そして肥薩おれんじ鉄道という名が採用された。

これまで九州で一番長い三セク線は松浦鉄道（約93㌔）だったが、肥薩おれんじ鉄道の１１６㌔はそれを抜いて九州一になった。

＊

肥薩おれんじ鉄道の起点は八代駅。終点は川内駅。川内駅から先はまた鹿児島本線であり、川内駅は肥薩おれんじ鉄道と鹿児島本線と九州新幹線、三つの列車が止まる。

女優、小西真奈美さんは、この駅がある薩摩川内市の出身で、平成19年から、九州新幹線のイメージタレントを務め、テレビＣＭやポスターに登場した。

この章のここまでは鹿児島本線久留米～鹿児島間がどう延びていったかを紹介した。

次項からはこの区間にある話題の駅を紹介する。

矢部村に行けなかった矢部線

昭和60年（1985年＝3・31）までは、鹿児島本線羽犬塚《はいぬづか》駅（筑後市）から、矢部線というローカル線が走っていた。矢部線という線名なら矢部村（八女郡）へ行く線かと思えば、そうではなかった。この線は矢部村に行けない矢部線だった。

一体どういうわけか？　というと、国鉄としては最初、羽犬塚から矢部村までの鉄道を計画し、日中戦争中に着工した。いや、それどころか、矢部村からさらに延ばし、大分県の鯛生《たいお》金山などを通り、宮原《みやのはる》線[註1]の終点、肥後小国《おぐに》駅に繋ぐ予定だった（八女商工会議所専務理事、隈本巌さんの話＝昭56取材）。

しかし、なにしろ戦時中のこと、国の予算は軍事費に取られ、男は兵隊に取られて労働力もない。仕方なく工事は細々と進められていたが、途中まで路盤ができたところで終戦になった。路盤ができているところの先端は黒木《くろぎ》村（現八女市）だった。そこで一度に全線開通ということではなく、路盤が完成している羽犬塚〜黒木間だけでも線路を敷いて列車を走らせようということになった。そして急遽線路が敷かれ、終戦4カ月後（昭20＝1945年＝12・26）、開業した。終戦後に開業した全国の国鉄線の第1号だった。

開通した矢部線の列車は羽犬塚駅0番ホームから出ていた。発車後は少し鹿児島本線と並走して左にカーブ。国道209号の下をくぐって畑の中を走り、終点、黒木駅まで走っていた。

開業当時の列車は客車と貨車を一緒に繋いだ混合列車だった。その客車というのも、実は貨車

矢部線敷設工事は昭和13年に着工、昭和17年に中断し、終戦直前に再開し、
昭和20年９月再々着工した（撮影年月日は不明）　＊西日本新聞アーカイブ

線路が突き抜けた形の八女伝統工芸館＝平11撮

で、ドアを開けっ放しにして、ロープを1本張っただけ。それにお客が鈴なりに乗っていた（隈本さんの話）。

しかし、そのうちに並行する国道にバスやマイカーが増え、矢部線の乗客は減り、とうとう昭和60年（1985年）、廃止された。お陰で線は最後まで羽犬塚〜黒木間のまま。従って矢部村に行けない矢部線——という形で終わってしまった。

＊

線路は全線とも撤去されてしまったが、この線最大の筑後福島駅跡には八女伝統工芸館が建ち、館の手前から館の向こうに線路が突き抜けているようなデザイン。この線路は構内の側線のうちの1本で、館の中だけは線が線路の幅で通っている。本線が通ってたところは道路になり、線路で作った藤棚が見られる（同館嘱託、平島興さんの話＝昭63取材）。

＊

女優、黒木瞳さん（当時は本名の江上昭子さん）は、黒木町の出身であり、毎日、矢部線のディーゼルカーで羽犬塚駅近くの八女高校に通学していた（JR九州『プリーズ』平17年5月号所載のインタビュー記事）。矢部線の終点から起点まで全線を毎日乗っていたわけだ。その縁で九州新幹線「つばめ」のイメージタレントを務め、テレビCMに出ていた。

註1　宮原《みやのはる》線　久大本線恵良《えら》（大分県九重町）から分岐して肥後小国（熊本県小国町）までの線。昭39・11・30廃止。

快速電車も止まらなかったのに新幹線が止まる筑後船小屋《ふなごや》駅

九州新幹線は平成16年（2004年＝3・13）新八代～鹿児島中央間が部分開業。7年後の23年（2011年）3月12日、博多～新八代間も開業。これによって博多～鹿児島中央間が全線開業した。

新しく開通した区間の中で特異な駅は筑後船小屋《ふなごや》駅（筑後市）。それまでの鹿児島本線船小屋駅には、特急はおろか、ローカルの快速電車さえも止まらなかった。止まるのはローカルの各駅停車だけ片道47本、あとの半分以上は停車せず、駅員もいない無人駅だった。それが新設された新幹線筑後船小屋駅のそば（旧船小屋駅から550メートル南）へ移転。駅名も新幹線駅と同じ筑後船小屋駅と改称。特急（新幹線開通で在来線特急はわずか4本）だけは素通りするが、あとの全列車57本が止まるようになった。新幹線筑後船小屋駅には新幹線28本が止

新幹線筑後船小屋駅＝平23撮

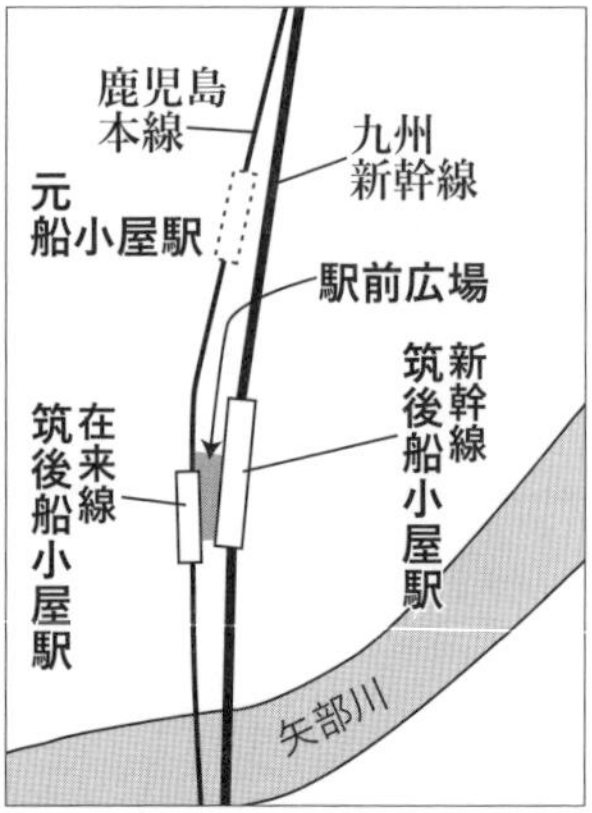

まるから、両駅合わせて97本が止まるわけだ（列車本数は季節や曜日により異なるから概数）。

＊

次に新幹線が止まる新大牟田駅（大牟田市）も田んぼと畑の中。鹿児島本線大牟田駅は特急も止まる大駅だが、新幹線はこの駅に着かず、新大牟田駅はそこから7キロも離れたところ。両駅について、インターネットには、地元選出で、建設族のドン、古賀誠衆議院議員（当時）が、農地所有者や建設業者に金を落とすための政治駅か？　などの意見が飛び交い、また『週刊文春』（平22・9・9号）にも、筑後船小屋駅のことが〈無人駅から九州新幹線駅へと謎の大出世―通称「誠駅」〉という見出しの写真で取り上げられた。

次項からは、元祖鹿児島本線の現肥薩《ひさつ》線（熊本県・八代～鹿児島県・隼人、約１２４キロ）に入る。

わざとゆっくり走る「いさぶろう号」と「しんぺい号」

列車は少しでも早く目的地に着くように走るのが普通だが、わざとゆっくり走る列車がある。肥薩線人吉《ひとよし》駅（熊本県人吉市）から吉松駅（鹿児島県吉松町。現湧水《ゆうすい》町）までの「いさぶろう号」と、その折り返しで吉松〜人吉間の「しんぺい号」だ。ほかの列車、例えば1251Dは人吉〜吉松間を59分で走るが、「しんぺい3号」は1時間22分もかかる。

なぜわざとゆっくり走るのか？　と言えば、肥薩線人吉〜吉松間は〝鉄道名所〟と呼ばれている区間。そこで車窓風景をタップリ味わってもらいながら列車の旅をしてもらおうと、平成8年（1996年＝3・16）、JR九州が両列車を誕生させた（橋口忠文人吉駅長の話＝平13取材）。

両列車は、日本三大車窓風景と言われているこの区間を、鉄道名所案内の放送を流し、運転士によっては駅でもないところに止めて案内したりもしながら、他の列車の1・5倍ぐらいかけてゆっくり走る。最初は1日1往復だったが、好評のため現在は2往復に増えている。

列車名の「いさぶろう」は現肥薩線（当時は鹿児島本線）が開通したときの逓信大臣（運輸・郵政を所管）山県伊三郎にちなんだもの。「しんぺい号」はそのときの鉄道院総裁、後藤新平にちなんだもの。

矢岳《やたけ》〜真幸《まさき》間の矢岳第一トンネル入り口（起点側）に山県伊三郎の揮毫《きごう》になる「天険若夷《てんけんいのごとし》」と刻まれた石額。また出口（下り側）には後藤新平の「引重致遠《おもきをひいてとおきにいたす》」という石額が掲げられている。意味は「天下の難所を平地のようにした」ので「重いお客や貨物を遠くに運ぶ」ことができるようになった、とそれぞれが独立した

矢岳第一トンネル入り口。上に「天険若夷」の石額＝平16撮

四字熟語であると同時に、2枚で一つの意味になっている（『肥薩線開通90年記念誌―肥薩の汽笛』＝平12、ＪＲ九州人吉鉄道事業部など編・発行）。

ループ線とスイッチバックが同居している大畑《おこば》駅

人吉駅の次の大畑《おこば》駅（人吉市）は日本でただ一つ、ループ線とスイッチバックが同居している駅だ。肥薩線は、明治時代、軍の、敵の艦砲射撃が届かない山間部を通せ、という意向で造られた線だけに、こんな山の中の線ならではの珍しい駅が登場した。

人吉駅は盆地だが、その先は矢岳山系の山の中を縦断するので、人吉駅と矢岳駅の標高差は430ﾒｰﾄﾙ。100階建てのビルの屋上に一気に駆け上がるようなもの。汽車はとてもそんな急勾配は登れない。そこで山を1周し勾配を和らげるループ線にした。しかもその途中の大畑駅で一旦止まると、坂道発進は無理だから少しバックして勾配を緩和し、平地を助走して駆け上がるというスイッチバックにした。こういうわけで明治42年（1909年＝11・21）、ループ線とスイッチバックが同居する駅が誕生した。このループ線は日本鉄道史上第1号だ。

ループ線の面白さは大畑駅を発車して山を1周し、車窓から下を見るといま通ってきた大畑駅が眼下に見えることだ。直線の線では列車は前へ前へと進んで行くから、通り過ぎた駅を眼下に見ることなどはできない。「いさぶろう号」の運転士が、駅でもないところに停車し、

雄大な景色の中、大畑駅のスイッチバックを駆け上がる「いさぶろう号」(平22)
＊西日本新聞アーカイブ

「窓から下の方を見てください。さっき止まった大畑駅はあれですよ」

と教えてくれたりする。


蒸気機関車で牽引していた時代は、1両では列車を引っ張りきれず、後ろに補助機関車が付き、前引き後押しで上っていた。また蒸気機関車は煙を吐くから、列車が通り過ぎたあとも煙だけは残っていて、列車が山を一回りしたことが目ではっきり見えたものだった（末盛吏郎駅長の話＝昭54取材）。

山が崩れ、落ちてきた巨岩で ホームが石庭になっている真幸《まさき》駅

大畑駅の二つ先は真幸《まさき》駅（宮崎県えびの市）。ここは昭和47年（7・6）、豪雨で山崩れがあり、山から落ちてきた大石がホームにドッカと居座って動かないので、その大石を取り込んで京都・竜安寺の石庭風ホームになっている。大石の周りだけでなく、ホーム全体にホウキで目が立てられている。


そもそもホウキで目を立てるようになったのは、災害より前の昭和40年、当時の西孝道駅長が、

「山の中の駅で殺風景だから、ホームを京都・竜安寺の石庭のようにしようか」

と思いついた。これに駅員たちも賛成、ホームに砂をまき、毎日、手分けして竹ボウキ（のち農家から耕耘機の熊手部分をもらってきてそれに変更）で目を立て始めた（松嶋繁俊駅長の話＝昭59取材）。

真幸駅ホームの巨岩＝平16撮

この時点でもすでに話題になっていたが、前記のように大水害が発生。山崩れで、駅舎も駅前の酒屋、薬屋など約50軒も流されてしまった。駅構内の線路も寸断され、線路が2キロぐらい遠くに流されていた（駅の近くに住み、トンネルに逃げて助かった梅木重行さんの話＝昭59取材）。

もちろんホームも土砂で埋まったが、間もなく撤去作業。ところがホームに人の背丈より高くて大きい岩が落ちてきており、これがどうやっても動かない。とうとう取り除くのをあきらめ、そのまま周囲にホウキの目を立てるようにした。お陰で冒頭に紹介したようにますます石庭に近い形のホームになった。

その真幸駅もいまは無人駅になり、駅員が毎日、目を立てていたころのようにはいかないが、折に触れて国鉄ＯＢや老人会の人たちがボランティアで白砂に目を立て石庭風ホームを維持している（平13取材）。

＊

余談ながら、真幸駅は明治時代、宮崎県下でただ一つの国鉄駅だった。県庁所在地の宮崎町（現宮崎市）にさえ鉄道は通っておらず、駅もなかったときに――だ。明治42年（１９０９年、現肥薩線、当時は鹿児島本線）が全通したとき、この線のほぼ北半分は熊本県内で、ほぼ南半分は鹿児島県内。ところが熊本県の矢岳駅と、鹿児島県の吉松駅の間に、ホンの少し宮崎県が突き出ているところがあった。宮崎県西諸県《もろかた》郡真幸村で、そこに開通の翌々44年（１９１１年＝３・11）、真幸駅が設けられた。

この駅もスイッチバック駅であり、初めは列車がスイッチバックするとき、ポイントや信号を切り換えるだけの運転取り扱い駅だったが、２カ月後（５・11）お客の乗降もできる一般駅に昇格した（『停車場変遷大事典』）。

一つの線に約50カ所もトンネルがある肥薩線

肥薩線は、九州で最もトンネルが多い線だ。全線約１２４キロに約50カ所のトンネルがある。他の線は、例えば鹿児島本線で１２０余キロと言えば、起点、門司港から久留米の少し先辺りまでだが、この間にはトンネルは一つしかない。１２０余キロに50カ所とはいかに多いかがお分かりになれよう。

こんなことになったのは、前々項などですでに紹介したように、肥薩線が元々は鹿児島本線山間部ルートだったからだ。

山間部ルートだから、山にトンネルを掘り、谷や川に橋梁を架けて線路が敷かれ、全通したとき（明42・11・21）八代～鹿児島間のトンネルの数は八代～吉松間に44カ所、吉松～鹿児島間に

16カ所、計60カ所だった（『国鉄百年史』）。当時はこれが鹿児島本線だったが、のちに海岸ルートができると、そちらが鹿児島本線となり（昭2）、こちらは肥薩線になった。さらにのち（昭7）、この肥薩線のうち隼人《はやと》〜鹿児島間は日豊本線の一部になったから、現在の肥薩線は八代〜隼人間。
従って現在の肥薩線（八代〜隼人間）のトンネルの数は、開業当時の60カ所から、隼人〜鹿児島間（10カ所足らずだろう）を引いた約50カ所ということになる。

復員軍人55人が死亡した 第2山ノ神トンネル

九州で最もトンネルが多い肥薩線ではトンネル故《ゆえ》の悲劇も起こっている。太平洋戦争が終わった直後の昭和20年8月22日、肥薩線真幸《まさき》〜吉松間の第2山ノ神トンネル内で列車が立ち往生、復員軍人55人が殉難した事故だ。

太平洋戦争が終わる（昭20・8・15）と、海外に出ていた軍人たちは船で故国に向かい、内地の各地に駐屯していた軍人たちは汽車でそれぞれのわが家に向かった。南九州の鹿屋《かのや》（鹿児島県）、国分（同）、都城《みやこのじょう》（宮崎県）などからは約3万人が肥薩線吉松駅（真幸駅の次の駅。鹿児島県姶良《あいら》郡吉松村＝現湧水町）周辺に集まり、駅近くの民家や公会堂に分宿して、帰郷の列車を待っていた（『九州の鉄道の歩み』[註1]）。戦時中の車両不足・石炭不足で列車本数は極端に少なくなっていたが、吉松には機関区があるから、ここまで行けば復員臨時列車でも出るかもしれないという期待から、みんなが自然に吉松に集まってきたのだった。

終戦の日から1週間たった8月22日正午すぎ、吉松駅のホームにようやく復員列車が姿を現した。復員列車といっても、客車は5両で、あとの8両は貨車だった。しかし、貨車でもとにかく乗れば目的地に運んでくれる。兵隊たちは喜んで列車に乗った。彼らは客車・貨車だけでは乗り切らず、デッキにも、屋根の上にも、機関車の前にまでぶら下がるようにして乗り、まさに鈴なりだった（同）。

この付近は山岳地帯であり、勾配が急なので、蒸気機関車は重連でこの13両編成の列車を牽引した。吉松を出ると次の真幸駅までの間はほとんど25‰《パーミル》の上り勾配。そこへ乗客が屋根の上まで鈴なりだから、列車はかなり重い。しかも機関車で焚いている石炭はカロリーの低い粗悪炭[註2]で、馬力が足りなかった。列車はあえぎあえぎ上り勾配を進んだ。

そして列車が吉松〜真幸間の第2山ノ神トンネルに入ると、とうとうこの中でストンと止まってしまった。2両の機関車では機関助士たちが懸命に石炭を焚き、機関士は列車を進めようとするが、動輪は空転するばかりで、全然前進しない。しかも煙の逃げ道のないトンネル内で、石炭をこれでもか、これでもかと焚くから、トンネル内は煙が充満。まず屋根の上に乗っていた兵隊たちが息苦しくなり、ボロボロと転落。また列車は動かず、煙は増える一方ならと、屋根上の兵隊も、車内の兵隊も、列車を降りてトンネル内を吉松側へ歩き出した。

ところがそのうちに立ち往生していた列車が、進むどころか、ズルズルと後退を始めた。すると狭いトンネルの中。歩いている大勢の兵隊たちが逃げる空間はなく、次々にひかれて死亡して

現・鹿児島本線久留米から鹿児島間他

しまった。死者は55人に上った（同）。

敵の弾には当たらず、無事家族の待つ故郷へ一歩前で命を失うとは、何という悲劇だろう。毎年、命日には地元の人たちによって供養が行われ、十七回忌の昭和36年には、トンネル入り口わきに「復員軍人殉難慰霊碑」が建立された。死者55人というのは九州の国鉄事故で史上最大の死亡者数だった（『昭和の事件・事故史』[註3]）。肥薩線は令和2年（２０２０年）の災害に遭い、令和5年現在も、起点八代から吉松までが不通になっている。

註1　『九州の鉄道の歩み』昭47、国鉄九州総局編・発行。
註2　粗悪炭　炭鉱員が次々に召集され、各炭鉱とも人手不足のため、深層の高カロリー炭が掘れず、カロリーの低い石炭が使われていた。
註3　『昭和の事件・事故史』元読売新聞記者、小林修著、平1、東方出版発行。

九州でただ一つタブレット交換が見られる くま川鉄道

かつては国鉄の多くの駅[註1]で見られたタブレット（通票）交換風景。いまＪＲ九州では完全に姿を消しているが、九州でただ一つ第三セクターのくま川鉄道免田《めんだ》駅（熊本県球磨郡免田町。五町合併で現あさぎり町）で見られる。

くま川鉄道は、元ＪＲ湯前《ゆのまえ》線（大13＝１９２４年＝3・30開通）。ＪＲ肥薩線の人吉駅（熊本県人吉市）

免田駅で運転士から駅員にタブレットが渡されたところ＝平成16撮

から分岐して湯前《ゆのまえ》駅（熊本県球磨《くま》郡湯前町）までの線で、平成元年、くま川鉄道に移管された。

通票閉塞方式というのは、単線区間で、一つの閉塞区間[註2]にその区間のタブレットを持った1本の列車しか走らないようにして、衝突を防ぐ方式。タブレットそのものは直径10センチぐらいの真鍮製の円盤だが、受け渡しがし易いよう針金の輪が付いたキャリーに入れられている。

くま川鉄道の場合は、起点、終点、ほぼ真ん中の免田駅の計3駅だけが駅構内に側線があり、他の全駅は本線1本だけ。すなわち他の駅では列車の離合ができない。そこで人吉駅を出る下り列車（ディーゼルカー）の運転士は、人吉～免田間のタブレットを持って発車。免田駅で、そのタブレットを駅員に渡し、次の免田～湯前間のタブレットを受け取って発車する。

一方、上り列車の運転士は、始発、湯前駅から、湯前～免田間のタブレットを持って発車し、免田駅ではそれを駅員に渡し、いま下り列車が持ってきた人吉～免田間のタブレットを受け取って人吉へ向かう。

免田駅でこの光景を見て、タブレット時代を知る人たちは懐かしがり、初めてタブレットというものを見る若い人たちは、説明を聞いて「ホー」と珍しがっている。

現・鹿児島本線久留米から鹿児島間他

＊

ＪＲ九州の線で最後のタブレット使用区間は指宿《いぶすき》枕崎《まくらざき》線の山川〜枕崎間（鹿児島県）だった。ここも平成6年3月14日、ついに自動信号化され、タブレット使用は終わった。この日午後8時58分、枕崎からの上り最終列車が山川駅に着くと、上玉利良弘駅長が運転士からタブレットを受け取り、閉塞器に納め、これでＪＲ九州からタブレット交換風景はなくなった（『西日本新聞』平6・3・18付）。

＊

なお、湯前線と高森線は、九州最後の蒸気機関車営業運転線（昭50・3・9まで）。

註1　多くの駅　自動信号化されていない線のほぼ全駅。

註2　一閉塞区間　信号機と信号機の間。駅間が短い支線では駅間に信号機がなく、1駅間が一閉塞区間になっていることが多い。

幸福町ではないのに幸福駅と付けたおかどめ幸福駅

くま川鉄道に「おかどめ幸福駅」（熊本県球磨《くま》郡免田町。五町村合併で現あさぎり町）という駅がある。前項で紹介した免田駅の一つ手前の駅だ。駅名は地名などを取ったものが多いから、ここも幸福町とでもいう町かと思えば、そうではない。駅の所在地名には、どこにも幸福などという言葉は入っていない。

おかどめ幸福駅＝平16撮

では、なぜ、地名に関係ない岡留や幸福を入れた駅名にしたか？　というと、この駅は平成元年（１９８９年＝10・1）、くま川鉄道が、ＪＲから湯前線を引き継いだとき、新設した駅の一つ。当時の免田町や、くま川鉄道会社などが「免田町に新設する駅の名は何としようか？」と協議。

「かつて北海道の広尾線に幸福駅（帯広市幸福町）というのがあり、全国的から鉄道ファンや観光客が訪れていたが、2年前（昭62）廃止され、いま日本には幸福駅という駅が一つもない。免田町に復活させてはどうだろう」

とか、

「新駅から徒歩1分のところに岡留熊野座神社があり、元寇のとき、この神社が神風を吹かせて元の大軍を追い返したと伝えられている。日本に『幸福』をもたらした神様ということから、以後、幸福祈願の参拝者が絶えない。この縁起のいい名前を新駅の名にしよう」

などと提案があり、おかどめ幸福駅に満場一致で決定した（『日刊スポーツ』平15・11・19付「駅～素敵ステーション　第１１７回おかどめ幸福駅」）そうだ。

初めは話題づくり優先で安直という声もあったが、縁起のいい駅名は静かなブーム。観光客が立ち寄るようになった（免田町企画開発課の話＝『西日本新聞』平13・5・17付所載）。駅のそばに町直営の物産館「幸福茶屋」が開店し、駅前のポストは「幸福ゆきPOST」と書かれている。駅前には「ここから幸せへの旅立ちがはじまります」と書かれた横3㍍×高さ2㍍の超大型絵馬も飾られ、岡留熊野座神社の鳥居の額の文字も「幸福神社」（そばには「岡留熊野座神社」と神社の本名が書かれた説明板も立っているが）。そばの公園はおかどめ幸福公園。いまや駅周辺は幸福一色になっている。幸福町でないのに……大成功の様子。くま川鉄道は令和2年の災害で不通。同3年、部分復旧したが、人吉温泉～肥後西村間は令和5年現在も不通。次項からは指宿枕崎線の話。

日本最南端のＪＲ駅、西大山駅

日本最南端のＪＲ駅は指宿《いぶすき》枕崎《まくらざき》線の西大山駅（昭35＝1960年＝3・22開業。鹿児島県揖宿《いぶすき》郡山川町、現指宿市）。

指宿枕崎線の始発駅、鹿児島中央駅からディーゼルカーに乗ると、約1時間半で西大山駅に着く。——と言っても直通列車は1日に1本しかなく（平20現在）、大部分の列車は山川駅（山川町、現在は指宿市）止まり。ここで枕崎行き列車に乗り換えて二つ目が西大山駅だ。

指宿枕崎線が南へ、南へ、まっすぐに延びているのであれば、終点の枕崎駅（枕崎市）が最南端になるが、同線は南へ下ったあと右カーブして西へ進み、終点に着くのだから、途中の西大山駅が最南端の駅になる。

西大山駅は線路のわきにホームが1本あるだけの無人駅だが、そのホームの端に、

西大山駅＝平13撮

「ＪＲ　日本最南端の駅　北緯31度11分」と書いたコンクリート標柱が建っている。終点枕崎駅は北緯31度16分であり、西大山駅の方が5分（約9・2キロ）南になる。元はただ「日本最南端の駅」だったが、平成15年、沖縄県那覇市に沖縄都市モノレール会社（県・市・民間の共同出資による三セク）のモノレールが開通し、その赤嶺駅が日本最南端の駅になったので、西大山駅の方はＪＲで日本最南端の駅となり「ＪＲ」が書き加えられた。バックには薩摩富士と呼ばれる開聞《かいもん》岳が見える。

＊

先ほど乗り換えた山川駅も、駅舎の表に建っている標柱に「日本最南端……」という文字が見える。しかし下まで読んでゆくと、

「日本最南端の有人駅　山川駅」

となっている。正真正銘の日本最南端のＪＲ駅は西大山駅だが、西大山駅は無人駅。有人の駅で日本最南端の駅はここだよ、と〃但し書き付き最南端の駅〃を名乗っているのだった。ＪＲ九州から委託を受けた九州交通企画（本社・北九州市）の社員が出・改・集札をしている。

*

さらに一つ手前の指宿駅（指宿市）に寄ったら、上之園美明駅長が、

「指宿駅は日本最南端の……」

と言い出したのでビックリしたが、話を最後まで聞くと、

「日本最南端のＪＲ直営駅です」

ということ。正真正銘の日本最南端の駅、西大山駅は無人駅。山川駅は日本最南端の委託駅。

そして指宿駅はＪＲ社員の駅長や駅員が勤務している日本最南端のＪＲ直営駅なのだそうだ。

国鉄列車なのに終点は私鉄の駅に着いていた指宿枕崎《いぶすきまくらざき》線

指宿枕崎《いぶすきまくらざき》線の終点は枕崎駅（鹿児島県枕崎市）だが、その駅舎は国鉄のものではなかった。ナンと駅舎は、私鉄鹿児島交通会社のものだった。私鉄鹿児島交通の枕崎駅に、国鉄枕崎行き列車が着いていたのだ。

ＪＲ列車が着いていた鹿児島交通の枕崎駅＝平14撮

昭和50年代、取材に行ったときは、駅には国鉄の駅員はおらず、鹿児島交通の駅員が改・集札口に立っていて、列車から降りてきた客が差し出した国鉄の切符を集札。その間に自社の南薩線（枕崎～伊集院間）列車が着発すれば、当然そちらのお客に切符を売ったり、改・集札をしたりしていた。

約1万平方㍍の構内も、西から駅に入ってきている鹿児島交通南薩線の線路はもちろん、ホームも、駅舎も、すべて鹿児島交通のもので、東から延びてきた1本の線路だけが国鉄のもの。そして国鉄から鹿児島交通へ業務委託料が払われていた（鹿鉄局運輸部総務課契約担当主席、田中利幸さんの話＝昭59取材）。

＊

そもそもこの枕崎駅は、昭和6年（1931年＝3・10）、南薩鉄道会社が造ったものだった。同社は国鉄伊集院駅（鹿児島県日置郡伊集院町＝現日置市）のホームを起点として、薩摩半島の西海岸を南下し枕崎（当時は鹿児島県川辺郡枕崎町）までの鉄道を計画、部分開業しながら延伸し、終点、枕崎駅を造って、昭和6年全通した。従って開業したときの枕崎駅は西から南薩鉄道の列車が入って来るだけの駅だった。

ところが、のち国鉄が西鹿児島駅（現鹿児島中央駅）から薩摩半島の東海岸を走って南へ延ばす指宿線を計画、部分開業しながら延伸、それが昭和38年（1963年＝10・31）、枕崎まで達した。しかし、国鉄は枕崎には自前の駅を造らず、東からこの南薩鉄道枕崎駅に線路を突っ込んだ（全通を機に指宿枕崎線と改称）。南薩鉄道は、翌年（昭39）三州自動車と合併して鹿児島交通になった（『枕崎市誌』）。従って、以後、枕崎駅は鹿児島交通のものになり、線名は鹿児島交通南薩線。国鉄からの委託料は鹿児島交通に支払われるようになった（田中主席の話）。

＊

ところが昭和58年、水害で鹿児島交通南薩線は寸断、59年（1984年＝9・1）、廃止された。同線は線路を撤去、各駅もほとんど取り壊された。しかし、枕崎駅は国鉄の列車が着くのでそのまま残された。そのため鹿児島交通の駅に、鹿児島交通の列車は1本も着かず、国鉄列車だけが着くという、冒頭に書いたような珍しい形の駅になった。JRになってからも同じだ。

鹿児島交通の列車は着発しないのだから、鹿児島交通の駅員はいなくなり、JR列車（ワンマンのディーゼルカー）の運転士が集札をしていた（平14取材）。

＊

平成18年には、鹿児島交通が枕崎駅を構内の全部を含め

平成25年、地元が建てた枕崎駅

て地元のスーパーマーケットに売却した。駅舎は取り壊されて同スーパーの駐車場になっている。店子のＪＲは仕方なく元枕崎駅のあったところから１００㍍手前にホームだけ（駅舎はない）のＪＲ自前の枕崎駅を新設。以来、ＪＲ列車はここに着発していた。この駅移転で指宿枕崎線は１００㍍短くなった。

しかし、この日本最南端の終着駅――乗る人にとっては最南端の始発駅という名のある駅に駅舎がないとはさびしいと、地元の人たちが寄付金を出し合って、駅舎を建て、平成25年（２０１３年＝３・17）、開業した（枕崎市ＨＰ）。

終点が鹿児島交通の駅舎だったころは、駅前広場に枕崎ロータリークラブが立てた「日本最南端の終着駅」という灯台型のモニュメントがあった――いや、いまもある――が、駅が移転したからと言っても、狭い現駅構内には移す場所がなく、いまもスーパーの駐車場前にそびえている（平20取材）。

東松浦半島
唐津松浦潟
芥屋大門
筑前二見
糸崎半島
博多湾
香椎線
西唐津
唐津
東唐津
虹ノ松原
浜崎
鹿家
福吉
大入
深江
筑前深江
貴山
松浦川
鬼塚
鏡
久里
鏡山
山本
本牟田部
相知
岩屋
佐里
駒鳴
西相知
肥前久保
多久
厳木
東多久
小城
久保田
佐賀
鍋島
天山
雷山
三瀬山
背振山
古湯
佐賀
博多
加布里
筑前前原
波多江
周船寺
今宿
姪ノ浜
西新
鳥飼
小笹
筑前高宮
筑前蓑島
西鉄福岡
博多
西戸崎
海ノ中道
西鉄平尾
竹下
吉塚
雑餉隈
水城
二日市
福岡（板付）
大宰府
太宰神社
宝満山
筑前山家
原田
基山
肥前山口
北方
大町
高橋
武雄
牛津
肥前白石
肥前竜王
肥前鹿島
肥前浜
肥前七浦
肥前飯田
多良
肥前大浦
小長井
六角川
嘉瀬川
東佐賀
南佐賀
伊賀屋
神埼
三田川
中原
肥前麓
鳥栖
田代
光法
諸富
筑後若津
筑後大川
東大川
肥前旭
久留米
筑後川
筑後小郡
筑後松崎
西太刀洗
太刀洗
宮ノ陣
西鉄久留米
南久留米
御井
善導寺
大善寺
犬塚
筑後柳河
西鉄柳河
西鉄中島
西鉄栄町
有明海
（あさり）
大牟田
荒尾
南荒尾
長洲
大野下
玉名
立願寺
肥後伊倉
菊池川
熊本
木葉
植木
西里
上熊本
熊本
宇土
網田
赤瀬
三角
波多浦
肥後長浜
住吉
緑川
白川
小天
河内
不知火
八代
有佐
小川
松橋
川尻
南熊本
島原
三会
松尾町
大三東
島鉄湯江
多比良町
神代町
西郷
古部
筑後福島
福島
船小屋
瀬高
渡瀬
銀水
南瀬高
緑ガ丘
南関
山鹿温泉
山鹿
来民町
植木町
山本橋
山鹿温泉鉄道
肥後豊田
平島温泉
宮原
分田
池田
隈府温泉
熊本電気鉄道
藤崎宮前
北熊本
御代志
菊池
黒木
山内
石渕
水島
水次

4

鳥栖から分岐して長崎まで延びた線の話

……現・長崎本線、佐世保線、大村線他

拳銃・短刀・煮えたぎる湯を用意して建設した鳥《と》栖《す》〜佐賀間

九州鉄道会社は、同社本線（現ＪＲ鹿児島本線）の延伸工事を進めるのと並行して、同本線の鳥《と》栖《す》駅から分岐して長崎へ向かう支線の建設も進めた。

同支線の最初の区間、鳥栖駅〜佐賀駅間の工事は大変なものだった。何が大変かと言うと、鳥栖〜佐賀間は水路が多いところ。水路は有明海の干満により水位が上がったり下がったりするので、農民はこれを利用して、干潮時に水路の底に溜まっている泥土を上げて田んぼの肥料にしていた。それなのに鉄道会社は工事のために水路をあちこちで締め切った。

水路を締め切られると、干潮になっても水が退かない。これでは村民は泥土を取ることができない。また田んぼの灌漑にも差し支える。そこで損害賠償を要求。まあ、被害を受ける人が損害賠償を要求することはいまでもあることだが、このときは、

〈竹槍を持ち出して係員を威迫したり、水路の締め切りを破壊するなど……〉（『日本鉄道請負業史・明治篇』）[註1]

と、なかなかすさまじい。

＊

さらに——中央の第二区担当の小田柿が現場を巡回中、小川の一本橋を渡ろうとすると、橋の

現・長崎本線、佐世保線、大村線他

前後に待ち伏せしていた一団が襲いかかり、小田を川の中に投げ込み、水を飲んではい上がるところをまた捕らえて投げ込み、同じことを3回もくり返して、半死半生の目に遭わせた。

〈小田は大いに恐怖し、遂に任務を抛《ほうりな》げて逃げ去って了《しま》った〉(同) という手荒さ。

*

そこで工事をやる側の日本土木会社(のち大倉組、現大成建設)志岐信太郎は、現場詰め所兼宿所に、〈常時、ピストル・短刀などを準備し、2階で火に大釜をかけ、常に湯を沸かし、全員二階に臥《が》床《しょう》し、来襲があれば2階から柄杓《ひしゃく》で煮え湯をぶっかけるという楠公の故事に倣《なら》って警戒を怠らなかった〉(同)。

工事に不満のある地元民が現場詰め所に押しかけてきたら、楠木正成が千早城の石垣の上からやったように、2階から(正成は城の石垣の上からだが……)煮えたぎる湯をぶっかけ、階段を上がって来られないようにし、それでも上がってきたら拳銃を撃ちまくり、短刀で斬りまくって防戦する態勢を整えて工事を進めた、というわけだ。

*

また神埼郡のルート上の一住民は頑として引っ越しに応ぜず、鉄砲を持ち出して九州鉄道の用地交渉社員を追い払う始末。仕方なく九鉄では東西からその家のそばまで線路を延ばし、

〈機関車を其住宅に突きかけんとするの捷勢《しょうせい》を示したので、漸く立ち退いた〉(同)

と、工事を進める側も強行策で対処した。

*

攻防の中に工事は進み、明治24年（1891年＝8・20）、鳥栖～佐賀間が開通した。この区間の工事を総括して同書は〈佐賀線工事の困難は、山に非《あら》ず、川に非ず、将又《はたまた》地質の不良に非ずして、人情の険悪なることにあった〉と書いている。もっともこれは第三者の客観報道ではなく、鉄道建設業協会の記録だが……。

註1『日本鉄道請負業史・明治篇』昭42、鉄道建設業協会編・発行。

長崎支線はなぜ長崎へ直行せず早岐《はいき》へ向かったか？

九州鉄道の長崎支線は、鳥栖～佐賀間が開通したあと、武雄《たけお》駅（現武雄温泉駅＝現武雄市）へ向かって延びていった。武雄駅と言えば、いまは佐世保に向かう佐世保線にある駅。長崎へ向かう線とは方向が違うじゃないか？　と言われそうだが、その通り。当時、九州鉄道の長崎支線は、長崎へ直接向かわず、同じ長崎県だが、佐世保村（現在は佐世保市）の隣の早岐《はいき》村（のち佐世保市に合併）をめざし、ここから左折して（現大村線経由）長崎へ向かうというルートで計画されたのだ。だから現佐世保線の武雄駅へ延ばしたのだった。武雄駅までは明治28年（1895年＝5・5）開通した。

九州鉄道が長崎支線をなぜ長崎へ直行させず、早岐へ向かわせたのか？　というと、九州鉄道は初めは福岡・熊本・佐賀の3県の有志でつくられようとしていたからだった。発起人たちは当

現・長崎本線、佐世保線、大村線他

然、3県内を走る鉄道を計画し、ただ佐賀県の西の端の有田村から10キロほど長崎県内に延ばし早岐を終点とした。3県外なのに早岐までは伸ばそうと考えたのは、明治22年、早岐村の隣村、佐世保村に海軍佐世保鎮守府[註1]が設置されるからだった。佐世保軍港の近くまで線路を延ばす鉄道会社をつくりたいと言えば、政府の免状もスムーズに下り、補助金も出るだろうと九州鉄道は考えたことが設立願書（『九鉄二十年史』所載）からうかがえる。

　ところが、3県の九州鉄道創設の動きを知った長崎県の有志たちは「ウチにも鉄道がなくては時代に乗り遅れる」と危機感を感じた。そして彼らは、長崎から、九州鉄道の終点、早岐駅を経由して佐世保までの鉄道を建設する長崎鉄道会社をつくろうと考え、創設願書を政府に提出した（『陸上交通の歩み』[註2]）。二つの願書を目にした政府は、これを一本化するよう指導。これに従ってそれまで福岡・熊本・佐賀3県で鉄道会社創設計画を練っていた有志たちと、長崎県の有志たちも加わった4県で協議。4県の有志たちが出資して九州鉄道会社創設が出願された。そしてこれに対し、明治21年、政府の会社創設免許状が下付された（『九鉄二十年史』）。

　これで九州鉄道の長崎支線計画は、3県の出資者が考えていた鳥栖〜早岐間に、長崎県の有志が考えていた長崎〜早岐〜佐世保間が加わり、鳥栖〜早岐〜長崎間と、早岐から分岐して佐世保までの支線ということになった。長崎まで汽車を走らせるというのは、あとで加わった話なので、鳥栖から長崎へ直行ではなく、早岐経由で長崎へという三角形の二辺を走るような大迂回ルートとなったのだった。

註1　佐世保鎮守府　全国を五海軍区に分けたうち第三区の中心基地。明治16年、軍艦、第2丁卯《ていぼう》（艦長、東郷平八郎少佐、のち元帥）が佐世保湾を約一カ月間調査。明治22年、まだ戸数８００戸の寒村だった佐世保村に鎮守府が開庁した（『佐世保市史』）。

註2　『陸上交通の歩み』　今村義男編、昭54、長崎自動車協会発行。

本州の山口市に駅ができたので改名させられた現肥前山口駅

長崎支線が、明治28年（１８９５年）、佐賀駅から武雄駅まで開通したとき、この区間に山口駅（杵島《きしま》郡山口村＝現江北《こうほく》町）が造られた。山口村の駅だから山口駅と付けられた。

ところが、それから約20年もたった大正2年（2・20）、本州の山口市に山口駅が誕生した。山陽本線小郡駅（現新山口駅）から分岐して山口線が建設され、県庁所在地の山口市まで開通したのだ。同名の駅ができそうになったとき、普通は後でできた方が上に旧国名を付けるものだが、ここの場合は後発駅のほうが本州の県庁所在地。先発の九州の方は山口村。たちまち本州の山口市にできた駅が山口駅を名乗ることになり（大2・3・1）、同日、九州の方は頭に旧国名を付けさせられて肥前山口駅と改称させられた（『JR九州社史』など）。

＊

しかし、それにしても、山口県下の徳山（明30）、小郡（明33）、下関（明34）などにはすでに明

現・長崎本線、佐世保線、大村線他

治時代、山陽鉄道会社線（現山陽本線）が通り、駅があったのに、県庁所在地に駅がないだけでなく、鉄道さえ通っていなかったとは、いささか異様な話。

一体なぜか？　というと、山陽鉄道会社は軍の意向を受けて内陸部ルートで建設しようとしたが、山口の旅館業者たちが一致して鉄道を拒否した。そのため、ほぼ海岸ルートで下関までの線が建設され、内陸部の山口市には鉄道が通っていなかったというわけ（『下関駅物語』）。

しかし、のちに鉄道沿線の大繁栄を見て、山口市も鉄道の必要性を感じ、山陽鉄道が国有化されたあと国鉄に陳情して鉄道を誘致。支線ながら山口にも鉄道が通り、山口駅ができたというわけだ。江北町は、JR九州に陳情、改名経費も負担して、令和4年9月23日の西九州新幹線開業時のダイヤ改正を機に「肥前山口」を返上。現町名の「江北」駅に改称した。

柄崎《つかざき》駅を武雄駅と変えたので柄崎温泉も武雄温泉と改名

武雄駅は、初め柄崎駅という名で開業されることになっていた。九州鉄道の長崎支線延伸計画には、鳥栖～佐賀間の次に、

〈第八工区　佐賀ヨリ柄崎マデ〉（会社創立願書）

と書いてある。柄崎とは聞き慣れぬ地名だが、ここには柄崎温泉というのがあって、江戸時代から温泉のある宿場町として有名だった。柄崎温泉の所在地は佐賀県武雄町（現武雄市）だったが、

武雄温泉駅とその下から発車する嬉野温泉ゆきバス

町の名より温泉名の柄崎の方が有名だったから、九州鉄道の発起人たちもこの温泉のある宿場町に柄崎駅を設けるつもりだった。

ところが明治28年、佐賀〜柄崎間が開通すると、やはり駅名は町の名にしようということになり、武雄駅と付けられた。するど柄崎温泉街も、

「それじゃあ温泉名も駅名にならって武雄温泉にしよう」

と、温泉名を変更した。

＊

開業からズーッとのちのことだが、駅名に関してもう一つ——この駅は長いこと武雄駅だったが、昭和50年、武雄市が国鉄に駅名変更を要請、改称に要する経費２０００万円を負担して、駅名は武雄温泉駅と変わった。ちょうど競輪が大人気のころで、武雄競輪の収益がこの経費に充てられた（橋口優駅長の話＝平12取材）。

地元が２０００万円もの金を出してまで駅名に「温泉」と付けたかったのは、武雄駅から10キロほど離れたところに嬉野《うれしの》温泉（藤津郡嬉野町＝現嬉野市）があるからだった。ただよそにも温泉があるだけならいいが、武雄駅前から嬉野温泉まで国鉄バス（現在はＪＲバス）などが走っている。嬉野温泉は、案内パンフレットなどに、交通の便を「武雄駅下車、バスで三〇分」と印刷してい

る。武雄駅のホームにも駅名表示板と同じ大きさで「嬉野温泉方面のりかえ　国鉄九州自動車（現在はJR九州自動車と書き換え）」と書いた看板が立っている。

これでは「温泉に入りたい人は嬉野に行ってください、この駅で下車して駅前からバスに乗るのが便利ですよ」と言っているようなもの。武雄にも温泉はあるのに素通りされてしまう。バスに乗り換えて嬉野温泉まで行かなくても、この駅で降りたところにも武雄温泉がありますよ、と武雄市が叫びを上げ、経費を地元で負担までして、駅名の武雄に「温泉」の2文字を付けたのだった（昭50＝1975年＝6・19改称＝『武雄市史』）。

*

令和4年9月23日、西九州新幹線（武雄温泉～長崎間）が開業し、武雄温泉駅はその始発駅となった。——と言っても、在来線（佐世保線＝軌間1067ミリ）列車でここまで来た乗客が、この駅で西九州新幹線（軌間1435ミリ）に乗り換えるだけ。本来はフリーゲージトレイン（線路の幅に合わせて車軸の幅も変えられる）が走る予定だったが、実験失敗のための苦肉の策。

「駅ができると泥棒や浮浪者が増える」と鉄道を拒否した嬉野《うれしの》温泉

佐賀県の二大温泉は武雄と嬉野。それなのになぜ武雄温泉には鉄道が通り、嬉野温泉には通っていないのだろうか？　それは明治時代に、嬉野温泉の地元（藤津郡西嬉野村＝現嬉野市）が、

たはこ

昭和初期の武雄温泉街。奥に楼門が見える　＊西日本新聞アーカイブ

西九州新幹線嬉野温泉～新大村間の千綿川架橋工事のころ＝平24撮

「駅ができると、泥棒や浮浪者が増える」という理由で鉄道に反対したからだった。嬉野温泉の関係者たちは、県議や代議士まで引っぱり出して猛反対をし、鉄道と駅を拒否した（『佐賀新聞七十五年史』）。

九州鉄道が鉄道建設免許申請のため政府に出した「工区ごと工費・工期一覧表」には、鳥栖から延びてきた長崎支線は、柄崎（現武雄温泉駅）から有田に延び、ここから二つに分岐して一つは大村経由、長崎へ。もう一つは佐世保へ向わせる計画だった。嬉野はこの大村へ向かうルートの途中にあり、駅を設ける計画だったが、地元が拒否した。やむを得ず九州鉄道は有田から早岐へ延伸、早岐で南北に分かれ、北は佐世保へ、南は大村経由、長崎へ向かうようにルートを変更した。

*

嬉野温泉としては、泥棒や浮浪者が増える恐れのある駅を造らせなかったのだから大成功――のはずだったが、鉄道が通り、駅ができた武雄温泉には博多などからのお客が増えて町は大活況。また、線路が佐世保と繋がると（明31・1・20）、佐世保軍港の奥座敷として、海軍将校たちがお色気と息抜きのため足を伸ばし、〝海軍さん〟で大にぎわい。嬉野は観念のホゾを噛んだ（『各駅

停車全国歴史散歩・佐賀県篇』[註1]）。

嬉野も、その後は海軍省に誘致運動をしたのか、昭和12年には、嬉野海軍病院が開院し、傷病海軍軍人の温泉療養が始まり、温泉客は増えた。嬉野温泉に行く人が増えると、翌々14年には、鉄道省が武雄駅と嬉野を結ぶ省営バス（現ＪＲバス）を走らせるようになった。これによって佐世保の海軍軍人はもちろん、一般観光客も武雄まで列車で来て、ここから国鉄バスで嬉野へ向かうようになり、嬉野温泉も大きく発展した。

＊

しかし、やはり明治時代に駅を拒否したことは嬉野温泉にとって痛恨の極み。平成になって九州新幹線長崎ルートの建設計画が持ち上がると、今度は拒否どころか誘致運動。その甲斐あって西九州新幹線は武雄温泉駅から有田・早岐・佐世保などには向かわず、左へカーブして嬉野を通り大村（在来線の現大村駅ではなく、別に新大村駅が新設）経由、長崎へ向かうというルートになった。武雄温泉～新大村間にはちゃんと嬉野温泉駅が誕生した。ライバルの元武雄駅はのちに武雄温泉駅と改名したが、嬉野は初めから駅名に「温泉」と入れることも忘れなかった。

註1　『各駅停車全国歴史散歩・佐賀県篇』　佐賀新聞社編、昭55、河出書房発行。

九州鉄道社員には家を貸さぬと決議した有田町

佐賀～武雄間の次の工区は武雄～早岐間[註1]。この間に三つの駅が設置されることになっており、その一つが有田駅。有田駅と聞けば、それは有田町に造られる駅……と思われそうだが、そうではなかったから問題が起きた。

有田町では、

「九州鉄道会社関係者には、有田町内では1日——いや1時間たりとも家を貸さぬ」

と決議。さらに、

「決議に背く者は絶交すべし」

と各区10人ずつの委員を選出､巡視を始めさせた（『有田町史』）。違反者への罰則が「絶交」とは、いまとはかなり時代が違うようだ。

——なぜそんな騒ぎになったのかというと、当時、有田地区は、東半分が有田町で、西半分が有田村だった。そして桃山時代、朝鮮出身の陶工、李参平[註2]があちこち調べて回り、有田泉山で白磁鉱を発見し、そこに窯を造って、磁器を作り始めたところが有田町。もちろん、のちには隣の有田村にも窯ができ、磁器が作られているが、有田焼発祥の地であり、有田地区の中心は有田町——と有田町の人たちは思っていた。ところが九州鉄道は、その有田町ではなく、隣の有田村の

有田焼が山積みされている有田駅のホーム(昭10)
＊西日本新聞アーカイブ

方に駅を造るというのだ。

「わが町には造らず、隣の村に有田駅を造るのか」

と有田町の人たちは怒った。

九州鉄道としては別に「町」を無視して「村」に造るというわけではなく、ほぼ同時に建設されている伊万里《いまり》鉄道会社（本社、西松浦郡伊万里町＝現伊万里市）の線が、有田地区には西から入ってくるので、これとの接続を考えて、有田地区でも西の方の有田村に駅を造ることにしただけのことだった（『有田町史』）。

しかし、憤慨した有田町では交渉委員を選び、委員たちは九州鉄道本社（福岡県企救《きく》郡門司町＝現北九州市）を訪れ、高橋新吉社長に会い、

「駅はぜひ有田町に設置されたい」

と談判。すると高橋社長は、

「至極もっともだ。しかし社長一人では決められない。会社の常議員会に諮って何分の沙汰をする」

と約束した。委員たちは希望を持って町に帰ってきたが、するとその翌日、同社武雄出張所の馬場技師から、

「町民の要求には応じがたい」

という文書が届いた。これには委員たち、また怒った。委員たちの訪問に対しては巧言をもっ

て応じておきながら、委員がひと度その地を去ると、にわかに一通の書面で拒否とは言語道断だ（『有田町史』）というわけ。委員たちは全町民との協議で意見を集約、冒頭のような決議となったのだった。

＊

一方、駅ができることになった有田村は大喜び。鉄道に必要な用地を、村が村民から次々に買収し、一括して九州鉄道に売却するという協力ぶり。そのため瞬く間に有田村に有田駅が開業した（明30＝１８９７年＝７・10）。これが現ＪＲ有田駅で、ＪＲ列車を降りて前方（西側）を見ると、松浦鉄道（旧伊万里鉄道、のち国鉄松浦線）のレールバスが停まっているのが目に入る。

＊

有田町の方は、九州鉄道と対決しながら、一方では佐賀出身の政治家、大隈重信（当時は外相、のち首相、早大創立者）に「ぜひ有田町にも駅を」と訴えた。大隈は九州鉄道社長の高橋新吉を説得。これにより九州鉄道は翌31年（10・１）、有田町にお客の乗降はできないが、貨物の積み降ろしだけはできる中樽《なかたる》貨物駅を開設した。

中樽貨物駅はのち（明42・５・１）上有田駅と名前を変え、旅客も乗降できる一般駅となった。佐世保線を下って行くと有田駅の一つ手前に上有田駅がある。

註１　早岐村　海軍佐世保鎮守府が開庁した佐世保村の隣村。のち佐世保村は佐世保市になり、早岐村も合併。

註２　李参平　豊臣秀吉の朝鮮出兵に参加した佐賀藩主、鍋島直茂が連れ帰ってきて、藩の焼き物を焼

くように依頼した陶工。

有田駅ができたので伊万里焼が有田焼になった話

有田焼は、鉄道が登場するまでは、有田川を川舟で、あるいは陸路を馬で、伊万里港に運び、ここから関西・関東に送り出されていた。また、ここの磁器は海外でも高く評価され、神戸・横浜へ送られたものが、さらに外国行きの船で広くヨーロッパにも輸出されていた（『有田町史』）。

明治になって九州にも鉄道が登場すると、この有田の磁器も馬や船ではなく、鉄道で伊万里港へ運ぼうということになり、伊万里町に伊万里鉄道会社が創設された。そして明治31年（1898年＝8・7）、有田〜伊万里間を開通させた。これで有田焼を伊万里港へ運べる態勢が整った。ところがそれより一足早く、約1年前の明治30年（7・10）、九州鉄道会社の長崎支線が早岐駅まで延び、この間に有田駅が開業した。すると有田焼は、有田駅から九州鉄道の貨車に積まれて全国各地へ運ばれるようになった。

それまで伊万里港から船で積み出していたとは言っても、伊万里港から神戸・横浜への船は月に2、3便しかなく、有田から伊万里経由で消費地や輸出業者の元に届くまで約20日かかっていた。注文の納期に間に合わないこともしばしば。それが門司港だと、毎日汽船が出港しており、わずか2、3日で神戸・横浜へ着く（同）。業者たちはこぞって九州鉄道を利用するようになった。

鉄道開通以前に有田焼が伊万里港から出荷されていたときは、伊万里に仲買人がいて、各地と商取引をしていた。従って買い手の側では「伊万里港から来た焼き物」ということで、伊万里で作られた磁器も、有田で作られた磁器も、全部、伊万里焼と呼ばれていた。ヨーロッパでものちに古伊万里と呼ばれて有名だった。

ところが鉄道が開通し、有田駅から直接貨物列車で本州方面へ送り出されるようになると、仲買人たちも伊万里から有田に移った。すると今度は有田の何々商店から、あるいは有田駅から届いた磁器となり、次第に有田焼と呼ばれるようになった（『有田町史』）。もちろん伊万里にも窯元はいくつもあり、伊万里で作られた伊万里焼も健在だが、有田で作られた磁器は、明治30年、鉄道開通により本名？で呼ばれるようになった。

開業してわずか4カ月で消滅した伊万里鉄道会社

有田焼を有田町から伊万里町へ汽車で運び、伊万里港から各地へ出荷するために造られた伊万里鉄道会社だったが、九州鉄道会社の有田駅が開業し、有田焼が九州鉄道の列車で輸送されるようになってはオシマイだった。

伊万里鉄道の開業は明治31年（1898年）8月7日だったが、2カ月後の10月30日には、臨時株主総会が開かれ、会社も、線路も、車両も全部、九州鉄道に売却すると決定した。これを受けて九州鉄道でも12月に臨時株主総会を開いて、伊万里鉄道の引き受けを可決。両社間で契約を締結。12月28日から九州鉄道が汽車を走らせた（『九鉄二十年史』）。汽車が走り始めてわずか４カ月で会社が消滅——こんな短命の鉄道会社はほかに例があるまい。

＊

九州鉄道は、明治40年（１９０７年）、国に買収されたから、旧伊万里鉄道（有田〜伊万里間）は国鉄伊万里線となった。昭和になると、同10年、国鉄は伊万里線を伊万里駅から長崎県松浦半島の方へ延ばし始めた。そして昭和20年（１９４５年＝３・１）、佐世保駅から伸びてきた松浦線と繋がった。全通と同時に有田〜伊万里〜佐世保間全線を松浦線と改称した。

松浦線とその支線[註1]は松浦炭田の石炭輸送で大忙しだったが、エネルギー革命で石炭輸送がなくなると赤字ローカル線になったのは他の運炭線と同じ。昭和63年（１９８８年＝４・１）、三セクの松浦鉄道に移管された。

註１　松浦線の支線　世知原線・臼ノ浦線・柚木線。３線ともに廃止。

乗客は途中で汽車から船に乗り換えていた初期の長崎行き

嬉野温泉の鉄道反対、有田町の九州鉄道社員排斥、伊万里鉄道の消滅……などが渦巻く中に、九州鉄道長崎支線は、明治30年（１８９７年＝７・10）早岐《はいき》駅まで開通した。

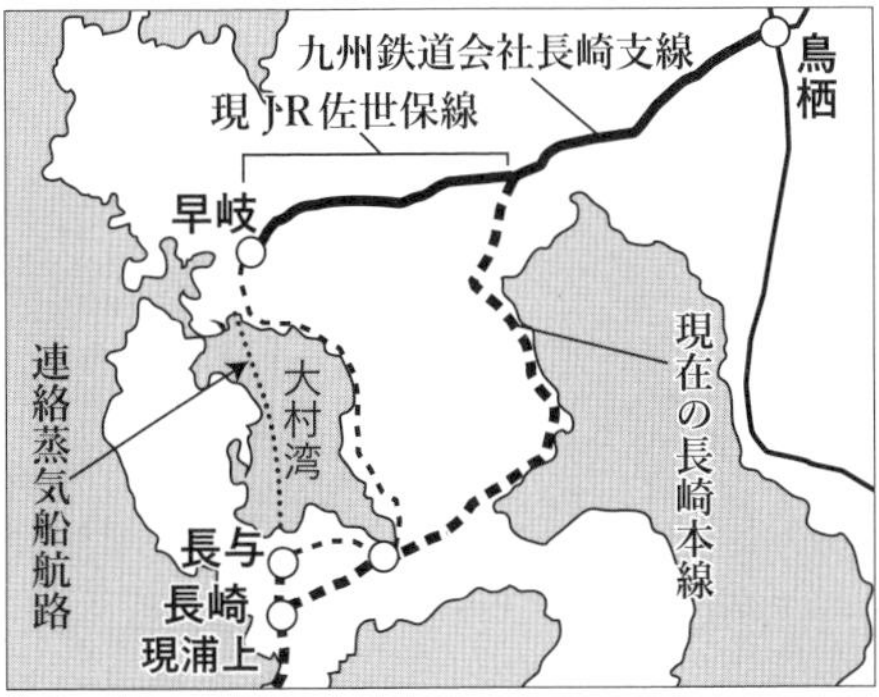

長崎支線が早岐駅まで開通すると、開通12日後の22日から、乗客は、門司・博多などから長崎へ行けるようになった。ただし――いまのように汽車の座席に座っていれば、そのまま長崎駅に着くのではなかった。乗客は、途中の早岐駅で汽車を降り、ここから蒸気船に乗り換えて大村湾を渡り、長与《ながよ》港[註1]に上陸、長与駅からまた汽車に乗って2駅先の長崎駅（現浦上駅）に着くのだった。

鳥栖から早岐まで開通した線路が、そのあと長崎へ延びて行くのなら分かるが、早岐から長与までは線路がなく、終点付近の長与～長崎間、わずか3駅間だけ、飛び地のように線路が開通しているのは不思議な話。一体どうしたことか？　と言えば、これは九州鉄道が初め3県の有志で計画され、のちに長崎県の有志も加わったという会社設立のいきさつが尾を引いていたのだ。

＊

同社の線路延伸工事は、遅れ気味。予定では明治29年には鳥栖～長崎間開通となっていたのに、とても全通しそうにはない。これには長崎の株主たちが怒った。そして、

「鳥栖から延びてくる線路が長崎にたどり着くのはいつになることやら分からない。こちら長崎には港があるのだから、ドイツからの鉄道建設資材を長崎港に陸揚げして、長崎からも鉄道を建設してもらいたい」

と主張した。長崎県下の出資者も金は出しているのに、その

現在の長与駅

金でセッセと建設され、汽車が走っているのは福岡・熊本・佐賀3県下ばかり。長崎県下にはただの1㍍も汽車は走っていない。これでは長崎県下の出資者が怒るのは当然だ。会社としてもその意向を汲み、資材の一部が長崎港に揚げられることになった。

その結果、長崎港に揚げられた線路などにより、終点、長崎から起点側に向かって線路を敷設する工事が始まった。そして明治30年（7・22）、長崎駅（現浦上《うらかみ》駅）から長与村まで約8キロの線路が完成、長崎・道ノ尾・長与の3駅が開業した。鳥栖から延びてきた線が早岐駅まで開通（明30・7・10）して12日後だった（『陸上交通の歩み』）。

*

この時点で、長崎支線は鳥栖から早岐まで開通。一方終点、長崎からこちらへ向かっては、長崎から2駅手前の長与まで開通。間の早岐〜長与間約70キロは未開通。しかし、この早岐〜長与間のルートは大村湾添いであり、ここだけは大村湾を船で渡れば、とにかく鳥栖〜長崎間の旅行ができるわけだ。

こういうわけで門司・博多・鳥栖方面からの汽車で早岐駅に着いた乗客は、早岐駅で降り、駅の近くの海岸からハシケに乗り、少し沖合で蒸気船に乗り換えて、大村湾を渡った。長与港に着くと乗客は下船、長与駅からまた汽車に乗って長崎駅へ向かった（『福陵新報』明30・7・24付に掲載の九州鉄道と三行組の広告）。

船は〈長崎三行組《さんぎょうぐみ》ト締結〉（『九鉄報告』明30下期分）。三行組の船は小型蒸気船で、やよい丸、せいしょう丸、そうけい丸など約10隻、いずれも50〜60人乗り。蒸気船の所要時間は3時間弱だった（『長与町郷土誌[註2]』）。

早岐の方は駅のすぐそばが海岸だが、目の前に針尾《はりお》島（現在はハウステンボスなどがある島）があり、本土と島の間は早岐瀬戸。狭い水道であり、水深も浅く、三行組の蒸気船も入って来られない。汽車から降りた客たちは小さいハシケに乗って約5キロ進み、南風崎《はえのさき》沖で蒸気船に乗り換え、大村湾を渡った（『福岡日日新聞』明30・7・23付に掲載の三行組広告）

＊

船が長与湾に着くのはいいが、船が着く海岸と駅は3キロほど離れている。そのためお客はこの間、人力車を利用した。船が着くときは船着き場、汽車が着く時刻には長与駅前に、常時160台の人力車が待機した（『長与町郷土史』）。

人力車は金になるというので、長与村では、農業をやめて人力車引きになる人がいっぱいだった。また旅行者が汽車でここまで来たのに、海がシケて船が出ず足止め。すると酒を飲みながらナギを待つので、そんなときは旅館、一杯飲み屋が大にぎわい。中にはシケがつづき毎晩飲むうち旅館の娘さんと仲よくなり、結婚した人もあった（元船着き場付近で、ゲートボールをしているお年寄りたちのうち、川崎安行さん他の話＝昭54取材）。

＊

旅客を船で運びながら、線路延伸工事は進み、翌明治31年（1898年＝1・20）には、早岐～大村間が開通。蒸気船連絡は大村～長与間となった。さらに同年11月27日には、残りの大村～諫早～長与間も開通。鳥栖～長崎間が全通した。もう客車の座席に座っておれば、途中で蒸気船に乗り換えることなく、長崎駅に着くようになった。長崎支線は長崎本線と改称された。そして、この時点で、大村湾の蒸気船と、長与村の人力車は姿を消した。

蒸気船に給水のためのレンガ造りの水槽がいまでも当時の船着き場そば（長与町金比羅公園そば）の海岸に残っている（長与町都市計画課、土井正英課長補佐の話＝平10取材）。

＊

一方、早岐から、大村・長崎とは反対側の佐世保へ向かう支線も、早岐～大村間開通と同じ日、開通した。いまでは、早岐～佐世保間を含む肥前山口～佐世保間が佐世保線となっている。

註1　長与港　蒸気船が入るには水深が浅いので浚渫工事。そのため最初の一時期、船は時津港に入港、乗客はここで降りて、道ノ尾駅から汽車に乗って、1駅先の長崎駅へ向かっていた。

註2　『長与町郷土誌』平成8、長崎県西彼杵郡長与町編・発行。

初めは長崎市ではなく隣の浦上山里村にあった長崎駅

前項で鳥栖～長崎間全通と書いたが、この長崎駅（明30・7・22開業）は現在の長崎駅ではない。このときの長崎駅は長崎市ではなく、隣の浦上山里《うらかみやまざと》村（西彼杵《そのき》郡、現在は長崎市）にあった。従って汽車で浦上山里村の長崎駅に着いたお客たちは、駅前から人力車（10～15銭）に乗って長崎市へ向かっていた（『福岡日日新聞』＝明30・7・14付）。

浦上駅前の長崎駅址の碑

九州鉄道にしても、長崎市にしても、長崎本線の終点、長崎駅は長崎市内に造りたかったのは当然だが、あいにく長崎市は長崎湾の岸まで人家が建ち並んでいて、線路や駅を造るのに適当な土地がない。仕方がないから隣村に駅を設置したのだった。

しかし、これではやはり不便。そこで長崎市は市債（借金）で長崎湾内を浚渫《しゅんせつ》し、その土で湾の東側沿いに、浦上山里村から長崎市の出島付近までを細長く埋め立てる、という計画を立てた。そしてその細長い土地の主要部分を九州鉄道に売って、線路を敷いてもらい、先端の大黒町に駅を造ってもらう。九州鉄道に売る以外の土地は市が道路を建設したり、民間に宅地

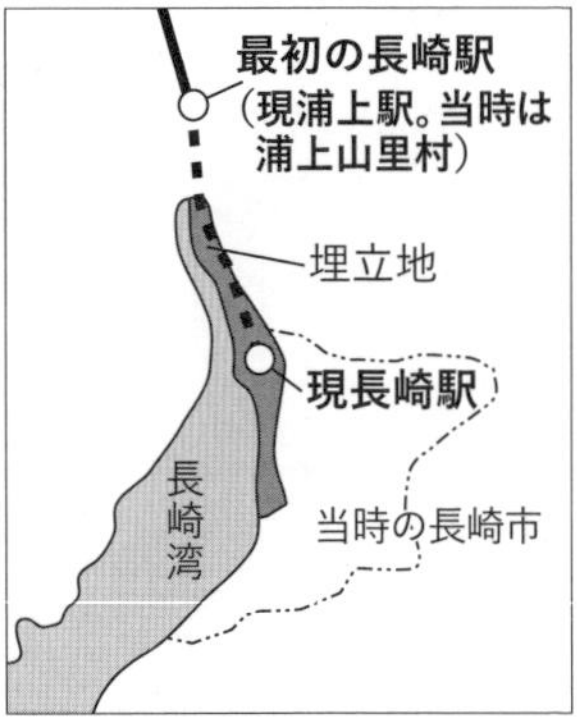

として売却や賃貸して、市債を償還するというものだった（『長崎市制五十年史』）。

明治30年、市議会で予算可決し、着工。7年後の37年、約60万平方㍍の埋め立て工事が完工。浦上山里村の長崎駅から、長崎市大黒町沖の埋め立て地（埋め立て完工後、市は尾上《おのうえ》町と命名）まで1・6㌔の線路が敷かれ、駅が建てられ、翌38年（1905年＝4・6）、晴れて長崎市内に長崎駅が開業した（同）。

長崎湾の奥の方の東岸を埋め立てて駅を造った……のだが、埋立地は広大で、湾の奥の西側はいまや湾というより浦上川という川になっている（長崎駅建設工事中の明治27年、日露戦争が始まり、ここに大黒町仮停車場を造り、軍隊輸送に当たった。89ページ参照）。

＊

明治38年、長崎市内の現位置に長崎駅ができると、それまでの長崎駅は浦上駅と改称された。浦上駅が元祖・長崎駅だったことを後世に残すため、昭和32年、開駅70周年を記念して、駅前広場の一角、浦上交番横に「長崎駅址」と刻まれた石碑が建立されている。

浦上駅は昭和20年、米軍機の原爆投下で、22人の駅員全員が殉職したことでも知られている。駅舎の左側に殉職者慰霊碑が立っている。

＊

長崎駅は、西九州新幹線の終点駅になった。それに先立ち長崎市とＪＲ九州が、駅周辺の区画整理と駅の建て替え計画を進めた。駅は、旧駅より西の浦上川寄りに高架駅として造られ、高架の上に在来線と新幹線のホームが並んだ。

有明線という線があったのをご存じ？

初めは、早岐《はいき》経由の迂回コースだった長崎本線も、時代が進み、昭和になると、やはり長崎へ直行する線が欲しいという声が高まった。そこで国鉄はこの線の途中駅、肥前山口駅と、諫早駅を結ぶ有明海沿いの短絡線を造ることになった。

肥前山口から諫早に向かって延び、完成した区間は部分開業し、これが有明東線《とうせん》。逆に諫早から肥前山口へ向かって、部分開業しながら延びてきたのが有明西線《さいせん》。両方を総称して有明線と呼んだ。両方からの線は昭和9年（1934年＝12・1）繋がり、全通した。

そしてこの時点からは鳥栖～肥前山口～有明線経由～長崎へ行く線が長崎本線となった。そして、それまでの長崎本線のうち肥前山口～早岐間と、早岐から分岐して佐世保までの短い線を加え、これが佐世保線。そして早岐～諫早間は大村線となった。諫早～長崎間は従来通り長崎本線の一部。

トンネルがあんまり長いので中に停車場がある長崎トンネル

現・長崎本線、佐世保線、大村線他

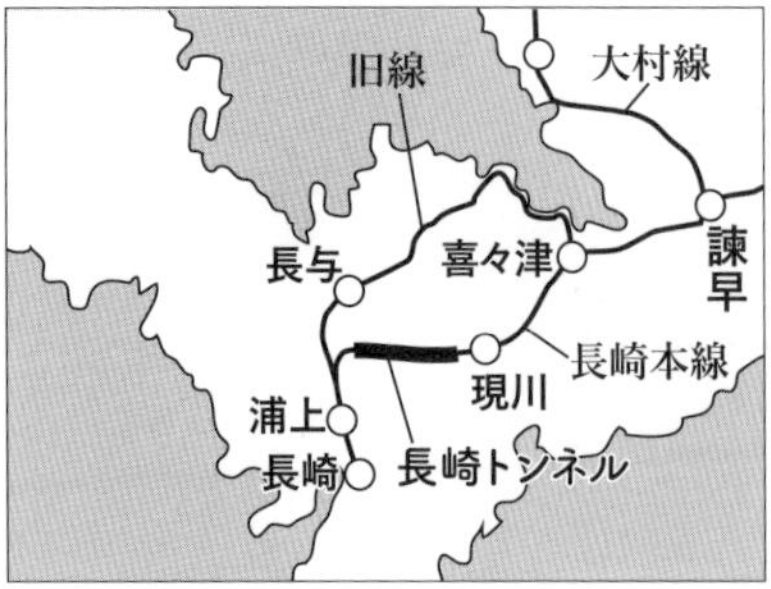

肥前山口～諫早間に有明海沿いの現長崎本線が開通しても、諫早を過ぎてから終点、長崎までは明治時代に九州鉄道が造った大村湾沿いのルートだった。

このルートはカーブが多く、列車の速度が落ちるのが泣きどころだった。そのため太平洋戦争後、もっと直線ルートで長崎へ早く着くようにしてもらいたい、と利用者から声が上がった。これに応え国は、諫早の2駅先の喜々津《ききつ》駅（長崎県多良見町＝現在は諫早市）から浦上駅（長崎市。元祖長崎駅）までの山岳にいくつものトンネルを掘って、ほぼ直通の短絡線（建設中の線名は浦上線）を造ることにし、鉄道建設公団に建設を命じた。短絡線は昭和47年（1972年＝10・2）開通した（鉄建公団下関支社『所管工事の概要』）。

鉄建公団から短絡線を受け取った国鉄は、鳥栖からこの短絡線を通って長崎までを長崎本線と呼び、大村湾沿いルートは長崎本線旧線と呼ぶようになった。特急など中長距離列車はほとんどが短絡線ルートを通り、旧線を通るのは近距離のローカル列車だけとなっている。

＊

短絡線の現川駅《うつつがわ》（長崎市）〜浦上駅間に掘られた長崎トンネル（６１７３㍍）は九州の在来線で一番長いトンネル。それまでの関門トンネル（３６１４㍍）を抜いた。

長崎トンネルは単線区間にある長いトンネルなので、トンネルの中に離合設備がある。先に着いた列車が対向列車が来るのを待ち、離合する。肥前三川信号場という名称だが、国鉄（ＪＲ）の規定では、停車場とは駅と信号場をいう、となっているから、トンネルの中に停車場があるということになる。中に停車場があるトンネルとは九州でもここがただ一つだ。

こうして長崎本線は現在の形になった。

次項からは長崎・佐世保・大村3線の、開業後の話題を紹介する。

東京馬車鉄道の線路を裏返しにして使った佐賀馬車鉄道

明治24年（１８９１年）、九州鉄道の長崎支線が鳥栖から佐賀まで開通した、と前に書いたが、駅で下車した人たちは、そこから市内や郊外へどうやって行ったのだろうか？　まだバスなどというものはなく、金持ちは人力車、一般の人は乗合馬車を利用していた。乗合馬車と言っても車輪はゴムタイヤではなく、木製に鉄の輪をはめただけのもの。乗客はガタガタ揺れて大変な苦痛

佐賀駅前の馬車鉄道（『九州の鉄道の歩み』より）

だった。そこで明治37年、佐賀県に馬車鉄道が登場した。
馬車鉄道というのは、線路の上に馬車（12人乗り）を載せ、馬で引かせるもの。線路の上を走るのだから、道路を走る馬車（6人乗り）より大勢乗せられ、揺れも少なく、速度も速かった。全国的に有名なのは東京馬車鉄道だった。明治5年、日本最初の鉄道が新橋から横浜まで開通したが、東京市（現東京都）の駅は新橋で、まだ東京駅はなかった（のち大3開業）。そのため新橋駅付近以外の人たちは新橋まで出て、汽車に乗らなければならなかった。そこで東京馬車鉄道会社が創設され、明治15年から、日本橋と新橋の間に馬車鉄道が走るようになり、のち路線は広がっていった。

ところが、そのうちに電車が発明され、同社も明治36年、馬車鉄道を電車に切り換えたが（社名も東京電車鉄道と改称）、馬車鉄道時代の線路や車両を何とか再利用できないものか、と牟田口元学社長は考えた。牟田口は佐賀県伊万里町（現伊万里市）出身の旧佐賀藩士。戊辰戦争では政府軍の武士として活躍。維新後は工部省[註1]などの官僚を務め、のち馬車鉄道会社を創設した人。牟田口は同じ佐賀出身の大隈重信に相談。すると大隈が佐賀県藤津郡出身

現・長崎本線、佐世保線、大村線他

の永田佐治郎代議士に話を繋いだ。

＊

東京では電車の時代に入ろうとしているときだが、佐賀県ではまだ九州鉄道の長崎本線（明31全通）が1本走っているだけ。汽車の駅と周辺を結ぶ交通手段は冒頭に書いた通りの貧弱さ。そこで永田が地元の実業家たちに話し、東京馬車鉄道が使っていた線路や客車を譲り受けて、佐賀馬車鉄道と祐徳《ゆうとく》馬車鉄道という二つの馬車鉄道会社が誕生した（『佐賀県経済百年史』[註2]）。

＊

佐賀馬車鉄道会社は明治37年（1904年＝2・28）佐賀駅前～諸富《もろとみ》（佐賀郡諸富町、現在は佐賀市）間に馬車鉄道を走らせた。線路や馬車は東京馬車鉄道会社のお下がりで、譲渡価格は関係者の予想より安かったので、大いに喜ばれた。しかし線路はかなりすり減っていた。そこで線路は裏返しにして敷設した。いまの何でも使い捨て時代と違って、見事な再利用だが、やはり裏返しのレールでは車輪がスムーズに回転せず、脱線することがしばしばだった（『佐賀市史』第3巻）。何事もうまくばかりはゆかないもの。しかし、ほかには人力車などしか駅からの交通機関がないのだから、大いに重宝された、という。

＊

同じ東京馬車鉄道のお古を譲渡されて創設された佐賀県内の馬車鉄道会社のうち、もう一つは祐徳馬車鉄道会社。九州鉄道会社の武雄駅（現武雄温泉駅）前と南鹿島村（現鹿島市）の祐徳稲荷神社前の間（約15キロ）に線路を敷き、明治37年（1904年）に部分開業、同39年12月に全通した。

こちらは車両だけ東京馬車鉄道の払い下げ品を使ったが、線路は長崎の業者に注文して、新品を県道に敷いた。この線路を牧歌的なラッパを吹きながら、馬が箱形の客車を引いてカッポカッポと走った（『ふるさとの歴史散歩・武雄』[註3]）。

祐徳馬車鉄道はのち石油発動機の機関車、さらにのちには小型蒸気機関車が牽引する軽便鉄道に変わり、社名も祐徳軌道となった。しかし、昭和に入って肥前山口駅と諫早駅を結ぶ短絡線（建設当時は有明線、現長崎本線の一部）を建設する工事が始まり、昭和5年、祐徳稲荷神社の近くに肥前鹿島駅が開業すると、参拝の人たちは肥前鹿島駅で降りるようになった。

お陰で武雄駅前と祐徳稲荷を結ぶ祐徳軽便鉄道の客はガタ減り、翌6年、会社は解散した。そして翌々8年には、旧祐徳軌道の経営者たちがバス6台を買って、祐徳自動車会社を創設。現在は佐賀県を代表するバス会社の一つになっている（『鹿島町制40周年記念誌』）。

註1　工部省　建設・鉄道などを所管。省旗は白地に赤で工部省の「工」と染め抜かれていた。のち国鉄も「工」を制服のボタンの意匠などに使い、また国鉄用地と他との境界線には、頭に「工」と彫り込んだコンクリート杭が打ち込まれている（『鉄道事始めのはなし』＝浦川耿介著、昭45、鉄道科学社発行）。

註2　『佐賀県経済百年史』　元佐賀新聞論説委員、中山成基著、昭49、佐賀新聞社発行。

註3　『ふるさとの歴史散歩・武雄』　武雄歴史研究会編、昭55、武雄文化会議発行。

吉野ヶ里《よしのがり》遺跡が発掘され吉野ヶ里公園駅になった元三田川駅

鳥栖と佐賀の間の駅で、いま多くの人が耳にするのはなんと言っても吉野ヶ里公園駅（佐賀県神埼郡吉野ヶ里町）。日本最大級の弥生時代の環壕集落、吉野ヶ里遺跡の名を持つ駅だから古い駅だろうと思われるかも知れないが、実はこの駅、九州鉄道の長崎支線ができたときには、まだなかった。

この駅は、昭和2年（1927年＝3・26）、近くの松原競馬場開催日と花見のシーズンだけ列車が停車する臨時停車場として開業。しかも当初は正規の駅ではなく、目達原《めたばる》臨時乗降場という施設だった。場所も、いまの吉野ヶ里公園駅より1・4キロほど東（鳥栖側）だった。

しかし、日中戦争が始まると「ノンキに花見や競馬の時代ではない」ということになり、昭和13年、臨時乗降場は閉鎖された（『三田川町史』）。

＊

戦争のために廃止された目達原臨時乗降場だったが、一方では戦争のためにこの付近にも飛行場が必要になり、陸軍が目達原飛行場を建設した。飛行場ができると、燃料をはじめとする貨物や兵員輸送のために駅がいる。そこで臨時停車場の復活話。しかも今度は臨時停車場ではなく、正式の駅を造ろうという計画。正式の駅となると構内はほぼ平地（3‰《パーミル》以下）でなければならず、

吉野ヶ里公園駅のコミュニティ施設

それより勾配が大きいところに造られている目達原臨時乗降場を、直ちに駅に昇格させるわけにはいかなかった。

そこで、国鉄は勾配の緩やかなところを探し、1・4キロ西の現位置に、昭和17年（1942年＝9・30）、まず三田川信号場を開業させ、翌18年（12・1）、旅客列車も貨物列車も止まる一般駅に昇格させ、三田川駅と命名した（同）。

*

三田川町の三田川駅は戦後も長くそのままつづいていたが、平成元年、三田川町・神埼町・東《ひがし》脊《せ》振《ふり》村の三町村にまたがる吉野ヶ里遺跡が発見された。すると三田川町は、三田川駅名を吉野ヶ里公園駅に変えてもらいたいとJR九州に要望。駅名改称の経費を町で負担する、との条件を呑み、平成5年（1993年＝10・1）、駅名が吉野ヶ里公園駅と改称された（馬郡《まごおり》優駅長の話＝平13年取材）。しかし、三田川町はこれだけでは満足しなかった。平成18年（2006年）、三田川町が東脊振村と合併すると、新町名も吉野ヶ里町とした。吉野ヶ里遺跡からは、元三田川駅も徒歩10分、隣の神埼駅も同じく徒歩10分、と同じ距離なのに、三田川町が吉野ヶ里駅、吉野ヶ里町といち早く吉野ヶ里遺跡の名を取ったのはなかなかすばしこい。

*

またこの間、平成12年（2000年＝3・1）には、JR九州と三田川町で、駅を建て替え、駅は橋上駅になった。橋上で集札口を通り、吉野ヶ里公園方面への階段を降りると、そこには弥生の丘をイメージした建物のコミュニティーホール。一方の市街地側に降りると白いコンクリートの近代的駅舎になっている。

吉野ヶ里遺跡は、平成13年、国と佐賀県の吉野ヶ里歴史公園になり、一般公開されている。

本州の神崎駅が尼崎駅になったので昔の名前に戻った神埼駅

吉野ヶ里公園駅の西隣の神埼駅（開業当時は神埼郡神埼村。のち神埼町。現神埼市）は、九州鉄道会社の長崎支線鳥栖～佐賀間が開通したとき（明24＝1891年＝8・20）からある古い駅。神埼村の駅だから当然のように神埼駅と付けられた。

ところが昭和20年（5・1）、国鉄は「東海道本線の神崎駅（大阪駅の二つ西）と、字は違うが発音が同じだから間違いやすい」と、こちらに旧国名を付けて肥前神埼駅と改称した。

しかし昭和24年（1・1）、本州の神崎駅が尼崎駅と名前を変えたので、肥前神埼駅は同31年（4・10）、神埼駅に戻った（『九州の駅』）。〽昔の名前で出ています……というところのようだ。

屯倉風の神埼駅

吉野ヶ里歴史公園までの距離は、前項で紹介したように吉野ヶ里公園駅からと同じく徒歩10分。従って長崎方面からのお客は神埼駅で下車、鳥栖・博多方面からのお客は吉野ヶ里公園駅で下車して公園に向かっている。

吉野ヶ里遺跡に近い駅なので、平成15年（2003年＝4・5）、JR九州と地元神埼町で、駅舎を屯倉《みやけ》（古代の穀物倉庫）風の橋上駅に建て替えた。

待合室は六角村、駅長室は福治《ふくじ》村にあった現肥前白石駅

九州鉄道長崎支線が開業したころのルートは早岐《はいき》経由で、昭和9年（1934年）、肥前山口〜諫早間に有明線という短絡線ができて、いまの長崎本線になった、と前に書いたが、肥前山口から延びた有明東線《とうせん》の最初の駅は福治駅（昭5・3・9開業）で、この駅は待合室が六角村、駅長室は福治村にあった。——と言っても別に待合室と駅長室が離れたところにあったのではなく、両村が「ぜひ駅はわが村に……」と誘致合戦をし、国鉄が両村の顔を立て両村にまたがった位置に駅を造ったのだった。のち両村は合併して白石町になり、駅名も昭和15年（1940年＝4・1）、肥前白石駅と改称された（『各駅停車全国歴史散歩・佐賀県』）。

日本第1号機関車が発着していた諫早《いさはや》駅

明治5年10月15日、〽汽笛一声新橋を……と、日本最初の汽車が新橋~横浜間を走った。牽引した機関車は日本第1号機関車。その歴史的価値ある1号機関車が、明治44年（1911年）8月21日、約1000キロも離れた長崎本線諫早《いさはや》駅（長崎県諫早市）に姿を現した。煙突の長いイギリス製の蒸気機関車だ。そして以後毎日、列車を牽引してこの駅を発着するようになった。

諫早駅は、東京から1000キロも離れているだけでなく、日本に初めて汽車が走ったという鉄道の歴史にも何の関係もない。それなのになぜ日本1号機関車が毎日、諫早駅を発着するようになったか？　不思議な話だが——実は1号機関車は明治5年から約40年間、国鉄列車を牽引して走ったが、そのうちに段々大型の機関車が登場してきて、明治44年、廃車になった。ところが、この明治44年は、島原鉄道会社（本社、島原市。明治41年創立）が最初の区間である国鉄諫早駅から愛野村駅（現愛野駅）を開業させる年。当時は私鉄が国鉄のお古を譲り受けるのはよくあることで、島原鉄道も退役車両の譲渡を、国鉄に願い出た。すると国鉄（鉄道院）は、機関車4両、客車10両、無蓋貨車7両を払い下げてくれた。そしてその中に日本1号機関車がいたのだった（『噴火と闘った島原鉄道』[註1]）。

島原鉄道の起点は、国鉄諫早駅の0番ホーム。1番ホームで国鉄列車を降りたお客はそのまま

島原鉄道の列車を引いて走る日本第1号機関車
（『噴火と闘った島原鉄道』より）

ホームを歩いて0番に行き、島鉄の列車に乗る。その逆も同じだ。近年は島鉄・JRとも、無人駅が増えたので、例えばJRの無人駅からキップなしで乗って来て、諫早駅でホームを歩いて島鉄列車に乗り、島鉄の無人駅で降りれば、無賃乗車ができる。そのため地続きだったホームの1番と0番の間にはフェンスが張られた。乗り換え客は一旦JRの集札口でキップを渡し、駅舎を出て、島鉄の駅に歩くようになっている。しかし、日本1号機関車が発着していたころは、ホームが地続きだったため、多くの人が近寄り、

「ホウ、これが日本第1号機関車か……」

と見入っていた。

しかし、この1号機関車も、国鉄で40年間走ったあと、島鉄でも約20年間走ると、さすがに老朽化。ついに昭和5年廃車。するとそのころには国鉄も日本1号機関車を保存すべきだということになり、島鉄に、

「5万円で売ってくれ」

すると島鉄サン、

現・長崎本線、佐世保線、大村線他

「これはウチの社にとって大切なものだから売れない。新品の機関車との交換なら応じよう」と言い、それが通り、製造されたばかりでピカピカの蒸気機関車との交換が成立した（同）。国鉄（このころは鉄道省）に戻された1号機関車は、昭和11年に開館した鉄道博物館に展示され、いまは同館の後身、交通博物館（さいたま市）に展示されている。

註1　『噴火と闘った島原鉄道』平10、葦書房編・発行。葦書房編となっているが、実際の取材・執筆は元毎日新聞西部本社報道部長で、発行当時は葦書房社長だった三原浩良氏。

駅舎の3階から海を越える橋が延びた
ハウステンボス駅

九州鉄道長崎支線として開業した線のうち、早岐《はいき》～諫早間は、現在ＪＲ大村線。その大村線に、平成4年（１９９２年）3月10日、ハウステンボス駅（佐世保市）が開業した。対岸の針尾島にテーマパーク、ハウステンボスが開園（同月25日）するので、ここを訪れる客に備え、開園２週間前に新駅が開業したのだった（東猛ハウステンボス駅長の話＝平11取材）。

＊

ハウステンボス駅は、駅舎の3階から長さ１００㍍余のコンクリート橋が延びているのが特徴。橋は海（早岐瀬戸）を越えて対岸の針尾島まで延びており、橋を渡るとテーマパーク、ハウステンボスの正面ゲート前。

駅から海を越えて延びる橋(左下がホーム)

ハウステンボス駅舎は、外から見ると3階建てのビルのように見えるが、列車からホームに降り、階段を上ると、3階が改・集札口、駅事務室などになっている。そして集札口で切符を渡すと、その床の延長上に橋が延びている。駅の集札口から海を越える橋が延びているのは九州でもここだけ。

ハウステンボス駅開業と同時に、大村線は起点の早岐からハウステンボスまで1駅間だけが電化された。そのため博多からの特急電車がハウステンボス駅まで乗り入れている。1駅間だけ電化されている線も、九州でここだけ。

*

針尾《はりお》島には、戦時中、針尾海兵団があり、約2万人の兵隊が勤務していた。戦争が終わり、海兵団の兵隊たちが家に帰ると、兵営跡は空き家。そこで国は中国などからの復員船と引き揚げ船を針尾島に着け、上陸した復員兵・引き揚げ者たちを海兵団兵営跡に泊めた。そしてここで検疫・帰国手続きなどを終えた人たちは島と本土の間に架かっていた木製の橋を渡り、さらに線路沿いの道、合計約6キロを歩いて南風崎《はえのさき》駅に着き、ここからそれぞれの故郷に帰った（元朝鮮総督府鉄道局勤務で、針尾島に引き揚げ、のち国鉄九州総局広報課長になった倉地英夫・大谷節夫共著『九州の鉄道』＝昭55西日本新聞社発行）。

南風崎駅から列車に乗って故郷へ向かった復員・引揚者は１３９万人だった。南風崎駅は復員・引揚者が汽車に乗った駅として歴史に名をとどめている。

＊

復員・引き揚げが終わると、佐世保市は兵営跡地を針尾工業団地として造成した。しかし工場は進出せず、空き地のまま。佐世保市が困っていると、そこへ持ち込まれたのがハウステンボス建設の話。市は喜んで協力し、ハウステンボスが開園したのだった。

＊

いまハウステンボスがあるところは針尾島のうち江戸時代の干拓によって造られた赤子新田（干拓で造られた新しい農地）。干拓地に住みついた人たちは田畑を耕し農業にいそしんでいたが、戦時中に海軍が農家を立ち退かせて針尾海兵団を設置した。立ち退きにより多くの人が転居したが、その中の一人、竹下重人さんは名古屋に移り、名古屋国税局に勤務しながら司法試験を受けて合格、弁護士になった。竹下重人夫妻の間に生まれた子が女優、竹下景子さんになった（「江上の新田2～赤子新田からハウステンボスへ」[註1]）。

註1　「江上の新田2」　佐世保市郷土研究所研究員、江上小学校教諭、宮崎勝秀執筆。『郷土研究』１９号（平4発行）所載。

松浦半島
唐津
松浦潟
芥屋大門
糸崎半島
博多湾
香椎線
西戸崎
海ノ中道
雁ノ巣
東唐津
虹ノ松原
浜崎
鹿家
福吉
大入
筑前深江
一貴山
筑肥線
加布里
筑前前原
波多江
周船寺
今宿
姪ノ浜
西新
鳥飼
小笹
筑前高宮
筑前菱島
西鉄福岡
博多
西鉄博多
呉服町
西鉄平尾
竹下
吉塚
雑餉隈
水城
二日市
福岡御手洗
(板付)
亀山
志免
宇美
大宰府
太宰府下
太宰神社
宝満山
筑前山家
筑前内野
鏡山
鏡
久里
山本
本牟田部
相知
岩屋
厳木
唐津線
鬼塚
牟田部
雷山
古湯
天山
三瀬山
背振山
天拝山
博多
佐賀
(米)
東多久
多久
小城
久保田
佐賀
鍋島
伊賀屋
神埼
三田川
中原
肥前麓
鳥栖
田代
基山
原田
肥前山口
牛津
武雄
北方
大町
肥前白石
肥前竜王
六角川
肥前鹿島
肥前浜
肥前七浦
肥前飯田
多良
肥前大浦
長井
東佐賀
南佐賀
嘉瀬川
諸富
光法
筑後若津
筑後川
筑後大川
東大川
肥前旭
久留米
大善寺
犬塚
筑後柳河
西鉄柳河
西鉄中島
西鉄栄町
有明海
(あさり)
大牟田
荒尾
南荒尾
長洲
大野下
立願寺
玉名
肥後伊倉
木葉
植木
西里
上熊本
熊本
菊池川
熊本
白川
緑川
宇土
三角
三角線
赤瀬
網田
肥後長浜
住吉
不知火
八代宮
肥後高田
日奈久
肥後二見
有佐
千丁
八代
小川
松橋
銀水
渡瀬
南瀬高
瀬高
船小屋
花宗
鵜池
羽犬塚
西牟田
荒木
筑後福島
今古賀
上妻
山内
北川内
黒木
矢部線
福島
久留米
南久留米
御井
善導寺
筑後草野
筑後田主丸
筑後吉井
甘木
甘木線
太刀洗
西太刀洗
筑後松崎
筑後小郡
西鉄久留米
宮ノ陣
南関
野町
緑ガ丘
山鹿温泉
津田下
山鹿
来民町
山鹿温泉鉄道
植木町
山本橋
分田
宮原
平島
肥後豊田
池田
温泉
熊本電気鉄道
北熊本
御代志
泗水
菊池
広瀬
隈府温泉
伊坂
彩水
京町口
藤崎宮前
石渕
水島
水次
菊池神社
鞍岳
(金)
(生糸)
杖立
市
赤水
内牧
南熊本
川尻
田辺
部
西郷
神代町
多比良町
島鉄湯江
大三東
松尾町
三会
原
波多浦
島原

5

佐賀・長崎県内のその他の線の話

……現・唐津線、筑肥線、松浦鉄道他

唐津町の人たちが一番行きたい博多へは行けなかった唐津駅

いまでは佐賀県第二の都市、唐津市内のＪＲ駅から電車に乗り、座席に座っていれば、電車は途中から福岡市営地下鉄線に入り、そのまま天神へでも、博多駅へでも、福岡空港へでも、とにかく福岡市内のあちこちに行ける。ところが明治時代、唐津町（現唐津市）から福岡市へ直行できる乗り物はなかった。

明治時代の唐津町にも、鉄道会社はあった。唐津興業鉄道会社で、町内には港の近くに同社の起点、妙見駅（現ＪＲ西唐津駅）と、少し南に唐津駅。しかし、ここから延びている線路は東の福岡方面には向いていなかった。そしてただ南へ、南へと延び、唐津・佐賀両炭田に向かっていた。唐津興業鉄道は両炭田の石炭を唐津港へ運ぶために造られたのだった。

それまで、唐津・佐賀両炭田の石炭は、松浦川を舟で河口の唐津港まで運ばれ、ここで機帆船に積み替えられて、関西の工業地帯など消費地へ輸送されていた。それが汽車で運ばれることになったわけだ。筑豊炭田の石炭がかつては遠賀川を舟で運ばれていたのを、筑豊興業鉄道が汽車で運ぶようになったのと似ている。

人を運ぶのが目的の鉄道会社なら線路は博多に向けただろうが、石炭を運ぶのが目的だから博多など眼中にない。唐津港のそばに起点をつくり、ここから炭田の一角である同郡鬼塚村（現在は唐津市）まで線路を敷き、先端に山本駅を設け、明治31年（1898年＝12・1）開業した。妙見駅と山本駅の中間には唐津駅も開業した。駅は全部でこの三つだった。

鉄道の建設と並行して唐津町は、妙見駅と、その200～300㍍沖にある大島との間を埋め立てた。唐津興業鉄道は埋め立て地の上に妙見～大島間の貨物専用線を敷き、妙見～山本間の本線開通と同じ日に開通させた。少しでも沖の方が水深が深く、大きな船が接岸できるから島に船着き場を造ったわけだ。妙見駅に着いた貨物列車はそのまま専用線に乗り入れて大島に渡り、島の貯炭場に石炭を降ろした（『唐津市史』）。

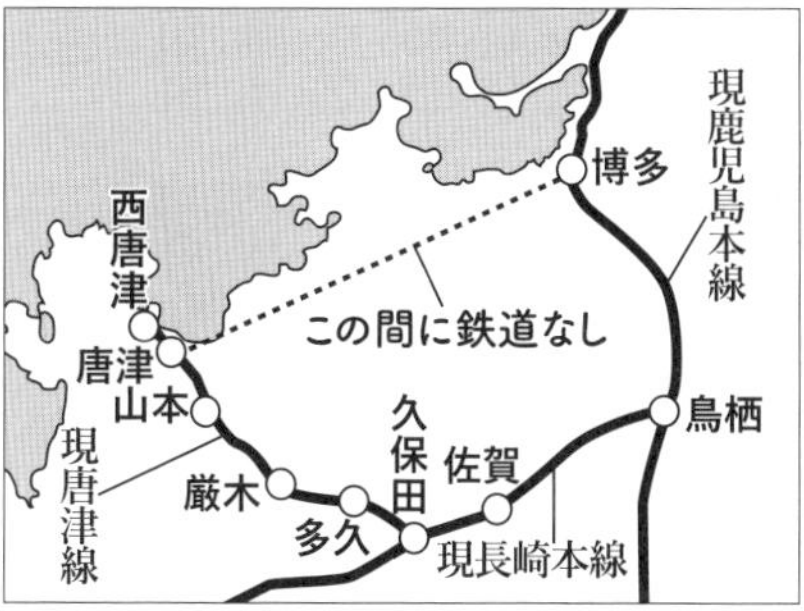

明治時代の唐津～博多付近

妙見駅の手前にできた唐津駅も石炭荷下ろし駅だった。列車から下ろされた石炭は、町田川の川舟に積まれて、河口に運ばれ、2～3㌔離れた高島そばに停泊している機帆船に積み替えられて、阪神方面などへ送られた（同）。

＊

唐津興業鉄道会社は妙見～山本間を開通させたあと、線を南へ延ばし、同32年6月、厳木《きゅうらぎ》駅まで、さらに同年12月、莇原《あざみばる》駅（現多久駅）まで開通させた。このあと同社は同33年、社名を唐津鉄道会社と改称した。しかし経営は苦しく、

〈社債ニ社債ヲ重ネテ一回ノ利益配当サヘナシ能ハザルの苦境〉（『九鉄二十年史』）

であり、明治34年、九州鉄道会社に合併された。

唐津鉄道を合併した九州鉄道は、唐津鉄道が莇原《あざみばる》まで開通させていた線を延ばし、自社の長崎本線久保田駅に繋ぎ、同36年（１９０３年＝12・14）、西唐津～久保田間を全通させた。この時点では、唐津町の人たちも、唐津駅から汽車に乗り、全然方向違いの佐賀に向かい、九州鉄道の長崎本線、鳥栖で同社八代線（現鹿児島本線）に入り、博多に行くことができるようになった。しかし、これでは直行に比べて約2倍半、途中乗り換えの時間なども考えたら、とても利用しようという人があるとは思えなかった。西唐津～久保田間は、九州鉄道に合併されたあと、九州鉄道が国に買収されたから、現在はＪＲ唐津線になっている。

鉄道起工式の地に鉄道も駅も建設されなかった現筑肥線

国鉄唐津駅（元は唐津興業鉄道会社の駅）から福岡市方面へ行けないのは、唐津町の人たちにとっては不便きわまりないことだった。そこで唐津町と福岡市を鉄道で結ぼう、また線を唐津から西側へも延ばし伊万里町（現伊万里市）とも結ぼう、と唐津町の有志たちは考え、北九州鉄道会社を創立した。発起人たちは、博多～唐津～伊万里間の鉄道を計画して、政府に申請。鉄道建設と会社創立の免状を取った。

免状が下ると、北九州鉄道は、唐津町魚屋町の町田川沿いに本社を建て、大正10年10月22日、明神松原で、起工式を行った。式には佐賀県知事、福岡市長らも出席した。（『明治・大正の唐津』[註1]）。明神松原の起工式が行われたところには、いま大志小学校が建っている（当時北九州鉄道線路建設工事現場で働いた宮島醤油会長のコラム＝同社ＨＰ）。

起工式というのは普通、建設現場で行われるもの。式のあとそこで建設工事が始まり、鉄道ならそこに駅ができたり、線路が敷かれたりし、汽車が通る。ところが北九州鉄道会社線の場合は、起工式が挙式されたところで起工されないばかりか、最後まで駅もできなければ、線路の1㍍も敷かれなかった。なぜそんな珍事が起こったのだろうか？

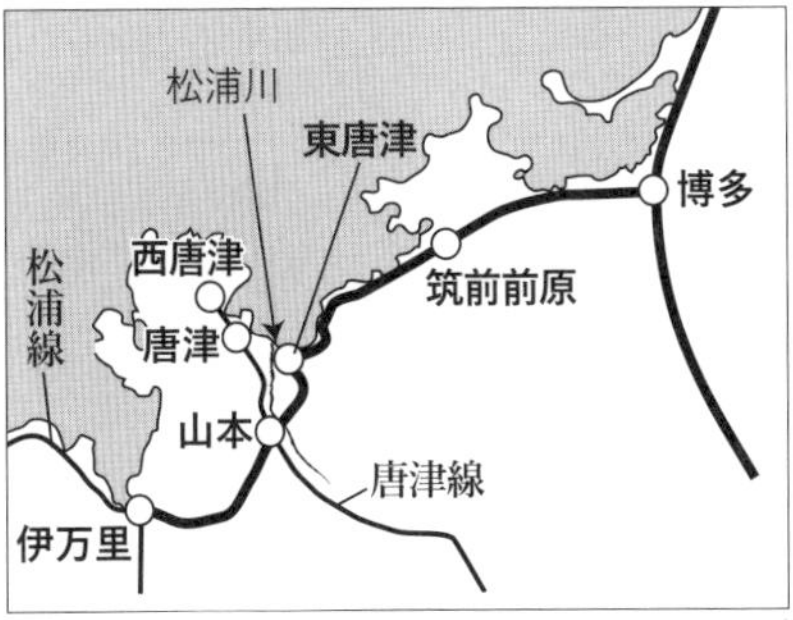

筑肥線（電化以前）

北九州鉄道の本社が建てられたそばを流れている町田川というのは、唐津駅で降ろされた石炭を舟に積み替え、唐津湾に停泊している機帆船まで運んでいたと前項で紹介したあの川だ。すなわち唐津駅のすぐ近くを流れている。北九州鉄道がその川っ淵に本社を建てたり、近くで起工式を挙式したということは、同社の鉄道を唐津駅に乗り入れる予定だったと考えられる（「満島沿革史」[註2]）。

ところがいざ着工しようとすると、唐津町の東側で、

「汽車が走ると虹の松原の松が枯れる」

と反対の声が挙がった。これでは着工できない。仕方なく同社は虹の松原よりもっと東の同郡浜崎村（のち浜玉町＝現在は唐津市）と福岡県糸島郡福吉村（現在は糸島市）の間で工事を始めた（『明治・

大正の唐津』）。

そして大正12年（１９２３年＝12・５）、最初の区間である浜崎～福吉間が開通した。全長わずか９㌔余。間には鹿家《しかか》駅が一つあるだけ。博多とも、唐津とも繋がっていない。ただ飛び地にポツンと延長９㌔の線路と、駅が三つできただけだった。そこを蒸気機関車に引かれた列車が毎日５往復、行ったり来たりした。所要時間は23分だった（『糸島新聞』大12・11・18付）。

＊

このあと線路は両側に延びていった。東へは大正13年前原駅（現筑前前原駅）まで開通し、以後それを部分開業しながら延長、同14年４月姪浜駅まで、同年６月新柳町駅（のちの筑前高宮駅）まで、同年11月南博多駅（仮駅）まで開通した。南博多駅は、博多駅近くの住民の反対で北九州鉄道線が博多駅に繋げず、博多駅の５００㍍手前に造られた仮駅。北九州鉄道線列車から国鉄列車へ乗り継ぎの客は博多駅まで５００㍍を歩いた。最終区間を徒歩連絡の一方、北九州鉄道は地元折衝をつづけ、翌15年（１９２６年＝10・15）線を国鉄博多駅に繋げた。

＊

一方、西へは、かつて「汽車が走ると虹の松原の松が枯れる」と地元が反対していた地区にも線路が延び、大正13年、虹ノ松原駅が開業。さらに西の満島《みつしま》村もこの時点では鉄道敷設賛成に転じていた。背景は村内に唐津町と合併したいという気運が盛り上がっていたからだった。村会は、村の共同墓地を移転して、跡地を停車場用地に無償提供することまで決めるという協力ぶり。北九州鉄道は線路を延ばし、共同墓地跡に駅を建設した（『満島村誌』）。

大正13年、満島村は唐津町に合併した（同）。そして翌14年（１９２５年＝６・15）、旧満島村に駅が開業した。ついこの間までは満島村だったところだが、駅名は満島駅ではなく、東唐津駅と付けられた。合併したばかりであり、唐津町の東の端ではあるが、レッキとした唐津町の一角だから、東唐津駅というわけだ。もしこの駅に唐津という語を織り込んだ名を付けなかったら、本社所在地の唐津町に唐津と名が付く駅がないということになるところだった。

*

東唐津駅が開業したあと、本来なら線路は東唐津駅からさらに西へ延びて、唐津町の中心部（起工式を挙行した付近）に延伸、国鉄唐津駅に繋がれるところだった。ところが北九州鉄道は東唐津～博多間の建設工事で、いくつものトンネルを掘るうちに資金不足になっていた。それなのに東唐津駅と元々の唐津町内の間には松浦川が流れており、しかも河口近くだから川幅は約５００㍍。そんな長い鉄橋を架ける金は会社にはもうなかった。

そこで同社は東唐津駅から唐津町中心部に延伸することをあきらめ、東唐津駅を行き止まり駅にした。そして線路は一旦少し逆戻りして、松浦川右岸を走って同川の上流に向かい、川幅が狭くなったところに長さ20㍍ほどの小さい橋を架けて川を渡り、国鉄唐津線の山本駅（山本村。現在は唐津市）に着くようにした。

こういういきさつで北九州鉄道の線路は松浦川の手前でストップ。起工式が行われたところには線路も延びず、駅も造られなかった。線路が唐津町中心部の国鉄唐津駅に延びてこないとなると、北九州鉄道の本社も国鉄唐津駅の近くにある意味がない。間もなく東唐津駅そばに移転した

（「満島沿革史」）。

東唐津〜山本間は昭和4年（1929年＝6・20）、開通した。

＊

北九州鉄道としてはこの線を伊万里まで建設する認可を取っている。それなのに金はない。一時は免状を国に返上しようかという声が株主総会で出たが、それは会社の恥。そこで昭和5年、草場猪之吉社長が上京して日本興業銀行に融資の交渉をした。ところが草場はその上京中に過労のため旅館で急死した（昭5・4・1）。

交渉中の社長が急死したのには興銀もビックリ。興銀の貸し渋りが鉄道会社の社長の命を奪った！　と社会問題になっては大変。急遽融資を決定。しかし、同時に同銀行から北九州鉄道へ専務と取締役支配人を送り込み、会社の経営を興銀がにぎった形で工事を進め、昭和10年（1935年＝3・1）、国鉄伊万里駅[註3]に結節させ、博多〜東唐津〜伊万里間を全通させた（『明治・大正の唐津』）。伊万里駅は、国鉄伊万里線の汽車と、私鉄北九州鉄道の汽車が着く同居駅となった。

全通してから2年後の昭和12年（10・1）、北九州鉄道は国に買収され、国鉄筑肥線となった。

註1　『明治・大正の唐津』　唐津市図書館長、石井忠夫著、昭52、唐津商工会議所発行。
註2　『満島《みつしま》沿革史』　善達司氏執筆。松浦史談会会報『松盧国《まつろのくに》』合本（平6同会発行）所載。
註3　国鉄伊万里駅　伊万里鉄道会社が造った駅。のち九州鉄道会社に合併され、さらにのち国有化され、この時点では国鉄伊万里線の駅。伊万里線はのち松浦線となり、現在は三セク松浦鉄道。

民家のすぐ横を走る機関車。踏切には遮断機がない（昭28。伊万里市大川野踏切）
＊西日本新聞アーカイブ

途中駅なのに行き止まりだった東唐津駅

北九州鉄道会社の線が、東唐津駅から直進して唐津町の中心部に入らず、東唐津駅で回れ右をして松浦川の川沿いに上流の川幅の狭いところへ向かうようになったので、東唐津駅はほかの駅とはいささか変わった駅となった。一種のスイッチバック駅だ。

例えば博多から伊万里へ行く下り列車は、この駅に着くと線路の先端には車止めがあり、その先は駅舎。列車は前へは進めなかった。そこで列車が停車すると、先頭の機関車は列車から切り離され、横に並んでいる線（機回り線）を通って最後尾に回り、それまでの最後尾に連結し、前後が逆になって発車して行く。

ただし、博多へ向かうのではなく、ホームを離れると間もなく右にカーブし、伊万里方面へ走って行くのだった。ディーゼルカーが登場すると、機関車の繋ぎ替えは必要なくなったが、それでも運転士が先頭車の運転台から最後尾の運転台に移動して、逆方向に発車していた。この間、お客はジーッと待たされていた。伊万里からの上り列車も同じ。

*

行き止まり駅だったころの東唐津駅ではいろいろの珍光景も見られた。博多方面から伊万里方面に通しで乗っているお客は、この駅で10分ほど停車したあと、列車が突然後ろ向きに走り出す

現・唐津線、筑肥線、松浦鉄道他

のだからビックリ。

「アレッ、この汽車は博多に戻るの？」

と大あわて。そこでのちには車掌が必ず、

「ここからは列車は反対方向に走ります」

と車内放送で案内するようになった。

＊

また、博多行きに乗ろうと東唐津駅に駆け込んできたお客が、ホームに列車が停車しているので飛び乗り、ホッとしたのはいいが、列車は発車すると伊万里方向に走り出し大あわて、次の駅で降りて舞い戻るということもあった。

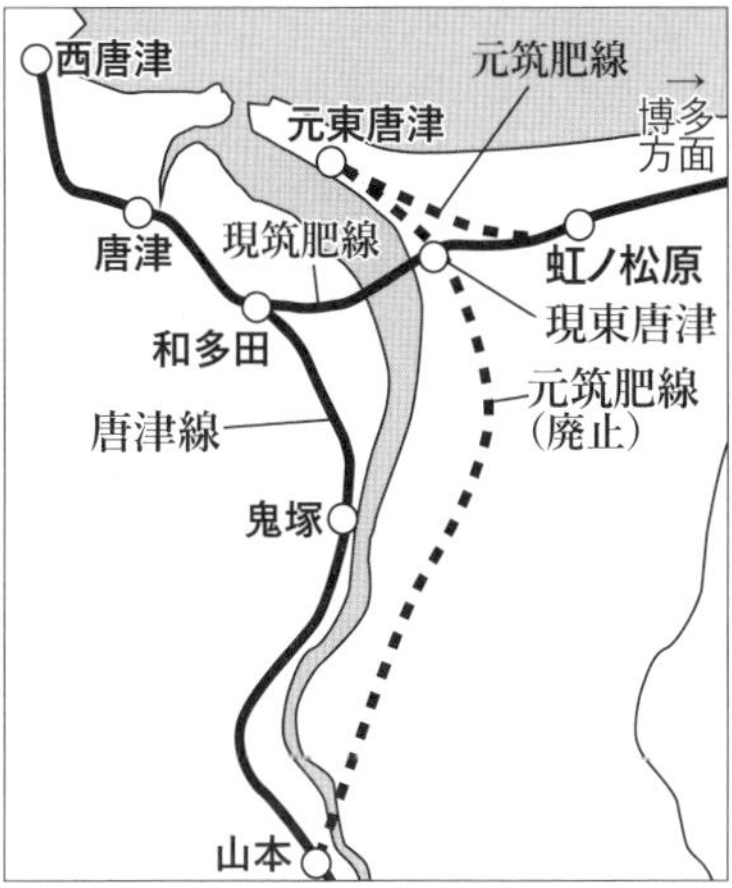

唐津付近の電化前と電化後

列車は博多行きも、伊万里行きも同じように、駅舎、すなわち改札口がある側に尻を向け、向こう側が頭。発車後、博多行きは直進、伊万里行きは右へカーブするが、ホームに着いているときは同じ格好。ほぼ同じ時刻に発車する列車ではたびたびこんなことがあった（かつて東唐津駅員や筑肥線列車の車掌を勤め、のち伊万里駅助役で定年を迎え、唐津市内在住の清水六郎さんの話＝昭56取材）。

＊

この乗り違えにまつわる話は、清水さんが伊万里駅助役になった後もあった。終点、伊万里に着いた列車の客が窓を開けて、

「オイ、博多にはまだ着かんとや！」

と言ったのだ。東唐津から博多行きに乗ったつもりで一眠りしていたら、これが逆方向行きの列車。目が覚めたら反対側の終点、伊万里駅に着いていたのだった。ところがこれは最終列車。もう戻る列車はない。

「それじゃ、あすの一番列車まで待合室でお休みください」

清水助役は酔っぱらい氏の切符を預かって待合室のベンチに寝かせ、翌朝「誤乗」のハンコを押して、伊万里～東唐津間は無料で上り列車に乗せ、ヤレヤレ。

中には「待合室の堅いベンチはイヤだ」と駅員の仮眠室に上がり込み、布団に潜り込んできた客もいて、このときは警官を呼んで仮眠室から連れ出してもらったそうだ。

＊

乗客だけではない。かつては筑肥線もタブレット方式だったから、駅の助役が機関士から前の区間のタブレットを受け取り、次の区間のタブレットを渡さねばならない。ところがどちらに行く列車も同じ方向を向いて停車している。そのため伊万里行き列車だと思って、東唐津～山本間のタブレットを渡したら、博多方面へ向かって走って行った。

驚いた助役さん、すぐ東唐津～浜崎間のタブレットを持ってタクシーに乗り、浜崎駅まで列車を追いかけ、やっとタブレットを交換して駅に駆け戻った（同）。

＊

北九州鉄道が松浦川に鉄橋を架ける金がなかった大正14年から半世紀後の昭和58年（3・22）、国鉄は筑肥線姪浜《めいのはま》駅～西唐津駅間（唐津～西唐津間は唐津線）を電化した。全線のほぼ西側半分の唐津駅～伊万里駅間は非電化のままだ。松浦川には、全長535メートルのコンクリート橋梁が架けられ、姪浜方面[註1]からの線路を唐津市の中心部にある唐津駅に繋いだ。その際、東唐津駅はコンクリート橋梁の手前の高架上に移転した。そのため東唐津駅はもう行き止まり駅ではなく、電車はお客の乗降が終わると、他の駅と同じようにそのまま前進して行くようになった。それまで東唐津駅があったところには唐津ロイヤルホテルが建っている。

姪浜駅では、筑肥線電車と、福岡市営地下鉄と相互乗り入れするようになった。これとほぼ並行路線の筑肥線博多駅～姪浜駅間は廃止された。お客は唐津駅などで電車に乗り、座席に座っていれば、そのまま博多駅（の地下）でも、さらに先の福岡空港（の地下）まででも行けるようになった。また苦肉のルートだった東唐津～山本間は廃止された。しかし、山本駅は唐津線・筑肥線両線の列車が止まる駅として健在。唐津駅から伊万里方面への客は山本駅経由で伊万里駅へ行くようになった（唐津～伊万里間は電化されていないから、ディーゼルカー運行）。

ここまでは唐津線・筑肥線がどう延伸してきたか、を紹介した。

次項からはこの線にあるこのほかの話題の駅を紹介する。

註1　姪浜方面　筑肥線は姪浜駅で福岡市営地下鉄線路と繋がっており、博多駅・福岡空港を含む。

ホームの半分はJR所有、半分は福岡市所有の姪浜駅

筑肥線と福岡市営地下鉄が相互乗り入れをする姪浜駅（福岡市）は、高架（地上8・5㍍）の上に2本の島式ホームがある――と言えば、JRのホームが1本と、地下鉄のホームが1本だな、と思われそうだが、そうではない。2本のホームをそれぞれが半分ずつ所有して、使っているのだ（黒岩宏基駅長の話＝平4取材）。

同駅中央には、東から地下鉄の線路（複線）が延びてきている。駅構内では2番線と3番線になる。そしてその外側に、西から延びてきた筑肥線（複線）が着く。駅の1番線と4番線だ。この1番線（筑肥線）と2番線（地下鉄線）の間に第1ホームがあり、ホームの上には何の区切りもないが、真ん中から1番線（筑肥線）側の半分がJRの所有で、2番線（地下鉄線）側の半分が福岡市の所有となっている。

3番線（地下鉄線）と4番線（筑肥線）の間にある第2ホームも同じ分け方（図参照）。

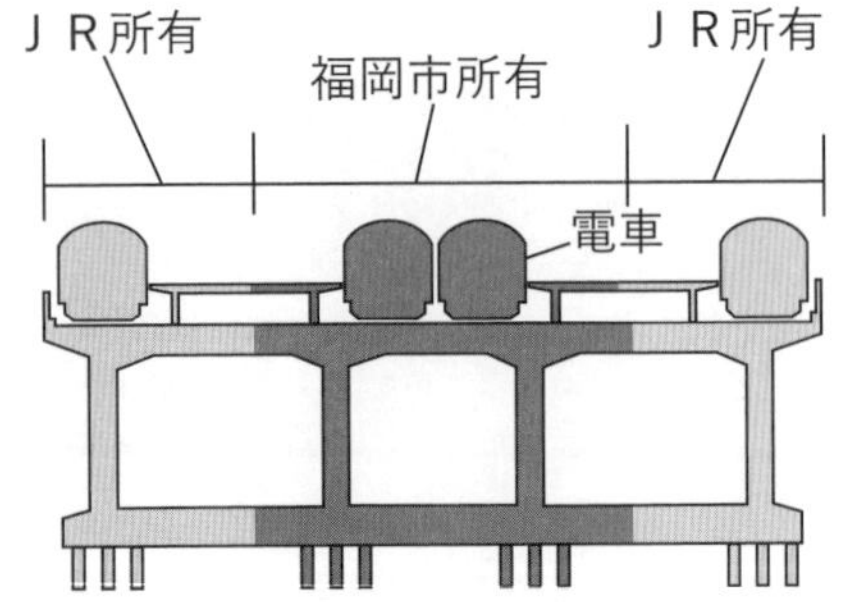

姪浜駅ホームと断面図（国鉄下関工事事務所と福岡市共同作成のリーフレットに加筆）

なお、これは姪浜駅構内でもホーム付近だけの配線を簡潔に説明したものであり、ホームの東側では、筑肥線線路が地下鉄線に合流しているし、ホームの西側では、地下鉄線が筑肥線に合流、あるいは地下鉄車両基地に分岐している。

*

高架の上は縦割りだが、1階のコンコースは横割りになっている。東側が福岡市のもので、西側はJRのもの。コンコースのほぼ真ん中に金属板が一本走っており、これが境界線。キヨスクの売店はこの線をまたいでおり、両方に半分ずつ構内営業料を払っている（宗近誠駅長の話＝平11取材）。

*

コンコースの自動改札機や自動券売機は全部福岡市のもの。そばにいる駅員も市の職員で、市の方の駅長もいる。券売機に入った金は全部市の交通局が持っていく。そしてJRの分はあとでJR九州の本社に支払われる（同）。

魏志倭人伝の伊都国なのに伊都を名乗れなかった筑前前原駅

糸島郡（福岡県）は『魏志倭人伝』の中に出てくるかつての伊都《いと》国であり、明治29年、伊都国の後身、怡土《いと》郡と、その西隣の志摩《しま》郡が合併して糸島《いとしま》郡になった。筑肥線筑前前原《まえばる》駅は糸島郡の中心駅だから伊都駅または伊都前原駅にしよう——と駅所在地の地元、前原市（現糸島市）がのろしを上げた。

駅は大正13年（1924年＝4・1）、北九州鉄道会社の前原駅[註1]として開業しているのに、平成になってなぜ突然、伊都駅を名乗りたくなったのか？　と言うと、このころ福岡市東区の九州大学が同市西区の元岡地区に移転することになり、市がそれに伴う区画整理事業を始めた。そして、その事業名は「伊都土地区画整理事業」と伊都を名乗ったのだ。区画整理事業の中では筑肥線今《いま》宿《じゅく》駅～周船寺《すせんじ》駅間に新駅用地も確保。駅そのものはJRが造るが、区画整理事業事務所では駅名を「仮称・伊都駅」と呼び、リーフレットなどにも印刷した。

これに驚いたのが前原市や前原市商工会。確かに今宿、周船寺《すせんじ》、元岡も、元は糸島郡だったのがのち福岡市に合併したのであり、『魏志倭人伝』が書かれたころは伊都国の一角。しかし伊都国の中心は前原市だ。前原市は、伊都国の名を今宿～周船寺間の新駅に付けるな、と福岡市に申し入れた。そして平成11年、前原市の中心駅である筑前前原駅が橋上駅に建て変わるのを機に、こちらを「伊都前原駅」と駅名変更しようと動き出した。

ところが、このことを市が市民2000人にアンケート調査したところ、64％が反対。理由は「昔から慣れ親しんだ現駅名を変えるな」などだった。市民の意向がこれでは仕方がない。市と商工会は涙を呑んだ。せっかくの「伊都前原駅」はマボロシの駅名で終わった（『西日本新聞』平8～11の第一報および続報による）。

＊

今宿～周船寺間の仮称「伊都駅」は、平成16年（2004年＝9・23）開業したが、正式決定の駅名は伊都駅を避け「九大学研都市駅」となった。結局『魏志倭人伝』の伊都国の名はどこの駅名にも付かなかった。

註1　前原駅　昭12国有化の際、東海道本線の米原《まいばら》駅と発音が似ているので筑前前原駅と改称。

侠客、幡随院長兵衛《ばんずいいんちょうべえ》の名を駅名にした幡随院駅

江戸の侠客、幡随院長兵衛にちなんだ幡随院駅というのが北九州鉄道会社線（現筑肥線）にあった。同社は大正14年、博多～東唐津間を開通させたあと、線を伊万里へ向かって延伸させ、昭和10年（1935年＝3・1）、全通させた。この東唐津～伊万里間の佐賀県東松浦郡相知《おうち》村（相知町、現在は唐津市）久保が幡随院長兵衛の生まれたところであり、この村にできた駅を幡随院駅と名付けた（「幡随院長兵衛」[註1]）。侠客の名が駅名になったところは九州ではここだけ。全国でも珍しかろう。

同文によると、長兵衛の父、塚本伊織は、岸岳城主、波多三河守親の家臣だったが、城主が豊臣秀吉の勘気に触れ、滅亡。家臣の伊織らは浪人となった。伊織はわが子、伊太郎を連れて江戸へ旅発った。ところが伊織は途中、下関で病死。伊太郎は父の遺命に従い、江戸・幡随院の向導和尚を頼り、町人、幡随院長兵衛となって口入れ屋[註2]を開業した。

当時の江戸は、関ヶ原の戦いのあと、戦いの武勲を鼻にかけた不良武士たちが徒党を組んで、

幡随院長兵衛の碑

酒色にふけり、町人に無理難題を吹っかけて回り、苦しめていた（彼らは旗本奴と呼ばれた）。この旗本組と争い、町人を救ったのが、各地で主家を失い、江戸に出てきていた浪人たち（こちらは町奴と呼ばれた）と、人夫口入れ稼業をしていた幡随院長兵衛。そのうちに長兵衛は町奴の頭領となったが、旗本奴の首領、水野十郎左衛門に招かれ、湯殿で謀殺された。しかし弱きを助け、強きをくじいた幡随院長兵衛の話は、歌舞伎、浄瑠璃、講談、小説などで後世まで伝えられた。

生誕の地、相知村久保では、昭和5年、久保の小高い丘の上に「長兵衛公園」が造られ「幡随院長兵衛誕生地」の石碑が建立された（「幡随院長兵衛碑建立秘話」[註3]）。石碑は、高さ6・3㍍、基礎の石積みまで入れると全高15㍍もある立派なもの。そこへ昭和10年、北九州鉄道の線が開通。碑のすぐ下に駅ができることになったので、

「幡随院長兵衛の碑のそばの駅なら、ぜひ幡随院長兵衛の名を駅名にしてもらいたい」

と、地元が要望。同社ではこれを受けて駅名を幡随院駅とした。

しかし、北九州鉄道の経営は苦しく、全通の翌々昭和12年（10・1）、国に買収された。すると

お堅い国鉄は、

「侠客の名前の駅名などまかりならん！」

と、国鉄として営業を開始するその日、肥前久保駅と改称した。現在はＪＲ筑肥線肥前久保駅。

註１　「幡随院長兵衛」　進藤坦平執筆。唐津・松浦郷土会会報『末盧国《まつろのくに》』合本所載。
註２　口入れ屋　人夫を大勢抱え、注文に応じて周旋する元締め。
註３　「幡随院長兵衛碑建立秘話」　塚本三郎執筆。掲載合本は註１に同じ。生誕地については異説もある。

駅構内を道路が突っ切り
真っ二つに引き裂かれた伊万里《いまり》駅

筑肥線の終点、伊万里駅（佐賀県伊万里市）は、平成14年（２００２年＝10・20）に駅のど真ん中を幅30メートルの道路が突き抜け、駅舎も、ホームも、線路も、真っ二つに引き裂かれた。

普通、駅の表側と裏側を結ぶ道路が必要になったときは、線路の下を地下道でくぐり抜けるか、高架で線路をまたぐものだが、ここは平面で駅をブチ抜いたのだ。かつては博多から筑肥線を走ってきてこの駅に着いた急行「平戸」などが、そのまま佐世保・長崎方面へ走っていたが、駅の真ん中付近の線路が切り取られてなくなってしまったから、列車が通り抜けることはできなくなった。

駅をブチ抜く道路を計画したのは伊万里市。駅の北側（市街地側）と南側を広い道路で結び、南側も発展させようと計画したのだった。駅をブチ抜くなんてトンでもない——とＪＲも、松浦鉄道も反対したが、市側が粘り強く説得した。一方鉄道側も、国鉄民営化や、松浦線の松浦鉄

この道路が駅を突き抜け真っ二つになった伊万里駅

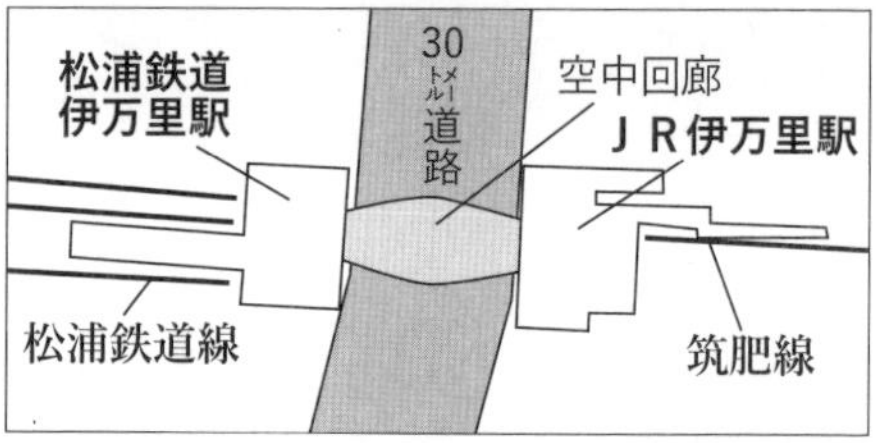

道移管などで、筑肥線・松浦鉄道を通しで走る列車はなくなっていた。道路に引っかかって取り壊される駅舎やホームを元通りにして返すのなら、駅を道路が突き抜けるのを認めようということになった（山口雅儀JR駅長と池田節四松浦鉄道駅長の話＝平12取材）。

これによって伊万里市は駅をブチ抜く30メートル道路を造り、道路の東側にはJR伊万里駅舎を中心とするコミュニティ施設のビル、道路の西側に松浦鉄道伊万里駅舎を中心とするコミュニティ施設のビルと、ほぼ同じ形のツインビルを造った。東側ビルにはJRの切符売り場や改札口などのほか、2階には市民ギャラリーなどがあり、西側ビルには松浦鉄道の切符売り場や改札口、売店、軽食の店、観光案内所、2階は伊万里・鍋島ギャラリーなどがある。両ビルの間（30メートル道路の上）は空中回廊で結ばれている。

ホームも真ん中が30メートル切り取られたので、両社それぞれ独立したホームになった。線路も同じ。そして駅舎・ホーム・線路の跡にはアスファルト舗装された立派な道路が完成した（平16）。

JR筑肥線列車は、唐津から東側ビルのホームに着き、折り返し唐津へ戻って行く。

松浦鉄道の列車は、有田から来て、西側ビルのホームに着き、一部は有田に折り返し、一部はスイッチバックして、佐世保方面へ向かう。

＊

この駅をブチ抜く道路を計画し、事業を進めたのは伊万里市都市開発課長補佐、塚部芳和さんだった。お陰でかつては駅裏と呼ばれて寂しかった地区にも、いまは商業施設が集まり、駅の南北が一体化されて発展。塚部補佐は平成14年、伊万里市長になった（平成30年まで4期歴任）。

＊

伊万里駅は珍しい歩みをつづけてきている。駅を作ったのは伊万里鉄道会社（明31）。しかし2カ月後、伊万里鉄道は九州鉄道に買収され、九州鉄道の駅。さらに九州鉄道は明治40年国に買収されたから、以後は国鉄伊万里駅。昭和63年からは三セク松浦鉄道とＪＲの駅。

国鉄駅時代の昭和10年、この駅に北九州鉄道線（現筑肥線）が延びてきた。しかし、駅舎の改札口のすぐ前の1番乗り場には国鉄の汽車が着発している。だから、あとから入ってきた北九州鉄道の汽車は新たに造られた島式ホーム（2・3番乗り場）に着き、お客は跨線橋を渡って駅舎の集札口に向かわなければならなかった。

＊

このころ国鉄は、旧伊万里鉄道線を国鉄伊万里線と改称して、伊万里駅から西の方、松浦海岸沿いに延ばしていた（完成した区間を部分開業しながら）。また一方、佐世保線の終点、佐世保駅から松浦線の名で、伊万里線の先端に向かって新線を建設していた。両線は昭和20年（１９４５年

＝3・1）佐々～相浦間で繋がり、全線（有田～佐世保間）が松浦線となった。松浦線は石炭輸送がなくなると、昭63年（１９８８年＝４・１）三セク、松浦鉄道に移管された。

松浦線が別会社になると、伊万里駅のご本家はＪＲ。駅舎にはＪＲが入り、改札口の前の１番乗り場もＪＲのもの。ここに筑肥線列車が着くようになった。そして松浦鉄道は駅舎を出て、別棟の小さい建物で業務。列車が着くのも、同じ１番ホームではあるが、駅舎からは少し離れた西の端と、立場は逆転した。

しかし、いまでは、冒頭に書いたように駅のど真ん中を30㍍道路がブチ抜き、道路の東側がＪＲ、西側が松浦鉄道と、ほぼ同じ形のツインビル。もう母屋とヒサシの問題もなくなり、両方は対等の形で落ち着いている。

次項からは松浦鉄道の話題の駅を二つ紹介する。

日本最西端の駅、たびら平戸口駅

日本最西端のＪＲ駅は松浦線平戸口駅（北松浦郡田平町。現在は平戸市に合併）――だった。ところが昭和63年、松浦線が三セクの松浦鉄道に移管された。すると駅名も、たびら平戸口駅と改称された（平１・３・11）。従っていまではＪＲおよび元ＪＲの線で日本最西端の駅はたびら平戸口駅と言わなければならなくなった。

たびら平戸口駅ホームの改札口そばには、

沿道の日の丸に迎えられ松浦線を走る、昭和天皇の「お召し列車」(昭44)

＊西日本新聞アーカイブ

「日本最西端の駅　たびら平戸口駅
　北緯33度21分　東経１２９度35分」

と書かれた大看板が掲げられている。また駅前広場には「日本最西端の駅　藤浦洸」と刻まれた石碑が建っている。藤浦洸は、平戸島出身の詩人で、美空ひばりが歌った「悲しき口笛」などを作詞。さらにＮＨＫの「二十の扉」「私の秘密」のレギュラー出演者で、昭和37年当時は全国的有名人だった。その藤浦洸とは平戸の中学猶興館（現在は猶興館高校）で一期先輩だった梶川財基田平町長が、藤浦洸に揮毫を依頼し、その書を刻んで建立したのがこの石碑（梶川町長の話＝昭55取材）。

＊

駅の開業は昭和10年（１９３５年＝８・６）。誰もこの駅が日本最西端の駅ということに気づかなかった。ところが昭和36年、根室本線の東根室駅が「日本最東端の駅」というキャッチフレーズを使い出した。すると平戸口駅員の中から、

「じゃあ最西端はウチじゃないか」

という声。調べるとその通りであり、同年、駅員たちが「日本最西端の駅」と手書きの木柱をホームに立てた（平戸口駅営業管理係で、田平町議でもある安村豊さんの話＝昭55取材）。

この駅員手書きの木柱を見た梶川町長が、昭和37年（12・15）、藤浦洸揮毫の石碑を造り、木柱に換えてホームに建てた。

しかし、のち（昭52）田平町と平戸島の間に平戸大橋が架けられた。すると平戸島へは車で行く人が増えた。駅としては列車の客を車に取られたのは悔しいが、嘆いてばかりいるよりも「この駅が日本最西端の駅であることを、列車のお客以外の人にも知ってもらおう」と同51年、石碑を駅前広場に移した（山本利郎駅長の話＝昭55取材）。

＊

松浦鉄道になってからの同駅は駅長の１人勤務。石橋達也駅長は列車が着くとマイクをにぎって案内放送、レンタカーの受付、記念切符発売などに大忙し。お客が切符をくださいというのは記念切符のこと。「日本最西端の駅訪問証明書」（２００円）や記念入場券（１６０円）が売られている。改札はしないのだから、本当は入場券はいらないのだが、さすが「日本最西端の駅」――入場には必要ない入場券が売れているのだ。従って券面も表に「入場券」とか「たびら平戸口」と印刷してあるほか、裏には「鉄道日本最西端駅」と印刷してある。もちろん硬券だ[註1]（平11取材）。

改札をしないのだから切符切りのはさみは本来ならいらないのだが、鉄道ファンともなれば、

日本最西端の駅と書かれたたびら平戸口駅

「入鋏《にゅうきょう》（改札口で切符を切ること）をしてもらえませんか?」と来る。そのためJR時代のはさみが残してあり、駅長が机の引き出しから取り出してチョキン。碑が駅前にあるため、マイカーからそれを見て降りてくる人、碑をバックに写真を撮り合ったり、列車のお客でもないのに、駅に来て入場券を買う人もいっぱい（石橋達也駅長の話＝平11取材。入場券などの価格も同年現在）。

＊

平戸口駅が松浦鉄道に移ったので、JR最西端の駅は佐世保駅となった。そこで、佐世保駅にも、「日本最西端佐世保駅」と書き、下に小さく「JR」と書かれた看板が掲げられている。

註1　硬券　自動券売機から出てくる軟券と違い、昔懐かしいボール紙の切符。

線路の下を掘ると地下から昔の駅が出てくる?潜《せん》竜《りゅう》ケ《が》滝《たき》駅

イタリアのナポリでは、地中を掘ると、西暦79年のベスビオ火山の大爆発で埋もれていたポンペイの町が発掘された。日本では線路の下を掘ると、土の中から昔の駅が出土する……はずのところがある。松浦鉄道潜竜ケ滝駅（北松浦郡江迎町。前項の地図参照）の北２００㍍ほどのところがそれ。ここに国鉄松浦線時代の潜竜駅が埋まっているのだ。掘っても駅舎は崩れ落ちて影も形もなかろうが、ホーム、線路、ポイント、信号機などは姿を現すだろう。ただし、こちらのは火山の噴火ではなく、ボタ山崩れで埋まったのだった。

潜竜駅が埋まったのは昭和37年（１９６２年）７月９日だった。西日本全域を襲った長雨（全九州で70余人死亡）で、前日（８日）未明から、潜竜駅の西にある住友潜竜炭鉱の三つのボタ山がジワジワと崩れだしていた。駅員、末永良三さんたちは重要書類などを国鉄猪調《いのつき》寮に運んで帰宅。

翌朝午前５時ごろ、末永さんが起きて、駅に行ってみると、駅は影も形もなくなり、駅があったところは小山になっていた。小山の上に下り３番線の出発信号機の頭が少し出ているのが見えた。信号機は高さ10㍍ほどだから、駅にボタが厚さ10㍍ほども流れ込み駅を埋めてしまったわけだ。線路は駅の前後約５００㍍が埋まり、そばの国道２０４号も約３００㍍にわたって埋まっていた（末永さんの話＝昭56年取材）。

潜竜駅が埋まっている付近

　早速、自衛隊が出動、国道は復旧したが、駅はそこに小山ができたかと思われるほどボタで埋まっており、線路も延長約５００㍍がボタで埋まっている。このボタを全部取り除くには莫大な経費と時間がかかる。その間、列車は不通になったまま――というわけにはいかない。
　そこで国鉄では、ボタを取り除くことはあきらめ、駅は埋まったまま、ボタの小山の上に新しく線路を敷き、新しい駅

雨期を前に線路のレールを移動させる作業員たち。松浦線（昭39）　＊西日本新聞アーカイブ

を造ることにした。その際、元駅があったところは勾配の途中になってしまったので、駅は元の駅より約２００㍍南のほぼ水平なところに造られた（佐世保駅副管理主任、大宅一利さんの話＝昭56年取材）。

こうして駅を埋めたボタの上に仮駅舎が完成。10月1日、列車の運転が再開された。災害以前は線路と国道が同じ高さの平地を通っていたが、線路は山積み状態のボタの上にそのまま敷かれたから、いまでは線路の方が国道より一段高いところになっている。

松浦線は、昭和63年、松浦鉄道に移管、潜竜駅は潜竜ケ滝駅と改称された。潜竜ケ滝駅は埋もれた潜竜駅より南２００㍍の位置だから、いま潜竜ケ滝駅の北２００㍍の、ガソリンスタンドがある付近を掘れば、昭和37年に埋まったままの旧潜竜駅が姿を現すというわけだ。

九州
周防灘
日向灘
別府湾
津久見湾
臼杵湾
姫島
国東半島
両子岳
両子寺
由布岳
鶴見岳
英彦山
九重山
久住山
阿蘇山
祖母山
傾山
行縢山
大分
別府
中津
宇佐
行橋
小倉
門司
下関
八幡
戸畑
直方
飯塚
新飯塚
後藤寺
伊田
日田
夜明
延岡
佐伯
臼杵
津久見
杵築
豊後高田
宇島
高森
宮地
豊後竹田
鶴崎
佐賀関
地蔵崎
鶴見崎
蒲戸崎
細島
富高
高鍋
妻
広瀬
部崎
彦島
上山田
添田
(たこ)
(ふぐ)
(さわら)
(あじ)
(えび)
(いわし)
(さば)
(ぶり)
(かつお)

6

日豊本線とその支線などの話

……現・日豊本線、吉都線、日南線、宮崎空港線他

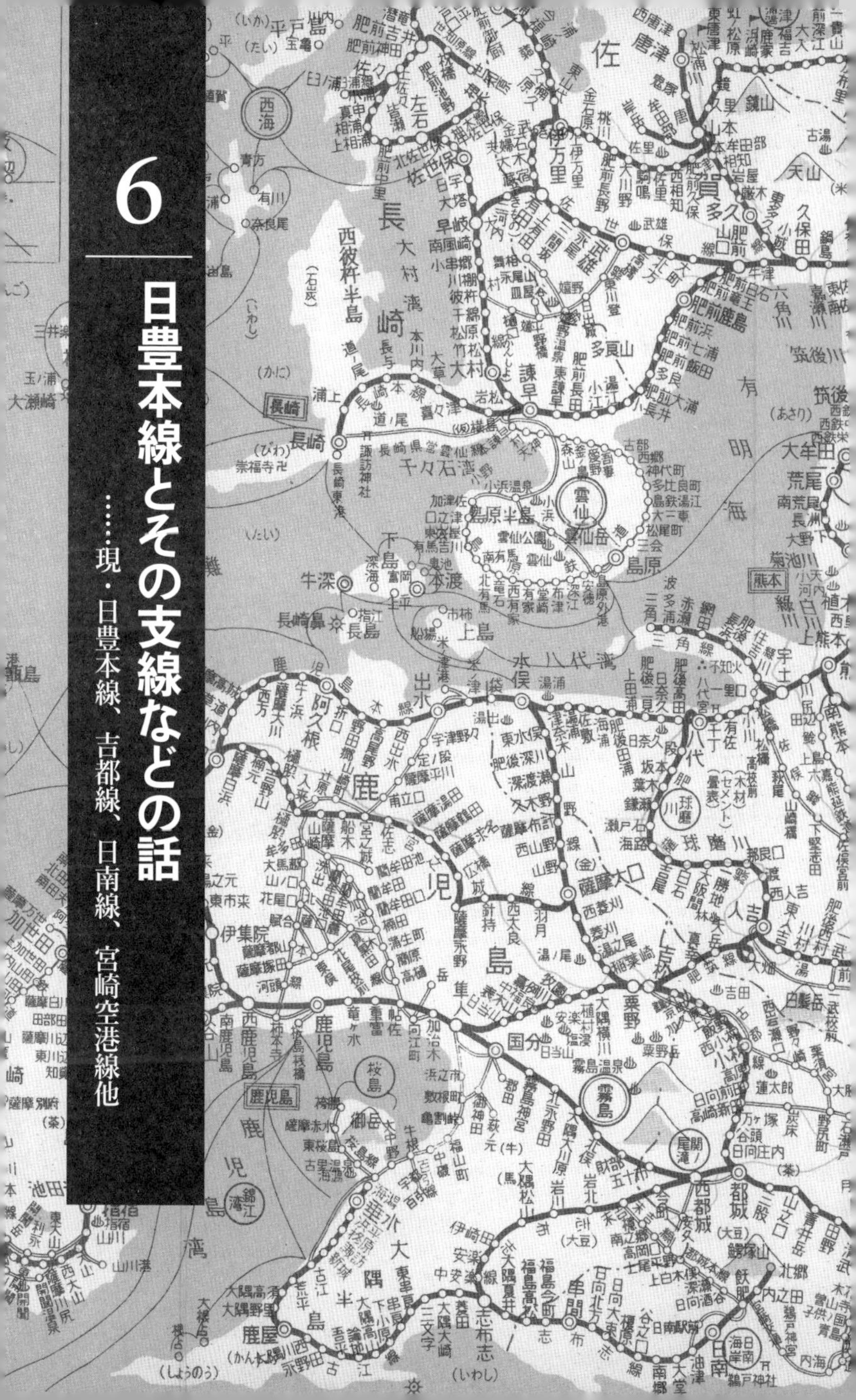

本線は後回しにして支線を先に造った豊州鉄道会社

鉄道会社は普通、本線を造って、あとでそこから分岐する支線を造るものだが、本線をあと回しにして、まず支線を先に造った鉄道会社がある。福岡県京都《みやこ》郡行橋町（現行橋市）に本社があった豊州《ほうしゅう》鉄道会社だ。こんな会社はほかにあるまい。

なぜ豊州鉄道は、本線（現日豊本線）より先に支線（現平成筑豊鉄道田川線）を建設したか？――というと、旅客を運ぶより、石炭を運んだ方が儲かるからだった。当時、筑豊炭田の西半分（直方・飯塚やその周辺）の石炭は筑豊鉄道会社の貨物列車で港（主として若松港）へ運ばれ、ここから機帆船で阪神工業地帯に送られていた。ところが、筑豊の東半分（田川地区）の炭鉱から掘り出された石炭は、近くに鉄道がないため、相変わらず川を舟で運ばれ、量的にも、時間的にも、汽車には遠く及ばなかった。

そこで田川採炭会社が自社の石炭輸送のために九州炭坑鉄道会社の創設を計画した。ところが、これには筑豊鉄道が猛反対をした。ライバル鉄道会社が登場したら、独走態勢が崩れると心配したのだった。田川採炭会社はやむなく会社を豊州鉄道と合併するという形を取り、豊州鉄道が田川採炭会社の石炭輸送を受け持つことになった。

豊州鉄道会社は、本社所在地の行橋町から大分県宇佐郡四日市町（現在は宇佐市）までの本線と、行橋町から福岡県田川郡伊田村（現田川市）までの支線を造る計画を立て、国に申請、明治23年、会社設立と鉄道建設の免許を交付された。免許状の署名は、内務大臣西郷従道（西郷隆盛の弟）であり、明治維新後間もなくの時代をうかがわせる。

免許状が交付されて4年後の明治27年、日清戦争が勃発した。石炭の需要はますます増えた。こうなると、人を運ぶ本線より、石炭を運ぶ支線の方が優先となった（「豊州鉄道[註1]」）。

＊

しかし、貨物列車が伊田駅から行橋駅まで走っただけではどうにもならない。石炭は門司駅（現門司港駅）まで運んで、門司の港で機帆船に積み換え、阪神へ送り出さなければ、炭鉱会社にも、豊州鉄道にも金は入らない。それなら豊州鉄道が行橋～門司間も鉄道を建設すればよさそうに思えるが、この間の門司～小倉間は、九州鉄道が同社本線としてすでに開業している（明24）。また小倉から行事[註2]までも九州鉄道が行事支線として建設免許状を取得ずみだった。同じルートの鉄道建設を豊州鉄道が申請しても政府が認めるはずはない。

そこで両社は協議。その結果、九州鉄道は、明治31年に開通させる予定だった行事支線（小倉～行事間）の工事を繰り上げて、明治28年に開通させることにした（『九鉄報告』）。九州鉄道としても、豊州鉄道線から石炭を積んだ貨物列車がどんどん入ってきて九州鉄道の線路を走れば、運賃が入ってくるのだから大歓迎。豊州鉄道の支線開通に間に合うよう小倉～行事間の行事支線を建設し、予定通り開通させた（明28＝1895年＝4・1）。

行事駅が造られたところは行橋町行事の長峡《ながお》川の手前だった。一方、豊州鉄道が行橋駅を建設中のところは、そこから約４４０㍍先の行橋町宮市《みやいち》。長峡川に鉄橋を架けるには金がかかるから、両社とも敬遠し、九州鉄道は川の手前、豊州鉄道は川の先に駅を造ったのだろうか？

　行事駅の開業式は明治28年4月1日、駅そばの正《しょう》の宮《みや》八幡宮で行われた。式には当時日銀門司支店長だった高橋是清（のち首相）も出席している（『門司新報』明28・4・3付）。

＊

　九州鉄道の行事駅が開業したあと、両社は工事費を負担し合って、長峡川に鉄橋を架け、九州鉄道行事駅と豊州鉄道行橋駅間約４４０㍍の線路を敷き、行事駅開業から4カ月後、行橋駅も開業した（明28・8・15）。

　豊州鉄道行橋駅が開業した日には、この駅から伊田駅までの支線も開通した。これによって伊田発の列車が行橋から九州鉄道線に入り、直接門司まで走れるようになった。同日、九州鉄道行事駅は廃止され、豊州鉄道行橋駅を両社が共同使用することになった（美夜古郷土史学校事務局長、山内公二さんの話＝平10取材）。

　しかしこのとき、豊州鉄道の本線（現日豊本線）は、ただの1㍍もできていなかった。

＊

　当時、両社の共同駅として開業した行橋駅が、現ＪＲ行橋駅[註3]だ。

行橋～伊田間の豊州鉄道支線は、国有化後、国鉄田川線（のちＪＲ田川線）となったが、石炭輸送がなくなると、赤字ローカル線になり、平成元年（１９８９年＝10・1）、地元自治体などがつくった三セク、平成筑豊鉄道に移管され、現在は同社田川線。

註1　「豊州鉄道」　玉江彦太郎執筆『京築文化考』（昭62、海鳥社発行）所載。
註2　行事　行橋町（現行橋市）は、行事・大橋・宮市の三村が合併して町制を敷いたもので、行事・大橋の旧村名から一字ずつ取って行橋町と命名。行事は町の一番北側。
註3　行橋駅　平11、高架駅になり、駅舎の位置も少し西に寄ったが、元々の行橋駅構内。

客車を2両しか持たない鉄道会社が営業できたわけ

豊州鉄道会社は、レッキとした鉄道会社なのに客車を2両しか持っていなかった。

それでも鉄道会社が営業できたのは、この会社が石炭輸送のために作られた会社だからだった。客車は2両しか持たなかったが、その一方、貨車は61両も持っていた。そして蒸気機関車が4両いた（「筑豊石炭鉱業史年表」[註1]）。貨車さえいっぱいあれば、客車はたった2両で十分だったのだろう。

明治28年（1895年）、豊州鉄道の支線（行橋〜伊田間）が開通したときのダイヤを見ると、1日の列車本数は片道4本となっている。下りも同じだ（『門司新報』明治28・8・15付に掲載の九鉄・豊鉄両社それぞれの広告より）。どうやら各列車は、石炭を満載した貨車を十数両連結し、最後尾にポツンと客車が1両繋がれていた、と推定される。2両の客車が1両ずつ、1日に2往復すれば、4往復の全列車に客車が付いていて、旅客も乗ることができたというわけだ。

＊

このように貨車と客車を繋いで1本の列車にしたのを、国鉄では「貨客混合列車」と呼んで、それは太平洋戦争後もローカル線では見られた。九州では昭和55年10月1日ダイヤ改正（国鉄通称、ゴーゴートウ）の前日の9月30日まで、肥薩線人吉～吉松間に毎日四往復走っていたが、この日を最後に姿を消した。

註1　「筑豊石炭鉱業史年表」『香春町史』に所載の豊州鉄道関係事項より引用。

八屋《はちや》町の駅なのに隣の宇島《うのしま》町の名を駅名にした宇島駅

豊州鉄道は、支線（現平成筑豊鉄道田川線）を開通させたあと、本線（行橋～四日市間の計画。現日豊本線）にも着工した。起点、行橋から四つ目の駅は八屋町[註1]に造られたが、駅の名は八屋駅ではなく、隣の宇島《うのしま》町[註1]の名を取って宇島駅と付けられた。

なぜそんな妙な駅名の付け方をしたのか？　というと、ここに駅を造るとき、八屋町に約3町歩（約3万平方メートル）の土地が必要だった。それを故小今井潤治（明10没）という資産家の遺志により遺族が無償で提供した。小今井は八屋町にも土地を持っていたが、自分が住んでいるところは隣の宇島町であり、

「土地は無償提供するが、駅名は自分が住んでいる宇島町の名を付けてもらいたい」

と望んでいた、と遺族が伝えた。

豊州鉄道としてはありがたいことで、小今井の希望に従い駅名は、所在地八屋町の名ではなく、小今井が住んでいる宇島町の名を付けたのだった（崩口《つえぐち》道雄駅長の話＝平3取材）。

＊

八屋町と宇島町は昭和10年、合併し、新町名は八屋町となった。しかし駅名は変更されず、宇島駅のままだった。宇島町はなくなったのに八屋町に宇島駅があるという形になった。

ホームの「ここは豊前市〜」という大看板＝平10撮

その後、昭和30年4月10日、周辺も含め九カ町村が合併して市制を敷くと、今度は旧宇島町側の主張が勝ったのか、市名は宇島市となった。

ところが翌11日の市議会で、一旦決まった宇島市に反対意見。とうとう宇島市でもなく、八屋市でもない、豊前市にすることが可決され、市名は豊前市と改称された（『豊前市史』）。新市が発足4日後にもう市名を変更したとはあまり例があるまい。

＊

お陰で、豊前市の駅なのに宇島駅。これでは豊前市の駅とはいささか分かりにくい。しかも近くに豊前松江《しょうえ》・豊前長洲・豊前善光寺など豊前とつく駅がいくつもあり、駅や車掌の「豊前……」という放送を聞いて下車すると、そこは目指す豊前市ではなかったという誤下車する客がしばしば。
そこで、同駅では、普通の駅名標示板のほかに、
「ここは豊前市、宇島駅」（文言はときどき替わる）
という大看板をホームにぶら下げている。

註1　八屋町、宇島町　ともに築上郡。現在は両町とも豊前市。

問屋の集金人がよく来るようになる……と
鉄道を拒否した高田町

「汽車が走り交通が便利になると、広島の問屋がたびたび売掛金を集金に来るようになるだろうから反対！」

という理由で鉄道を拒否した町があった。大分県高田町（西国東《くにさき》郡＝現在は豊後高田市）だ。こんなユニークな拒否理由はほかにあるまい。

豊州鉄道の本線は、宇島駅からさらに南へ延びて大分県に入ったが、そこでいくつもの地元からいろいろな理由で拒否に遭った。

高田町のほか、終点に予定されていた四日市町（宇佐郡＝現在は宇佐市）も、

「汽車が走るとその煙で農作物が育たないようになる」

と反対。豊州鉄道は、同社本線を、行橋から四日市まで建設するということで、政府から建設

免状を得ていたのに、その終点になるはずの四日市町からさえ拒否されたのだ。

その隣町で宇佐八幡宮のある宇佐町も、

「鉄道建設工事で史跡が破壊されると困る」

と反対。豊州鉄道は、それではルートを少し東寄りにしようかと高田町に打診したのだったが、冒頭のような思いもかけぬ理由での拒否。豊州鉄道は途方に暮れた。

*

しかし少し離れたところではあるが、大分県北でも下毛《しもげ》郡中津町（現中津市）の町長、磯村真五郎は、四日市、宇佐、高田町などとは正反対。鉄道こそ町の発展に欠かせないものという意見だった。磯村は宇佐郡八幡村、東高家《たけい》村、柳ケ浦村の各村長に呼びかけて鉄道期成会をつくり、誘致運動。地元の人たちも用地買収に協力、中には土地を無償で寄付する人もある熱心さ。豊州鉄道はこれを受けて、線路の延伸を進めた。

鉄道賛成の4町村のうち、中津町には中津駅が造られた。

八幡村と東高家村は、ともに鉄道賛成だが、それぞれの村に駅を造るほどの乗客数は見込めない――と言ってどちらかの村にだけ造るわけには行かず、両村の境界に駅が造られた。そして駅名は両村どちらの村名でもなく、四日市駅と付けられた。鉄道を拒否していた四日市町の名が、八幡村と東高家村の村境の駅に付けられたのだ。

しかし、やはり駅の所在地、八幡村と東高家村の人たちは、他町の名が付いた駅名はしっくりこなかったのか、大正8年（6・1）四日市駅は高家郷《たけえのごう》駅と改称された。しかし、これも二村にまたがる駅に片方の村の名を付けたのに八幡村民から異議が出たのか、3カ月後（大8・9・1）再改称して豊前善光寺駅となり、現在に至っている。

＊

終点は、あちこちに拒否されたため大都市ではなく、柳ケ浦《やなぎがうら》村になった。しかし村の名を駅名にしても遠くの人たちには分かりにくかろうと、柳ヶ浦村の駅は、隣の長洲《ながす》町の名を取って長洲駅とされた（『宇佐市史』）。長洲駅はのち（明31・3・1）宇佐駅と改称された。この駅から宇佐八幡宮までは6キロぐらいあるが、この先には線路はないのだから、この駅が宇佐八幡宮最寄り駅だったのだ。

のち豊州鉄道（九州鉄道に合併のあと）が国鉄に買収されると、線は延伸され、宇佐駅ができたので、明治42年（10・15）には再改称されて、ようやく自分の村の名になり現在は柳ケ浦駅。

こうして豊州鉄道の本線（行橋～長洲＝現柳ヶ浦＝間）が明治30年（1897年＝9・25）に開通した（『中津の歴史』[註1]）。

＊

豊州鉄道が長洲駅（現柳ケ浦駅）まで開通したとき、大分県庁所在地の大分町（現大分市）にはまだ鉄道が通っておらず、当然駅もなかった。そこで終点、長洲駅で汽車を降りた人たちで、大分・別府方面に行く人（下車客の大部分）は、駅前から乗合馬車（6人乗り）に乗った。また大分などから北九州・博多・本州などへ行く人は、大分からやはり乗合馬車で長洲駅までやって来た。

そのため長洲駅前には60台の乗合馬車がひしめき、駅前の通りには厩舎兼車庫と馭者《ぎょしゃ》の宿舎が点々と並んだ。また客の中には前夜から来て、翌日早朝の汽車に乗る人もあり、駅前には旅館がぞくぞく建ち、飲食店も次々に出現、柳ケ浦村はたちまちにぎやかな町になった（『宇佐市史』）。

註1　『中津の歴史』　中津市出身で広島大教授、今永清二編、昭55、中津市刊行会発行。

支線列車は小倉へ直行、本線列車のお客は行橋駅で乗り換え

豊州鉄道の本線（行橋～現柳ヶ浦間。現日豊本線）が開通すると、現柳ヶ浦駅発の汽車が、行橋駅から九州鉄道の線に入り、門司駅（現門司港駅）まで走って行くようになった。

ところが本線開業翌々年の『門司新報』（明32・3・14付）に、

〈本月十五日ヨリ汽車発着時刻左之通《とおり》改正シ、従来ノ宇佐[註1]～門司間直通列車ヲ廃止シ、後藤寺～門司間列車直通仕《つかまつり》候《そうろう》、此段広告ス〉

という豊州鉄道の広告が載った。この時点（明32）では行橋～伊田間の支線は後藤寺駅まで延びていたので、上り列車は後藤寺発だった。その後藤寺から支線を走ってきた列車が、行橋駅で九州鉄道線に乗り入れて門司まで行く。そして現日豊本線を走ってきた列車のお客は、行橋駅で降りて、支線から来た列車、または九州鉄道の門司～行橋間列車に乗り換えなさい、ということになった。本線開業時とは逆転だ。

旅客のことを考えれば、本線列車の方が人数も多かろうし、優遇すべきはずだが、そんな旅客

のことより、石炭を一刻も早く港に運ぶため支線の列車を優遇する……とは、やっぱり旅客より石炭輸送を重視した鉄道会社らしい話だった。

註1　宇佐駅　開業時は長洲駅、のち改称してこの広告時点では宇佐駅、現在は柳ヶ浦駅。

宇佐八幡宮の地元に拒否され隣の北馬城《きたまき》村に造られた宇佐駅

豊州鉄道の本線（行橋～現柳ヶ浦間。現日豊本線）が全通しても、大分県の中心都市、大分町（現大分市）や別府町（現別府市）の人たちは、柳ヶ浦村まで乗合馬車で行って、汽車に乗らねばならなかった。これは誠に不便なことだった。

そこで大分県・大分町・別府町は、大分県鉄道期成同盟会を結成して、豊州鉄道の線を終点、現柳ヶ浦駅から大分町まで延伸してもらいたいと、同社に陳情した。ところが、陳情をつづけている間に豊州鉄道は九州鉄道に合併した（明34）。仕方なく同盟会は、改めて九州鉄道に陳情した。また同盟会は九州鉄道への陳情と並行して、同県選出の元田肇[註1]衆議院議員を通じて原敬内務大臣にも陳情した。すると、原敬は九州鉄道の仙石貢[註2]社長と直接交渉。

「九州鉄道に国から１２０万円の補助金を出すから、大分まで延ばしてくれ」

と持ちかけた。政府から補助金が出るのなら……と九州鉄道は延伸を決め、建設のための測量を始めた。ところが、そこに日露戦争（明37～38）が勃発。測量は中断した。しかし戦争が終わると、政府は軍事輸送に鉄道が必要なことを痛感。国は九州鉄道など全国の主要幹線鉄道17社を買収した（明40）。

九州鉄道が国鉄になると、小倉〜現柳ヶ浦間[註3]は国鉄豊州本線と命名され、九州鉄道の測量を国鉄が引き継ぎ、測量が終わると、現柳ヶ浦〜大分間の延伸が着工された（『大分市史』）。

＊

現柳ヶ浦駅から線路を延ばすとなれば、この辺りで一番、汽車の利用者が多そうなところは宇佐八幡宮のある宇佐町（現宇佐市）。ところが、宇佐町は、かつて豊州鉄道が鉄道を建設するとき「大事な史蹟が壊れる」と、鉄道を拒否。そのため豊州鉄道の終点は現柳ヶ浦駅になったのだった。その現柳ヶ浦駅から宇佐町へ鉄道を延ばすのは地形的に無理。線路は宇佐町に一番近いところでも八幡宮から4キロほども離れた北馬城《きたまき》村を通る以外にない。仕方なく北馬城村に駅が造られ、名前だけは宇佐駅と付けられた。開業は明治42年（1909年＝12・21）だった。しかし、なにしろ隣村だから、宇佐八幡宮参拝客や宇佐町に用のある人は、駅から約4キロの道をトボトボと歩かねばならなかった（『宇佐市史』）。

＊

北馬城村の宇佐駅から宇佐町の宇佐八幡宮まで4キロも歩くのは誰にとってもつらかった。

また明治時代に「汽車が走り交通が便利になると、広島の問屋がたびたび売掛金を集金に来るようになるから反対」という理由で鉄道を拒否した高田町の人たち（267ページ参照）も、遠くを走る汽車を見ているうちに、やはり鉄道が欲しくなってきた。そしていまさら国鉄を誘致する

『郷愁のローカル線　宇佐参宮線』所載の地図に加筆

ことはできないけれど、せめて国鉄の駅と自分たちの町の間に小さい軽便鉄道でも走らせたいものだ、という気運が盛り上がってきた。

　そこで国鉄柳ヶ浦～宇佐間が開通した翌々年の明治44年、宇佐・高田両町の有志たちが、宇佐八幡宮前～国鉄宇佐駅～高田町間に軽便鉄道を走らせようと宇佐参宮鉄道会社を創立し、大正4年、着工。全線の線路敷設や駅設置とともに、国鉄宇佐駅のホーム脇に宇佐参宮鉄道のホームも造り、国鉄列車からの乗り換えも簡単にできるようにし、大正5年（1916年＝3・1）、全線開通した（『郷愁のローカル鉄道宇佐参宮線』[註4]）。

＊

　また同じく鉄道を拒否した四日市町も、このころにはやはり鉄道が欲しいと考えが変わり、地元の有志たちが明治45年、日出生《ひじゅう》鉄道会社を設立した。そして大正3年、国鉄四日市駅[註5]から日出

現・日豊本線、吉都線、日南線、宮崎空港線他

生台鉄道四日市駅[註6]経由で新豊川までの軽便鉄道を開通させた。線は少しずつ部分開業しながら延伸し、大正11年（1922年＝2・4）、国鉄四日市駅から二日市駅まで全通した（同）。

かつて鉄道を拒否した宇佐・高田・四日市町も、結局あとで鉄道が欲しくなり、3町とも国鉄駅から自分の町まで延びる軽便鉄道を造ったとは皮肉なことだった。

＊

太平洋戦争中の昭和19年、国の命令で地方鉄道会社の統合が進められ宇佐参宮鉄道・日出生鉄道会社を含む大分県北6社は合併させられ、大分交通会社となった。そして旧宇佐参宮鉄道は大分交通参宮線、旧日出生鉄道は大分交通豊州線となったが、戦後はバスの時代となり、豊州線は昭和28年廃止。参宮線も同40年廃止された。

＊

宇佐参宮鉄道（のち大分交通宇佐参宮線）が使っていた蒸気機関車は、九州鉄道会社のお古。例えば九州鉄道が明治27年（開業5年目）ドイツのクラウス社から輸入して現鹿児島本線などで列車を牽引させていた10形26号などだった。この蒸気機関車は、昭和40年、大分交通宇佐参宮線が廃止になった後は、宇佐市指定有形民俗文化財として、宇佐八幡宮参道わきに展示・保存されている（同）。

なお、ここに出ている柳ヶ浦・八幡・東高家・四日市・宇佐の各町村は現在では宇佐市。高田町は豊後高田市になっている。

註1　元田肇　衆議院議員、のち（大10）鉄道大臣。

註2　仙石貢　九州鉄道2代目社長、のち（大13）鉄道大臣。

註3　小倉〜現柳ヶ浦間　行橋〜長洲間を開業した豊州鉄道は、明34九州鉄道に合併したので、九州鉄道がすでに開業していた小倉〜行橋間と合わせて小倉〜現柳ヶ浦間が九州鉄道の線となった。豊州鉄道の終点駅は、開業時は長洲駅だったが、のち宇佐駅となり、さらにのち柳ヶ浦駅とたびたび改称しているので、いつの時代も現柳ヶ浦駅と表記。

註4　『郷愁のローカル鉄道宇佐参宮線』大分合同新聞出版編集委員、清原芳治著、平15、同新聞社発行。

註5　国鉄四日市駅　四日市町ではなく、八幡村と東高家村の境界線上に造られた駅。現豊前善光寺駅。

註6　日出生台鉄道四日市駅　これは四日市町に新設。

九州で初めて電車が走った
大分町〜別府町間

話は豊州鉄道会社が現柳ヶ浦駅から先への延伸を頷《うなづ》かないでいるころに戻るが、そのころ大分町には、陳情とは別に地元の鉄道会社をつくろう、という動きもあった。

まず明治30年には、大分町に、南豊鉄道会社が創立された。そして同社は大分から鉄道を建設していって豊州鉄道の終点、現柳ヶ浦駅に繋ごうと計画した。そうすれば豊州鉄道の汽車がこの南豊鉄道の線に乗り入れ、大分まで走ってきてくれるだろう——という考えだった。ところがこのころはあいにく日清戦争（明27〜28）後の不景気。思うように資金が集まらず、同31年、同社

現・日豊本線、吉都線、日南線、宮崎空港線他

豊州電鉄が走らせた大別電車（明41）
＊西日本新聞アーカイブ

は解散した（『大分県の歴史・第8巻[註1]』）。

＊

つづいて同年、二豊興業鉄道会社が創立された。この会社は大分から鉄道を延ばすのは南豊鉄道と同じだが、北の端は豊州鉄道の終点、現柳ヶ浦駅ではなく、高田町。そして一方、大分から南西へ延ばして竹田町[註2]までというかなり長いルート（同）。

＊

また同年、九州東南鉄道会社も創立された。これは南豊鉄道会社と同じく大分〜現柳ヶ浦間という計画。しかし、これらはいずれも鉄道を建設するところまではこぎ着けられなかった（同）。そこでせめて大分と別府の間には交通機関を誕生させようという気運になった。

そして大分〜別府間に馬車鉄道を走らせようと馬車鉄道会社の設立が県に申請された。また同じころ、同区間に電車を走らせようと電気鉄道創立事務所が開設された。これなら地元の財力でも実現可能のようだが、同じ区間に馬車鉄道と電車が並行して走っては共倒れになってしまいそう。そこで大分県が両社に協議をさせ、共同経営で豊州電気鉄道会社が創立され、明治33年（1900年＝5・10）大分〜別府間に電車が走り出した（同）。

＊

そのころの九州の他都市を見ると、福岡市に福博電気軌道会社（のち五社合併して現西鉄）の電車が走り出したのは明治42年であり（『西日本鉄道70年史』＝昭53、同社編・発行）、大分〜別府間の電車はそれより9年も早かった。大分〜別府間の電車は九州第1号だった。

現・日豊本線、吉都線、日南線、宮崎空港線他

九州初の電車を走らせた豊州電気鉄道は太平洋戦争中に他の私鉄と合併、大分交通となったが、路面電車は次第に衰退、大分交通の別大電車も昭和47年（4・5）に廃止された。

＊

註1　『大分県の歴史・第8巻』　大分大教授、富来隆著、昭53、大分合同新聞社発行。

註2　竹田町　現竹田市。現在は豊肥本線豊後竹田駅がある。

記念の苗木が大木になり 新駅舎が建てられなかった大分駅

豊州本線（現日豊本線）に話を戻すと、明治42年、宇佐駅まで開通したあと、少しずつ部分開業しながら延伸。明治44年（1911年＝11・1）、大分駅まで開通した。大分駅が建ったところは田んぼの中で、周辺には家もなく、駅構内と周辺を区切る柵もなかった（『大分県交通史』[註1]）。大分駅に着く客車は、横腹に1両あたり数カ所の乗降口があり、乗客はそこから乗降し、他の席へは移動できなかった。各ドアの掛け金は、外から駅夫（現駅務係）が締めていた。このころ、鹿児島本線などの客車は1両に2カ所の乗降口から乗り通路を通って座席に座っていたが、大分駅にはまだ初期の客車が着いていたのだった（同）。

いよいよ鉄道が開通するというので、大分町はこの年の4月1日、周辺町村を合併して、大分市になった。県庁所在地が明治の終わり近くまでまだ町だったとは、驚かされる。

*

大分駅が開業したとき、これを記念して駅前に、高さ30センチの小さい楠の苗木が植えられた。ところが、それから50年後の昭和33年、大分国体が開かれ、天皇・皇后両陛下が大分駅に降りられることになった。両陛下が降りられるというのに、明治時代に建てられた木造平屋の駅舎ではあまりにもみすぼらしい……と国鉄は駅舎を鉄筋コンクリート3階建てのビルに建て替えることになった。――と言っても駅は1階だけで、2~3階は大分鉄道管理局（現ＪＲ大分支社）。

それはいいのだが、駅ビルとなると、木造平屋だった駅舎よりも相当に広い敷地に建つことになる。そしてこのとき、あの50年前、駅前に植えられた高さ30センチの楠の苗木は高さ20メートル、直径1・3メートルの大木になっていた。こんな大木が立っていては駅ビルは建てられない。しかし「駅ビル建設に邪魔だから」と記念の木を切り倒してしまってはバチが当たるのではないか？　と駅および分鉄局は縁起を担いだ。

考えに考えた末、木を切るには切ったが、それを材木にして駅ビルの屋上に「鉄道神社」を造った。また木の一部では白黒一対の翁《おきな》の面も作った（佐藤晃平駅長の話＝平12取材）。国鉄がＪＲになったあとのいまも、屋上の鉄道神社は祀りつづけられ、お面はいまも駅長室に飾られている。

この大分駅ものちに取り壊され、高架駅に建て替えられ、平成24年に完成した。駅の前後3・6キロも連続高架になり、日豊本線・久大本線・豊肥本線の3線とも高架上のホームに発着している。

註1　『大分県交通史』昭53、九州交通新聞社編・発行。

都城《みやこのじょう》町に歩兵連隊が設置されたとたんに着工された宮崎線

明治44年（１９１１年＝11・1）現日豊本線（当時は豊州本線）が、小倉から大分まで開通したが、その南隣の宮崎県は、九州7県のうちでただ一つ、県内にほとんど国鉄が走っていない県だった。ホンの少しは通っていたが、それは現肥薩線（当時は鹿児島本線）が、熊本県から鹿児島県に入る途中、宮崎県西諸県《もろかた》郡真幸《まさき》村（現えびの市）を通る数キロで、そこに宮崎県唯一の国鉄駅、真幸駅があった（１７０ページ参照）。

もちろん、宮崎県の人たちは、宮崎県にも汽車を走らせてもらいたい……とは思っていて、明治24年、宮崎県会で「治水並びに鉄道路線調査の儀」が可決され、政府に提出された。

わが県にも鉄道を、という国への陳情・要望などは全国的に他の県からも出た。そこで政府は明治25年、鉄道敷設法を成立させた。しかし、予算は限られているので、全国一斉に建設することはできず、全国の必要な線を、第1期線（法施行日から12年以内に着工する線）と、第2期線（12年以後着工）に分けて法の別表に織り込んだ。そして宮崎線は第2期線の方に入っていた。12年以後に着工——ではたまらない。宮崎県会は、これをぜひ第1期線に繰り上げてもらいたいと運動をしたが、そのうちに日清戦争が始まり、国の予算はもっぱら軍事費に充てられ、宮崎県内に鉄道が走るのはいつのことやら……という状況だった（『宮崎県史』）。

＊

ところが明治42年、宮崎県都城《みやこのじょう》町（現都城市）に歩兵第64連隊が設置された。すると国の態度は一変した。歩兵連隊のためには鉄道が必要だということになったのだ。そしてたちまち鉄道建設が決められた（『都城市史』）。鉄道建設にも軍隊の力がこれほど強かったのかと驚かされる。

連隊設置の翌43年、国は、国会で宮崎線という線名の鉄道を敷設する予算など諸議案を可決した。そしてさらに翌々44年には鉄道建設工事が着工された。ナンと明治24年の県会決議以来20年間陳情をつづけても実現しなかったのが、歩兵連隊設置の2年後には工事の槌音が響きだしたのだった。

＊

宮崎県に鉄道を延ばす——といえば、いまの常識なら大分まで延びてきている豊州本線を南へ延伸と思われそうだが、鉄道建設の目的が歩兵第64連隊のいる都城町へ汽車を走らせろというのだから、ルートは全然違っていた。都城へ行くのに一番近い拠点駅は、現肥薩線（当時は鹿児島本線）の吉松駅（前記真幸駅の一つ南の駅。機関区などもある。鹿児島県吉松村＝現湧水町）。ここから線を分岐させ、線名は宮崎線。まず都城町へ延ばし、そのあと宮崎町へも延伸することにした。工事は開通区間を部分開業しながら進み、大正2年（1913年＝10・8）吉松から都城まで開通した。

反対派を議場外に呼び出して その隙に可決した宮崎県営鉄道

国鉄が、現肥薩線吉松駅から分岐して都城駅経由、宮崎までの宮崎線建設を始めたころ、宮崎県知事、有吉忠一は、宮崎県内にもっと汽車を走らせたい、と考えた。そして国鉄線が延びてこないところには宮崎県営鉄道を造ろうと、大正元年、県会に県営鉄道建設案を提案した。

県営鉄道のルートは国鉄宮崎線の終点である宮崎駅から北へ向かって線路を敷き、途中から西へカーブして妻（現西都市）まで。軌間は国鉄と同じ3フィート半（1067ミリ）。国鉄と同じ軌間の県営鉄道を造って汽車を走らせていれば、そのうちに国鉄の汽車も宮崎駅からこの県営鉄道の線に乗り入れてくるだろう。そうなれば国鉄が計画している宮崎線（吉松〜宮崎間）よりもっと長い区間を国鉄列車が走る。あるいは同じ軌間なら国鉄が買い上げてくれるかもしれない、と知事は考えた。

県営鉄道計画はもう1カ所あり、それは飫肥《おび》〜油津《あぶらつ》間（日南海岸一帯）。こちらは国鉄線との結節は考えず、日南海岸だけの交通機関。軌間の狭い軽便鉄道（2フィート半＝762ミリ）。

ところが議員の中には、

「採算の取れぬ事業に手を出すな」

と反対論者もあった。採決前の議会の空気は15対15。そこで反対派の1人、加藤欣哉を、賛成

派の児玉織（のち議長）が、

「畜産関係のお客さんが来ているよ」

と議場外に呼び出した。「ありがとう」と言って加藤議員が廊下に出たが、誰も姿が見えない。狐につままれたような顔で議場に戻ると、ナンとそのスキに議案は採決され、一票差で県営鉄道創設は決まっていた（『日南市史』）。

ずいぶん乱暴な採決だが、そんな方法でも採決の結果が無効にならなかったのだから、昔の議会はおおらかなものだった。

駅はできたのに
国鉄列車がやって来なかった国鉄宮崎駅

現肥薩線吉松駅から延びてくる宮崎線の終点、宮崎駅は、大正2年（1913年）12月15日、開業したが、この日この駅に国鉄列車はやって来なかった（川畑義弘駅長が同駅保管の筆書き『宮崎駅日誌』を基に説明＝昭54取材）。国鉄の駅が開業したのに、国鉄の列車が着かないとは、一体どういうことだろう？

理由は、終点、宮崎駅は開業予定日に完成したのに、吉松から都城経由で宮崎へ向かって建設中の線路はまだ宮崎駅まで延びてきていなかったのだ。

なぜか？　というと、都城から宮崎までの途中に青井岳という難所があり、工事がこれを越えるのに四苦八苦。巨木を伐採し、山を削り、トンネルを掘り、橋を架け、線路敷設は1日わずか2《メートル》足らず（原文は五呎《フィート》八吋《インチ》）しか延びなかった（『宮崎線建設工事一覧』[註1]）のだから仕方がなかった。

それならば駅の開業を遅らせればよさそうなもの。それでも開業したのは、前項で紹介した宮崎県営鉄道（宮崎〜妻間）が、この日、予定通り国鉄宮崎駅を起点に途中の広瀬駅まで開通していたからだった。国鉄宮崎駅を起点として宮崎県営鉄道の汽車が発車する。当然お客は乗る。だから切符も売らなければならない。改札もしなければならない。駅は開け、駅員が仕事をしなければならない。そこで国鉄宮崎駅を宮崎県が有料で借り受け、県営鉄道の職員を勤務させたのだった（『宮崎駅日誌』）。

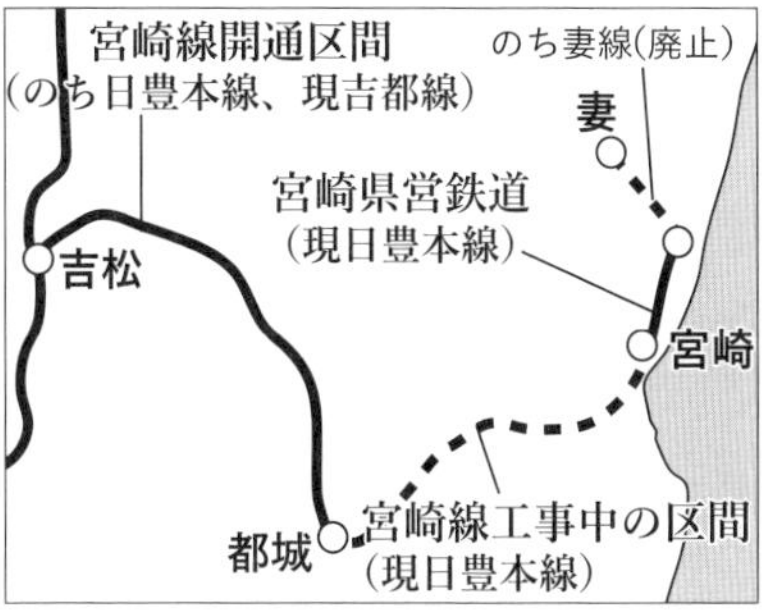

大正2年ごろの宮崎付近

＊

都城方面から宮崎への線路がなかなか延びて来ないので、国鉄は、終点の宮崎駅から都城方面へ向かっても線路敷設を始めた。両方から線路を延ばしていって繋ごうというわけだ。そして大正4年（3・20）、宮崎駅から南隣の大淀駅（現南宮崎駅）を経て清武駅まで完成させた。しかし、まだ都城方面からの線路とは繋がってはいない。従って国鉄の列車は入ってこない。

ところが、宮崎県営鉄道の汽車は、この時点では、国鉄宮崎駅から北へ終点の妻駅まで全通していた。そこで県営鉄道は汽車を宮崎駅から南へ延伸工事中の線路に乗り入れさせ、清武駅まで走らせた。そのため妻～宮崎～清武間を汽車が走った。国鉄は宮崎～清武間の線路も、県に有料で貸した（県営鉄道に就職、国有化後は国鉄に移って車掌・駅員などとして勤務した佐土原町在住、落合五郎さんの話＝昭54取材）。

＊

大正5年4月には線路は清武から少し先まで延びた。すると県営鉄道はその先端に大久保仮停車場を県費で造り、列車をそこまで運行した（同）。国鉄の線路に県営鉄道の駅が設けられたわけだ。こんなこともほかには例があるまい。

＊

そんなことをやっている間に、国鉄の線路建設工事は少しずつ進み、都城方面から東へ延伸されていた線と、宮崎駅から西へ延ばしていた線が結節。大正5年（1916年＝10・25）吉松～都城～宮崎間が晴れて開通した。宮崎・大淀・清武の3駅は県から国鉄に返還され、国鉄列車が着発するようになった。

県営鉄道の客車は、いまのように車内を通り抜けられる型だったが、国鉄の客車は車内を通り抜けられず、駅に着くと、車掌や駅員が外から各ドアの掛けがねを外して回っていた（同）。大正時代だというのに、宮崎線には明治時代の古い客車が走っていたとは恐れ入る。

＊

宮崎線が全通した翌年（大6・9・21）、有吉知事の狙い通り、国鉄は県営鉄道を買収した。そして県営鉄道時代の広瀬・福島両駅を廃止、中間に広瀬駅（のち佐土原駅と改称）を造り（野口信

国鉄時代の宮崎駅。駅ホームに積まれた小荷物の山（昭35）　＊西日本新聞アーカイブ

男佐土原駅長の話＝昭54取材）、広瀬～妻間を妻線[註2]、吉松～宮崎～広瀬間を宮崎本線と改称。宮崎本線は北へ向かって延伸、豊州本線が延びてくる先端を目指した。

*

もちろん、豊州本線（それまでは小倉～大分間だった）も南へ延伸工事を進め、大正12年（1923年＝12・15）、重岡（大分県）と市棚（宮崎県）の間で、南から延びてきた線と繋がった。全通を機に線名は日豊本線と改称された。日向（宮崎県）の「日」と豊州（大分県）の「豊」を取って作られた線名だ。

*

全通と同時に宮崎町は宮崎市になった。明治22年、わが国に県市町村制が敷かれたとき、九州では大分と宮崎だけは県庁所在地が町だったが、両町とも鉄道開通が縁で市になっている。

註1　『宮崎線建設工事一覧』大5、鉄道院鹿児島建設事務所編・発行。

註2　妻線　宮崎県営鉄道は大2・12・15宮崎～広瀬間を開通、大3・6・1終点、妻まで全通。国が買収後の大11・8・20杉安まで延伸、国鉄妻線は宮崎～杉安間となったが昭59・11・30廃止。

国都《こくと》線ができたので
小倉～鹿児島間になった日豊本線

大正12年（1923年）、日豊本線が全通したが、このときの日豊本線は前項までに紹介したよ

現・日豊本線、吉都線、日南線、宮崎空港線他

うに、鹿児島本線小倉駅から分岐し、大分・宮崎などを経由して現肥薩線（当時は鹿児島本線）吉松駅までだった。

大分・宮崎県内各地から鹿児島方面に行く人はこの日豊本線を利用していたが、線の終点が吉松だから、列車も大部分が吉松止まり[註1]。鹿児島へ行く人は、吉松駅で現肥薩線列車に乗り換えねばならなかった。

そこで鹿児島へ行く人たちは「日豊本線で鹿児島へ直行できるようにして……」と国鉄に運動をした。国鉄はこれを承《う》けて日豊本線の都城駅と肥薩線の国分駅を結ぶ国都《こくと》線という短絡線を造ることになった。こうすれば日豊本線列車は都城から、国都線を通って鹿児島へ直行できるようになる。

＊

都城と国分間を結ぶから国都線と書いたが、細かく言うと東側は都城ではない。当時、都城から南へ志布志《しぶし》線（大14全通、昭52廃止）が開通していたので、その最初の駅、西都城から線（部分開業しながら延伸中は国都東線《とうせん》という線名）を建設すればよかった。従って国都東線は西都城からの線ということになる。

＊

また国分駅の方も説明がいる。確かに着工時の国都西線《さいせん》の起点は国分駅だが、これはいまの国分駅ではない。いまの隼人駅だ。

なぜ起点駅名が変わったかというと、元の国分駅は国分町に造られた駅ではなかったのだ。この駅は明治34年、鹿児島から延びてきた鹿児島線の駅だった。駅ができたところは鹿児島県姶良《あいら》郡西国分村だったが、この線は、この駅から左カーブして吉松方面へ延伸[註2]されるもの。従って西国分村より東にある国分村（大15から国分町、のち国分市）へも、東国分村へも延びない。そこで国分地区ただ一つの駅なら、西国分村の駅でも国分駅にしようということになったと考えられる（隼人町教委社会教育主事、西一声さんの話＝昭55取材）。国分町にない国分駅というわけだ。

ところが、ここへきて国都西線の建設。国分駅から東側に線路を延ばすと、まず国分町に入る。そして当然、ここに駅設置（昭4・11・24）。すると国分町だから国分駅。それにより元西国分村の国分駅は西国分駅と改称された。西国分村は昭和3年から隼人町[註3]になっていたが、まだ1年目でなじみのない人が多かったのか、旧村名の西国分駅。それからまた1年たった昭和5年、もうそのころは新町名がなじまれていたらしく、再改称されて隼人駅となった（同）。こういういきさつで旧国分駅は隼人駅になり、町名と駅名が同じになった。

＊

昭和7年（1932年＝12・6）国都東線と国都西線は結節、すなわち国都線が全通。すると国都線は日豊本線に組み込まれた。同時にそれまで肥薩線の一部だった現隼人〜鹿児島間も日豊本線に組み込まれ、日豊本線は小倉〜鹿児島間という現在の姿になった。肥薩線は八代〜隼人間となった。

昭和7年以後の日豊本線は全長約462キロ。九州で一番長い線となった。

この章のここまでは日豊本線がどう延びたかを紹介した。次の二項はその支線のこと。

註1　吉松止まり　当時の時刻表（復刻版）によると、吉松に着く日豊本線列車は8本。このうち肥薩線に乗り入れて鹿児島まで行くのは2本だけ。

註2　吉松方面へ延伸　鹿児島から当時の国分まで延びてきた鹿児島線は、吉松方面へ延伸。八代から南へ延びてくる人吉線と繋がって当時の鹿児島本線（現肥薩線）となる。

註3　隼人町　平17、国分市・隼人町などは合併して霧島市となった。

車の入る道があるのに
鉄道院総裁を駕籠《かご》で運んだ日南線陳情

宮崎県が二つの県営鉄道を造り、うち一つは国に買い上げられて日豊本線の一部と妻線になったことを前に紹介したが、もう一つは飫肥《おび》〜油津間だった。こちらは国鉄線と繋ぐつもりはなかったから、軌間2フィート半（762ミリ）の軽便鉄道。宮崎〜妻間と同じ大正2年（8・15）開通。「マッチ箱のよう」と地元の人に言われた小さい蒸気機関車が短い列車を牽引して走った（『日南鉄道史』[註1]）。

＊

また県営鉄道と同じころ、宮崎町には私鉄の宮崎軽便鉄道会社[註2]が創設された。この会社は国鉄大淀駅（現南宮崎駅＝宮崎郡大淀村、現在は宮崎市）構内に同社の起点、赤江駅を造り、ここから日南海岸の内海《うちうみ》駅（青島村＝現在は宮崎市）まで線路を敷き、大正2年（10・31）、軽便鉄道を開通させた（『宮崎交通70年史』[註3]）。

＊

この両軽便鉄道により、地域の足は確保されていたが、日南海岸の人、とくに宮崎県南那珂《なか》郡（現日南市一帯）の人たちは、日南海岸全体に国鉄を走らせて欲しい——と運動をした。そして大正10年、鉄道院総裁、床次《とこなみ》竹二郎が朝鮮（現韓国）視察から門司港に帰って来ると、そこに南那珂郡会[註4]議長、鈴木得一らが待ち受け、有無を言わさず宮崎県に連れてきた。

そして宮崎では田野〜飫肥《おび》間に車が走れる県道があるのに、

「車は入りませんので……」

と、江戸時代の駕籠、それも伊東藩の殿様が使った駕籠を持ってきて総裁を乗せ、エッサエッサと山越えをした。駕籠の前には郡会議員たちがお先払い。駕籠の後には県知事、県選出の国会議員、県議、町村長たち、合計約20人がズラリ。黒塗りの駕籠には伊東家の家紋が金色に映えて、大名行列そのままだった（『日南鉄道史』）。

総裁は、

「この時代にこんな不便なところがあるのか」

とうなった（『日南市史』）。

夜は飫肥町の山波楼で盛大な総裁歓迎会。床柱を背にした総裁の前には60人分の政友会入党届が差し出され、さらに後日、４０００人分の入党届も送られた。

＊

ずいぶん手荒いご案内で、総裁をうならせたが、実現した日南海岸鉄道工事は、日豊本線の大

現・日豊本線、吉都線、日南線、宮崎空港線他

淀駅から日南海岸に線を延ばすのではなく、志布志線延長という方法で進められた。すなわち日豊本線の都城駅から分岐して南へ、志布志まで志布志線を建設。その志布志線を志布志から日南海岸を北へ向かって延ばし、大淀駅に繋ぐというものだった。この計画に従って工事は進められ、まず大正14年（1925年＝3・30）都城〜志布志間が開通。志布志から日南海岸を北へ向かって延伸してくると、昭和10年、国鉄はこの県営鉄道飫肥〜油津間全線を買収、線路は剥いで、軌間が1フィート広い国鉄規格の線路を敷いた（『日南市史』）。

また太平洋戦争後の昭和37年には宮崎交通会社線（元宮崎軽便鉄道線）も国鉄が買収、改軌、一部はルート変更などを

頭端駅になった志布志駅

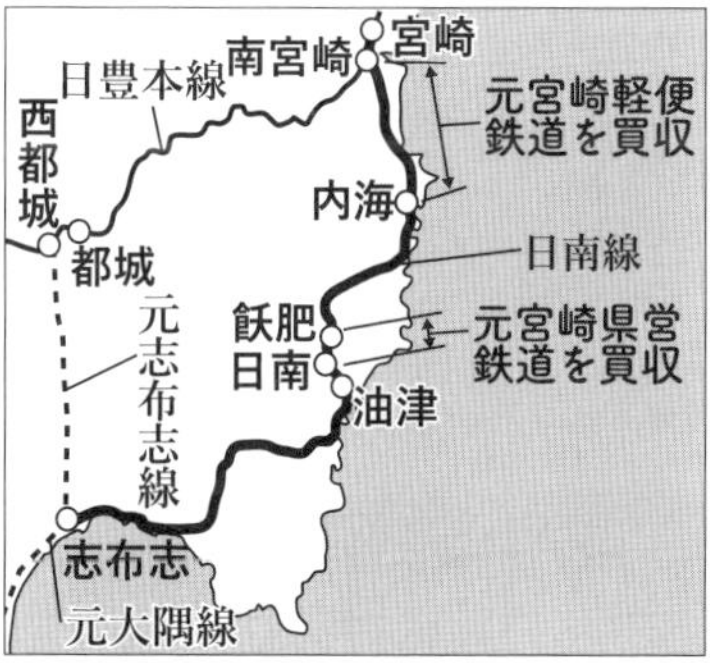

日南線略図

して、同38年（１９６３年＝５・８）南宮崎駅（大淀駅は昭17南宮崎駅と改称）に結節、全通させた。全通を機に志布志線は都城～志布志間だけとなり、志布志～南宮崎間は日南線と命名された（『宮崎交通70年史』）。有吉知事が造った県営鉄道跡も、宮崎軽便鉄道跡も、いまでは日南線の一部になっている。

＊

志布志線はいわば日南線の母体だったわけだが、昭和62年（3・28）、赤字ローカル線として廃止された。志布志駅は、それまで志布志線～日南線を通しで走る列車があったので、駅舎が線路の横にある普通の形の駅だったが、志布志線廃止で日南線の終点駅になった。そのため線路の突き当たりが駅舎という「頭端駅」になった。

註1　『日南鉄道史』　昭38、日南鉄道工事促進協力会編・発行。
註2　宮崎軽便鉄道会社　のち宮崎バスと合併して宮崎交通会社。
註3　『宮崎交通70年史』　平9、宮崎交通会社編・発行。
註4　郡会　当時は郡にも議会があった。郡議会と言わず、郡会という名称だった。

ヘリコプター墜落事故が生んだ
宮崎空港線

国鉄の赤字のタネの一つだったローカル線を大量に廃止して新発足したＪＲ九州だから、もう新線は造らないものと思われていたが、平成8年、たった一つだけローカル新線を造った。それは宮崎空港線だ。前項で紹介した日南線[註1]に入って一つ目の駅、田吉《たよし》駅から分岐して宮崎空港駅まで1・4キロの短い線。駅は終点の宮崎空港駅だけしかない。

JR九州が新線など造るつもりはなかったのに、宮崎空港線を造った理由は、平成2年（9・27）のヘリコプター墜落事故だった。事故というのは旭化成延岡支社チャーターのヘリコプターによるもの。同支社からは年間延べ1万5000人もが、上京などで宮崎空港を利用している。ところが宮崎空港は延岡市からはもちろん、宮崎市中心からもかなり離れたところにある。そのため同社はヘリコプターをチャーターして支社と空港の間に飛ばしていた。ところがこのヘリコプターが墜落。乗っていた社員と乗員計10人が全員死亡した。

この事故は旭化成だけでなく、宮崎県民、とくに県北の人たちにも衝撃を与えた。そして議論百出ののち、県が、

「ヘリより安全な鉄道、しかも日豊本線列車がそのまま空港内まで乗り付けられる鉄道が必要だ。県が工事費を一部負担し、また県から国へも経費負担を要請して、空港への鉄道を実現しよう」

ということになった。こうして日南線に田吉駅[註2]を新設。ここから空港までの線路は宮崎県とJR九州が折半して建設。空港内は空港を所有している国が経費を負担して建設、平成8年（1996年＝7・18）、宮崎空港線が開通した（『毎日新聞』＝開業前日の平8・7・17夕刊）。

線の長さは起点駅から終点駅までの距離で表すから1・4キロだが、細かくと言うと田吉駅から500メートルは日南線を走り、ここから左に分岐して900メートルの線が敷設されたのであり、正味の新線建設は900メートルだった。

宮崎空港駅。向こうに見えるのは管制塔

宮崎空港線関係地図

＊

開通後は延岡方面からの列車の大部分が宮崎空港駅行きになった。博多・小倉方面からの日豊本線特急「にちりん」の大部分もそれまでの宮崎や南宮崎止まりではなく、宮崎空港線に入って宮崎空港駅まで走るようになった。こうしていまや宮崎空港線の列車本数は、ご本家の日南線列車よりはるかに多くなっている。

宮崎空港駅はホームも、出・改・集札口も、事務室も高架の上にあり、階段を降りるとそこはもう空港ターミナルビル。雨の日でも濡れずに行ける。

「駅に下車するお客の中には旭化成の宗茂陸上部監督の姿もよくお見かけしますよ」

と黒木秀守駅長の話（平13取材）。

＊

宮崎空港線（全長1・4キロ）は日本一短いJR線だ。この線が誕生するまでの日本一は桜島線だった。大阪環状線の西九条から分岐して桜島まで4・1キロの線（『JR全線全駅』）だったが、宮崎空港線はこれより短い。

次項からは、日豊本線の延伸関係以外の話題の駅を、起点側から訪ねながら下ってゆこう。

註1　日南線　日豊本線南宮崎駅から分岐して志布志駅までの線。詳細は前項に。

註2　田吉駅　軽便鉄道時代の田吉駅を、国有化の際廃止していたが、分岐駅として復活。

ホームの電球を米兵が自動小銃で撃ちまくった南小倉駅

日豊本線南小倉駅（北九州市）は、同線から分岐して陸軍山田弾薬庫へ向かう専用線の分岐点の信号場（分岐器を切り換えるところ）として造られたものがのち駅になった。

陸軍山田弾薬庫は、昭和9年、小倉市（現北九州市小倉北区）に造られた。弾薬庫は次々に拡張、同16年には340万平方メートル[註1]、構内に128棟の弾薬庫が並ぶ西日本一の弾薬庫になった（『北九州市史』）。山田弾薬庫が大きくなると、政府は陸軍の意向を受けて国鉄に命令し、日豊本線小倉駅（現西小倉駅の位置にあった）と城野駅の途中から分岐して山田弾薬庫までの専用線を造らせた。専用線は昭和16年（1941年＝8・20）、南小倉火薬庫線という名で開通、分岐点に南小倉信号場が造られた（角杉睦夫助役の話＝昭48取材）。

信号場には国鉄職員が勤務し、普通は本線列車が直進できるようにポイント（分岐器）を本線側に切り換え、専用線に入る列車が来れば専用線側に切り換え、本線の信号機を「赤」にする。ポイントを専用線側に切り換えている間に本線列車が来れば、そちらは信号場構内に停車して、ポイントが定位に戻るのを待つ。

このしばしば旅客列車が止まっているのを見た近くの人や小倉造兵廠への通勤者たちは、

「せっかく列車が止まるのなら、旅客も乗降できるようにしてもらえないものか」

と声を上げた。前に紹介した大野城駅などと同じだ。

この声に応じて国鉄は、昭和18年（10・1）、南小倉信号場を南小倉駅（ただし定期券のお客だけしか利用できない）に昇格させた。そして翌19年（12・1）、切符も発売し、定期券以外のお客も利用できる一般駅にした（同）。

＊

太平洋戦争が終わり、山田弾薬庫の所有者である日本陸軍がなくなると、弾薬庫は米軍が接収した。そして朝鮮動乱が始まると、日本陸軍時代にも増して活発な弾薬輸送。このころは、弾薬を積んだ貨車が1日に６００両も到着。多すぎて弾薬庫内のホームや専用線からあふれ、一部の列車は南小倉駅で専用線が空くのを時間待ち。貨車に乗務している米兵がイライラしていると、ホームからは米兵相手の街娼が、

「おいで、おいで」。

米兵は飛んで行きたいのだが、列車は予定の時刻になっても動き出さず、勤務から解放されず、イライラはつのるばかり。ついに、

ダ、ダ、ダ、ダ、ダッ……

と自動小銃をぶっ放し始めた。

「伏せろ！」

ホームにいた駅員が叫び、駅員たちも、乗客も、コンクリートの上にはいつくばっていると、チャリーン、チャリーン……と電灯が一つずつ撃ち割られていった。米兵は縁日の射的小屋でダルマを次々に撃ってウサ晴らしをした気分だったのだろうか。電球が一つ残らず撃ち割られると、ホームは真っ暗。そこでやっと銃声はやんだ（当時、南小倉駅員、のち門司駅長、吉武邁さんの話＝昭48取材）。そんなこともあったそうだ。

のち米軍は撤収、昭和45年（11・1）山田弾薬庫専用線は使用中止。同48年（7・31）同専用線は廃止となり、撤去された。

註1　340万平方メートル　福岡ドーム100個分の広さ。

アメリカ本国に遺体を送り出した城野駅

南小倉の次の駅、城野駅（北九州市）は、毎日のように遺体を積んだ列車が発車していた駅だった。九州にこんな駅はほかにはない。

なぜ、この駅から遺体の搬出が行われたのか？――というと、昭和26年、朝鮮動乱の終わりごろと、終わったあとも当分、朝鮮戦線で戦死した米兵の遺体が、船で小倉市（現北九州市）の砂津港に送られてきていた。砂津港に着いた後、深夜、トラックでキャンプ・ジョーノへ運ばれていた。

キャンプ・ジョーノは城野駅のすぐ前にあり、元小倉陸軍兵器支廠《しょう》。日本陸軍がなくなってからは米軍が接収。正式名称は第24歩兵師団ＰＸ。初めは本当のＰＸ[註1]で、中にはコーラの工場やダンスホールなどもあった。旧日本軍時代から兵器支廠内には駅から専用線が延びていた。この専用線が米軍にも役に立った。

米軍はここで遺体をフォルマリン消毒し、修復し、棺桶に入れて、荷物列車で神戸、横浜に送り、船でアメリカ本国の遺族に届けていた。１両の荷物車に、将校は2体、下士官は6体、兵は20体ぐらいずつ積み、それを12～13両編成の列車にして、１列車で計二百数十体ずつ送り出していた（同駅出札係、永島正幸さん[註2]の話＝昭48取材）。

同じころ勤務していた別の同僚も、駅員の月給が月に３０００円ぐらいのとき、キャンプ・ジョーノで遺体修復に雇われている日本人労働者は１日の賃金が１０００円だと聞いてビックリしたそうだ。しかし、あの仕事をやると、風呂に入っても臭いが落ちぬと言われていたという。

キャンプ・ジョーノ跡は、米軍撤収後は陸上自衛隊九州補給処城野支処になった。のち駅からの専用線は廃止された。

＊

キャンプ・ジョーノに隣接する元小倉兵器廠工員宿舎群の1軒には、まだ朝日新聞社西部本社広告部で図案描きをしていた松本清張が住んでいた。全国各地から徴用などで小倉に来て、兵器廠で働いていた工員たちは、兵器廠近くに建てられた官舎群に住んでいたが、終戦で郷里に帰ったので官舎はほとんどが空き家。そこに国が、戦災者、引揚者、復員兵などを入れた。清張は復員兵だった。

朝鮮戦争が始まったころは、キャンプ・ジョーノの引き込み線には、これから朝鮮戦線に送られる兵隊たちの列車も入ったりしていた。第一線に送られるのは黒人兵が多かったと言われている。その黒人兵のうち250人が、町から聞こえる小倉祇園太鼓の音に昂奮して集団脱走、小倉の町で集団婦女暴行など78件を働いた——という事件があった。米軍命令で報道管制が敷かれ、事件は新聞にも大きくは載らなかったが、近くに住んでいたので噂を聞いていた清張は、のち作家になってから、小倉署の外人事件担当刑事に取材し『黒地の絵』(昭33、光文社発行)という小説を書いた。

家に入ってきた米兵たちに妻が強姦されるのを、抵抗もできずただ見ているしかなかった夫が、キャンプ・ジョーノの遺体修復労働者となって、入れ墨に見覚えのある、あの夜の兵隊の遺体を見つけ、入れ墨をメチャクチャに切り裂くというストーリーだった。

註1　PX　自衛隊や米軍基地内の売店。終戦直後は日本国内が物資不足のため、米軍が売店で売るコーラなどを一括して生産、あるいは本国から輸送していたか?

註2　永島正幸さん　朝鮮戦争のころも含め城野駅一筋に勤務。のち国労九州本部委員長。

不発弾が爆発して駅舎が吹っ飛んだ下曽根駅

城野駅の次の下曽根駅（北九州市）からも、旧陸軍曽根弾薬庫へ１４００㍍の専用線が延びていた。その曽根弾薬庫で昭和21年5月4日朝、爆発が起きた。

初めは、バリ、バリ、バリッ……と重機関銃を撃ちまくるような音だった。

「北方の練兵場で演習かな？　いや、戦争は去年終わっている。演習があるはずはない」

と駅員の柳井勝さんたちは同僚とそう言って顔を見合わせた。

ところが、そのうちに、ドカーンと、曽根弾薬庫からものすごい火柱が上がった。そして爆弾そのものや、爆弾の破片がヒュル、ヒュル、ヒュル……と飛んで来だした。

「こりゃ、いかん！」

と、駅は大騒ぎになった。ホームには上り旅客列車が着いている。これを少しでも駅から遠ざけねばと、すぐ発車させた。しかし、ひょいと専用線の方を見ると、15両の貨車が止まっている。爆弾を満載した貨車だ。事故防止のため1両ずつ切り離してはあったが、熱気が近づけば、たちまち爆発する。柳井さんはすぐに機関車を呼ぶと、1人で15両の間を駆け回って、エアホース（ブレーキ用の圧搾空気が通っている）を繋ぎ、発車させた。

付近の人たちは曽根飛行場に集団避難した。駅でも、駅長と柳井さん以外の駅員は飛行場に避

難させ、

「駅長さんは、地下道に潜っていてください」

と言って、柳井さんは鉄道電話のそばで待機——とはいえ、駅舎の窓ガラスは全部吹っ飛び、壁は崩れ落ちてしまっているので、駅舎の外に立った。

その間にも、弾薬庫からは再び火の柱が上がり、飛んで来た50キロ爆弾の1発はドシーンとホームの屋根をぶち抜いた。信管は外してあったから、火気がなければ爆発はしないが、その下にいれば即死だった。

3日後、ようやく弾薬庫への立ち入り許可が出て、入ってみると、子どもたち数人の死体があり、弾薬庫内にいた貨車3両は影も形もなくなっていた。レールもグニャグニャに曲がって跳ね上げられていた。子どもたちの死体があったところは高射砲弾が置いてあるところだった。

高射砲弾は、撃ち上げたとき敵機に命中しなくても、上空で小さなパラシュートが開き、風圧で信管を作動させ爆発させるようになっていた。このパラシュートが、戦後は子どもたちの遊びものになっていて、この子たちもそれを取り外しているとき、過って爆発させたのではないか……と柳井さんたちは聞いた（柳井さんの話＝昭48取材）。

＊

弾薬庫はのち火薬会社の倉庫になったが、旧軍に比べれば輸送量も減り、専用線は昭和26年撤去された。駅は、昭和56年（4・28）、橋上駅に建て替えられた。

註1　下曽根駅　いまでは城野駅との間に安部山公園駅ができているから次の次の駅。

改札口から跨線橋までが九州で一番遠い小波瀬《おばせ》西工大前駅

跨線橋とは乗客が改札口を通ったあと他のホームへ渡るもの。だからどの駅でも跨線橋の階段は改札口を出てすぐのところにあるのが当たり前。それなのに改札口から約160㍍も離れたところに跨線橋があるのが小波瀬西工大前駅（京都《みやこ》郡苅田《かんだ》町）。恐らく改札口から跨線橋までの距離が九州で一番遠い駅だろう。なぜそんな不便な造り方をしたのか？　といえば、それは駅の誕生の仕方に原因があった。

小波瀬西工大前駅は、もともとは小波瀬信号場だった。昭和19年（5・28）、苅田港そばに苅田港駅という貨物駅ができ、日豊本線から分岐してそこまで臨港線が敷かれた。分岐点に分岐器と信号機の切り換えをするために信号場ができたのは、南小倉信号場（のち南小倉駅）などと同じだ。当時は、ここが京都郡小波瀬村だったから、小波瀬信号場と名付けられた。すると、戦後、

「せっかく列車が止まるのなら、お客が乗降できるようにしてもらいたい」

と、地元から声が上がった。これも南小倉信号場の場合と同じ。

国鉄はこれに応えようとしたが、終戦直後であり、建設資材も労力もない。そこで陳情した地元の人たちが勤労奉仕を買って出て、小倉兵器廠の建物のお古をもらってきて駅舎を建てた。ま

たコンクリートがないので、土を積み、竹を編んだもので土留めをしてホームを造ったりした。こうして昭和23年（1948年＝10・1）、旅客駅が開業し小波瀬信号場は小波瀬駅となった（佐々木多喜雄駅長と、取材の日、駅を訪れていた地元の人の話＝平1取材）。

＊

信号場は、ホームなどのない施設だから、広い土地がなくても造ることが可能。小波瀬信号場の場合も、東側は国道10号、西側は丘の切り取りで、甚だ狭い敷地だったが、信号場だから造ることができた。しかし駅となると、そこにホームを造らねばならない。仕方がないから幅がわずか2・8メートルの相対ホームを造った。この幅2・8メートルのホームに跨線橋を造ったら、跨線橋の両側にお客が歩くスペースがなくなる。そこでこの駅だけはホームの一番端、すなわちお客が跨線橋の両側を通らないところに跨線橋が造られた（佐々木駅長）。そのため改札口を出て、跨線橋までは約160メートルとなった。

＊

小波瀬村が苅田町に合併（昭30）したあとの昭和42年、駅の近くに広大な土地があるのなら、学生の通学にも便利だと、駅のそばに西日本工業大学が開校した。駅の乗客は開校前の約4倍になったので、国鉄も大喜び。さらにのち同大学を中心に駅名を改称してとの声が上がり、国鉄に陳情、改称にかかる経費を大学が負担して、平成5年（1993年＝3・18）、駅名に大学の略称が加えられ小波瀬西工大前駅と改称された。

空のジェット機を避けて線路が迂回した新田原《しんでんばる》〜築城《ついき》間

空を飛ぶジェット機を避けて地上の鉄道線路を撤去し、はるばる迂回させたのが日豊本線新田原（行橋市）〜築城（築上郡築城町＝現築上町）間。こんな話はほかにはあるまい。空を飛ぶジェット機といっても、滑走路を飛び立ってまだ高度が低い段階での話だが、そこを列車が通ると衝突するというのだ。

問題の飛行場は航空自衛隊築城飛行場。飛行機は滑走路から少しずつ上昇して行く。上昇角度（着陸時も同じであり進入進路と表記）は、航空法でオーバーランの端から50分の１（50メートル進む間に１メートル高くなる）とし、この角度の上に突き出る建築物を禁止している。

この地点の場合、日豊本線は、オーバーランの先２６０メートルのところを通っている。そこに盛り土がされ、バラストが撒かれ、線路が敷かれている。地表から線路の表面までの高さは約２メートル。この線路の上を高さ約４・５メートルの汽車が通る。すると地表から汽車の屋根までは６・５メートルになり、オーバーランの端から50分の１の角度で上昇し、２６０メートルのところでは、汽車の屋根にぶっつかる。従ってどちらかがよけなければならない。

ところが、航空自衛隊築城飛行場の前身の海軍築城飛行場がここにできたのは昭和17年。一方、線路は豊州鉄道が明治30年に敷いたものだった。線路の方が先住者。しかも汽車はここを走るが、建築物ではない。先住権からいっても、建造物ではないことからいっても、線路が「退《の》け」と言われる筋合いはなかった。そこで海軍航空隊は列車通過の合間に離着陸をしていた（当時、行橋工事区助役で、のち国鉄下関工事局本局線増《せんぞう》一課補佐、松雪拓雄さんの話＝昭59取材）。

＊

太平洋戦争が終わると、同飛行場は占領軍が接収した。占領軍は先住権などは無視。

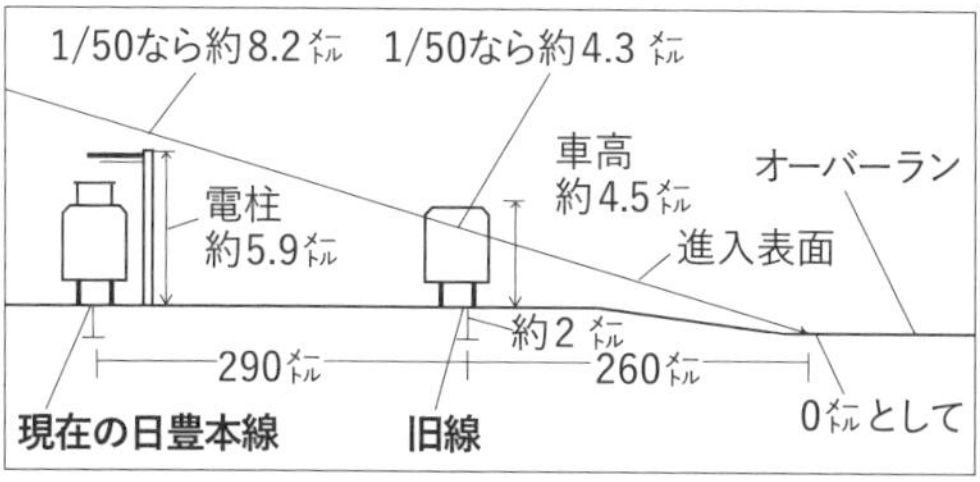

新田原～築城間旧線。向こうは迂回した線路を走る電車

「いまから離着陸する。その間、列車を駅に止めておけ」

と駅に命令した。駅では泣く泣くお客で満員の列車を駅に止めて、離着陸がすむのを待った。そのためダイヤが狂い、お客はイライラだったが、当時、泣く子も黙る占領軍――と言われる存在だったから、従う以外になかった（山崎浩次築城駅長の話＝平3取材）。

＊

占領軍撤退後、飛行場を引き継いだ航空自衛隊は、また旧日本陸軍の

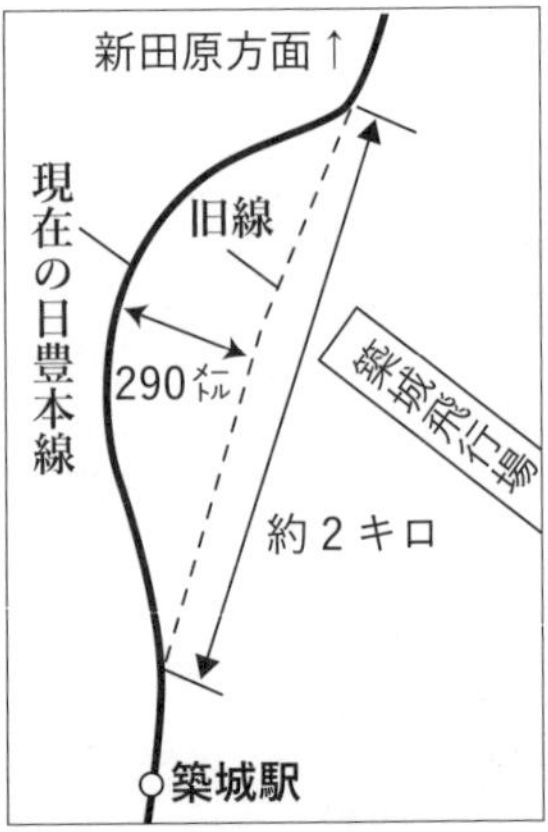

ように列車通過の合間に離着陸するようになった。ところがそこへ国鉄の電化計画。蒸気機関車の吐き出す煤煙が客車の窓から車内にも入り込み、乗客の顔にも煤がつくのはもうやめて、煤煙の出ない電車を走らせようという時代になったのだ。日豊本線のこの区間も昭和42年（1967年＝10・1）に電化開業を予定して計画が立てられた。

電車も、それまでの蒸気機関車牽引の客車も、屋根の高さはあまり変わらないが、電化となると線路のわきに電柱を建て、線路の上には架線（トロリー線）を張らなければならない。電柱や架線は、一瞬で通過する列車と違い、建築物だ。そしてその高さは地面から7・9メートルになる。これだと50分の1の角度で上昇するジェット機が衝突する。

こんどは昭和42年に建てられる電柱や、架線より、昭和17年から飛行機を飛ばしている飛行場の方が先住者。先住権が入れ替わったわけだ。そこで国鉄は線路をもう少し西へ移すことにした。と言っても線路は直角には曲がれないから、新田原駅を出て間もなくのところから、築城駅に着く少し手前まで大きなカーブを描いて迂回することにした。迂回区間は延長約2キロ、それまでの線路の位置から一番離れたところは約290メートル離れた（山崎駅長の話）。

迂回は航空法によりやむを得ないことだったが、地元には、

「自衛隊のためにわれわれの生活の足を曲げさせるのには絶対反対！」

と叫ぶ人たちがいて、迂回ルートの土地を売らぬという人が続出する騒ぎ。用地買収が遅れ、やっと工事を始めたら、この年はまだ梅雨でもない4月に14日間も雨。工事用のトラックが通る道路はぬかるみになり、車ははまり込み、立ち往生。そこで道路に600枚のロードマット（鉄板）を敷いた。しかしこれも数が足りず、東京からも取り寄せさらに900枚を敷いて、トラックを走らせ、やっと予定通り10月1日に電化・複線化開業をさせることができた（同）。

いまも列車でこの区間を通ると、線路がグーッと右に迂回しているのが分かり、築城駅の手前などには旧線の盛り土が残っているのが見える。

曲芸!?走りながら列車から機関車を切り放した立石駅

駅構内で、止まっている列車から機関車を切り放しているのは、よく見られる光景だが、走っている列車から機関車を切り放す……という曲芸のようなことが行われていたのが日豊本線立石駅（大分県速見《はやみ》郡山香町立石＝現在は杵築市）。

これは立石駅が立石峠の頂上付近にある駅だからだった。駅の位置は標高115㍍。列車は一つ手前の西屋敷駅から25‰《パーミル》の急勾配を上って行かねばならなかった。急勾配だから蒸気機関車1両で列車を引いても立石駅まで上れない。そこで少し手前の柳ヶ浦駅で、列車の後にもう1両、補助機関車を繋いで「前引き・後押し」で立石駅まで上ってきていた。

貨物列車は、旅客列車より編成が長く、50～60両という長大編成もあり、補機を付けても上れない。そこで柳ヶ浦駅で29両ぐらいずつに切り離し、まず半分の29両を前引き後押しで立石駅まで上る。そしてその29両を立石駅に置き、機関車2両は柳ヶ浦駅まで引き返す。柳ヶ浦駅に着いた機関車は、残りの29両をまた前引き後押しで立石駅まで上る。そしてここで29両と29両を繋いで元の長い編成の列車に戻して発車。あとは下り勾配だからスイスイと下っていった（楳木実助役の話＝昭54取材）。

そんな補機切り離しの必要があるから、この小さな駅に特急も含めた全列車が停車していた。しかしお客の乗降はあまりないのに、全列車を止めるのは時間のロス。そこで国鉄は列車が上り勾配を上り切って駅構内に入ると、走っているまま機関車の連結器を切り放し、切り放された機関車はブレーキをかけて、構内の側線で止まる――という方法を始めた。昭和20年代から30年代にかけての5～6年間のことだった（谷山邦治営業管理係の話＝昭54取材）。

いまなら「機関士の人命をなんと考えているのか！」と、労組なり、労基署なりが問題にするところだろう。

＊

そんな苦心惨憺《さんたん》の急勾配だったから、国鉄はここを電化・複線化するとき、新しい線路は元からあった単線のすぐ横に並べず、はるか離れたところを迂回させて敷設した。こうすると線路は長くなり、途中のトンネルも長くなった[註1]が、その代わり勾配は15‰と緩やかになった。複線開業は昭和42年（8・10）だった（駅に保存の手書き駅史より）。

国鉄では、新しく造った線を下り線（大分方面）とし、以前からあった線を上り線（小倉方面）とした。下り線が峠の立石駅に向かっての上り勾配だが、15‰と緩やか。旧線は昔のまま25‰の急勾配だが、こちらは峠から麓へ下るのだから、初めから問題なし。こうして補機は姿を消した。

註1　新旧トンネルの長さ　旧トンネルは310㍍、新トンネルは10倍以上の3560㍍。

ホームに石仏の頭が飾られている臼杵《うすき》駅

ホームに直径1㍍以上もあるデッカイ石仏の顔が据えられているのが日豊本線臼杵《うすき》駅（大分県臼杵市）。臼杵市は山のガケの面の自然石に仏像を彫った磨崖仏[註1]が約60体あるので有名なところ。その石仏の町をアピールしているわけ。

この石仏の顔は昭和39年（1・6）、亀井義夫作、臼杵観光協会の寄贈。「この年、臼杵の石仏が国の国宝に指定されたので、それを記念して寄贈されたのでしょう」と桑原草章《しげあき》駅長の説明（平13取材）。

註1　磨崖仏《まがいぶつ》　平安か鎌倉時代の作。

臼杵駅ホームの石仏の頭

リニアモーターカー実験線を見る展望台があった東都農《つの》駅

宮崎実験線のリニア。東都農駅展望台から＝昭59撮

高架の上を浮いて走る未来の鉄道、リニアモーターカーの実験が、平成25年8月29日、山梨のリニア実験線[註1]で始まったが、その前の初期実験が行われたのは国鉄宮崎浮上式鉄道実験線（児湯《こゆ》郡都農町、7・1キロ）だった。

宮崎の実験線が完成し、実験が始まったのは昭和52年だった。起点に当たるところ（美々津《みみつ》駅近く）には宮崎浮上式鉄道実験センターが建てられ、ここから7・1キロの高架が延びている。高架の根っこ部分に実験車が止めてあり、4階の指令室で操作して、実験車を走らせる。実験車の床下には磁石が取り付けられており、また高架の上には磁石が並んでいて、磁石の反発力で実験車は浮いて（と言っても10センチ程度だが）走る。浮いて走るから、線路の上を走る列車（300キロ台が限界）より速く、無人で時速517キロを記録した（同センター計画課、倉島保さんの話＝昭59取材）。このあと人を乗せての実験がつづけられ、目的を達したところで「もう少し距離の長い実験線でさらに実験を……」と、平成9年、山梨県に実験線が造られ、実験が行われているわけ。

宮崎の実験線は日豊本線（美々津～東都農～都農間）とほぼ並行に並んでおり、実験線のちょうど真ん中付近にあるのが東都農駅。実験車の一番速度が出ているところがこの駅から見えるのだが、あいにく実験線は高架。従って地上よりは高いところからの方がよく見えると、駅の跨線橋に見学者が鈴なり。これでは危険だと国鉄は昭和54年、駅舎の横にリニア展望台を建てた。展望台は軽量鉄骨2階建て、約400平方㍍の建物。1階には実験車の2分の1の模型が展示され、売店もあって、国鉄関連会社の分鉄開発の女子社員がリニア関連グッズや飲み物などを売っていた。1階や2階にはリニアの原理や歩みなどの写真などが展示。屋上は展望台で、大勢の人が約100㍍離れた高架の上を走るリニア実験車を見たり、写真を撮っていた。

しかし平成8年で、宮崎での実験は終わり、のち東都農駅の展望台も取り壊された。

註1　山梨のリニア実験線　公式には超電導磁気浮上式鉄道山梨実験線。上野原市～笛吹市（両市とも山梨県）間42・8㌔。実験車は5両編成で、時速500㌔。平成39年（2027年）には、この実験線も取り込んで品

リニア展望台。屋上には見学者が鈴なり＝昭59撮

川〜名古屋間のリニア中央新幹線が開業。12両編成が40分で結ぶ。さらに平成57年（２０４５年）には品川〜新大阪間が開業、この間は67分の予定。

日本の駅なのに日本語で駅名を書けなかった宮崎駅

日豊本線宮崎駅（宮崎市）は、平成5年（１９９３年＝３・６）、高架駅に建て替えられた。宮崎市が駅の前後３・４キロを連続高架にし、駅も高架の上がホームで、高架の下が駅舎やショッピングセンター。ところが完成した新駅舎の外壁に「ＭＩＹＡＺＡＫＩ」とローマ字では書いてあるが、日本語で「宮崎駅」と書かれていない。

「日本の駅なのに日本語で駅名が書いてないとは何ごとだ」

などという市民たちからの声を受けて、ＪＲ九州ではすぐに日本語で駅名を書き添えようとしたが、駅舎を設計したのがアメリカの設計会社。

「両社の契約により、設計者の許可なく外観の変更はまかりならぬ！」

——ＪＲ九州がさんざん折衝の末、平成7年、よ

いまでは裏側には日本語駅名も

現・日豊本線、吉都線、日南線、宮崎空港線他

うやく日本語駅名も書くことができた（横枕邦康駅長の話＝平12取材）。もちろんホームの駅名表示板などには、ちゃんと日本語で駅名が書かれているが、駅舎の表に日本語で駅名が書かれなかったのは九州でもここだけ。

全線の距離標３３６本を全部引き抜いて立て替えた国分線

国鉄（ＪＲも同）の線路わきには１００メートルごとに距離標が立っているが、約30キロにわたる全線の距離標３３６本を１本残らず引き抜いて立て替えた線がある。国分～海潟《かいがた》間の国分線だ。

国分線は、鉄建公団が造り、国鉄に引き渡した。政府の命令は日豊本線の国分駅（国分市）から分岐して古江線（志布志～海潟間）の終点、海潟駅に繋ぐ鉄道を造れということであり、鉄建公団は国分線という名でそれを造った（鉄建公団下関支社『所管工事の概要』）。公団は、国分駅から延ばしていった線だから、国分駅を起点として、この駅に「０」と書いた距離標を立てた。そして１００メートルごとに「１」「２」「３」……と距離標を立てて行き、終点のつもりの海潟駅に最後の33・５キロ地点の距離標を立てた。

ところが、これを受け取る国鉄は、志布志駅～海潟駅間の古江線（昭36・4・13開業）が国分まで延長されたと認識していた。そうなると距離標は海潟駅に立っている64・８キロの距離標（起点の志布志駅から）を延ばして行くべきだと考えた。すなわちここから国分方面に向かって１００

国分線付近地図

㍍進んだ位置に64・9㌔の距離標を立て、以後100㍍ごとに数字を増やしたものを立てるべきだと主張した。仕方なく鉄建公団は、国分から海潟まで30余キロの間に立てた336本の距離標全部を引っこ抜き、新たに志布志からの距離を書いた距離標を立てていった。

そして国分駅に最後の98・3㌔の距離標を立て、昭和47年（1972年＝9・9）国分～海潟間が開通した（国鉄九州総局企画室副長＝施設担当＝赤木貢さんの話）。

*

こうやって完成した国分線と、既存の古江線を合わせた志布志～国分間が大隅線と命名された。同じ日、海潟駅は海潟温泉駅と改称された。しかし、時すでにモータリゼーションの波が押し寄せ始めていた時期。利用者は少なく、大隅線全体が昭和62年（1987年＝3・13）廃止された。

現・日豊本線、吉都線、日南線、宮崎空港線他

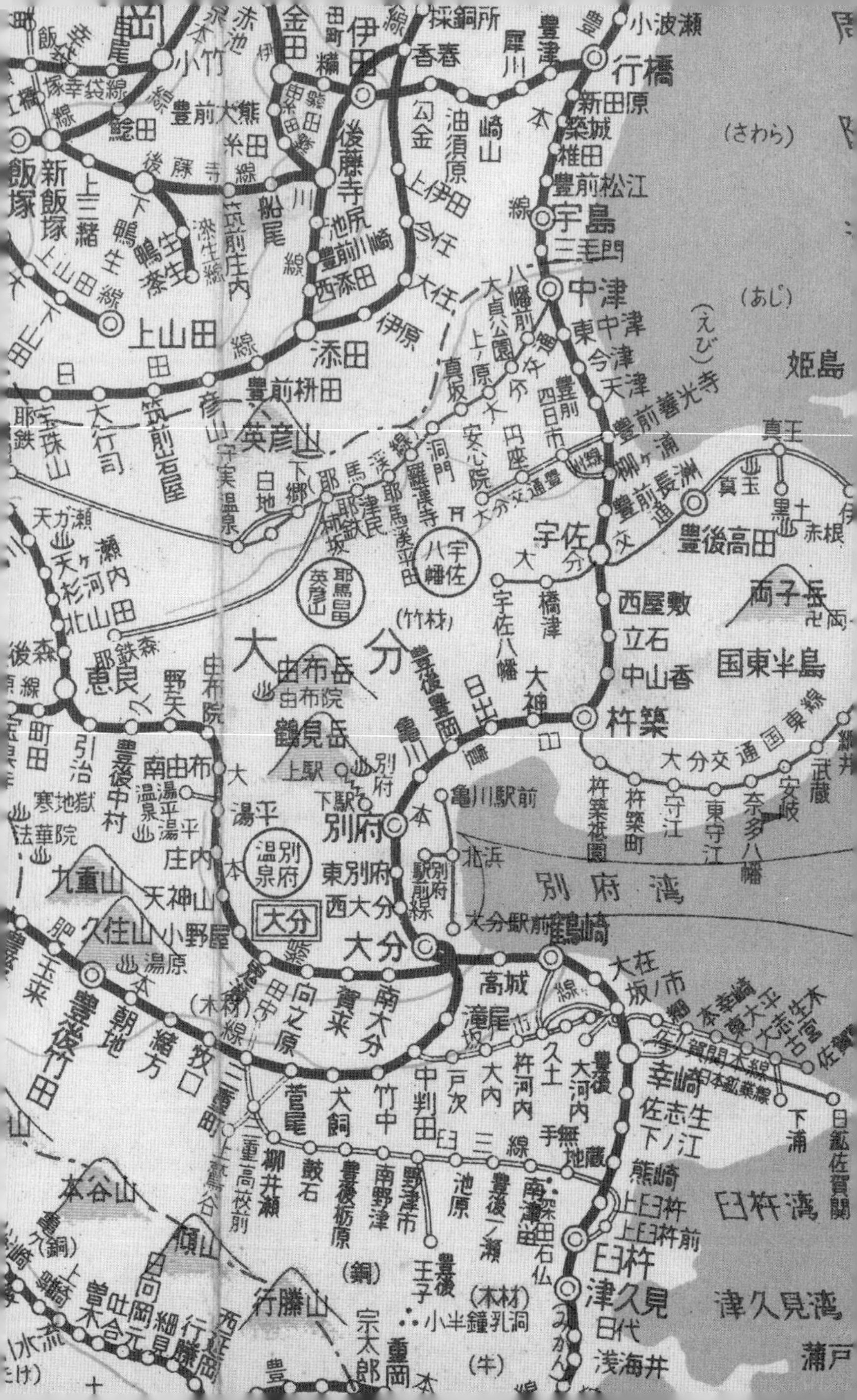

小波瀬
豊津
行橋
新田原
築城
椎田
豊前松江
宇島
三毛門
中津
東中津
今津
天津
豊前善光寺
柳ヶ浦
豊前長洲
宇佐
西屋敷
立石
中山香
杵築
大神
日出
豊後豊岡
亀川
別府
東別府
西大分
大分
鶴崎
大在
坂ノ市
幸崎
佐志生
下ノ江
熊崎
上臼杵
臼杵
津久見
日代
浅海井
(さわら)
(あじ)
(えび)
姫島
真玉
豊後高田
両子岳
国東半島
国東線
大分交通
武蔵
安岐
奈多八幡
東守江
守江
杵築町
別府湾
臼杵湾
津久見湾
蒲戸
亀川駅前
北浜
別府駅前線
大分駅前
高城
滝尾
豊後竹田
朝地
緒方
牧口
三重町
菅尾
犬飼
竹中
中判田
向之原
賀来
南大分
由布院
野矢
南由布
豊後中村
引治
恵良
町田
天ヶ瀬
杉河内
北山田
由布岳
鶴見岳
九重山
久住山
湯平
庄内
天神山
小野屋
大分
英彦山
耶馬渓線
宇佐八幡
別府温泉
橋津
豊前四日市
円座
安心院
洞門
羅漢寺
八幡前
大貞公園
真坂
豊前桝田
添田
伊原
大任
今任
上伊田
後藤寺
池尻
豊前川崎
西添田
伊田
金田
香春
採銅所
勾金
油須原
崎山
犀川
上山田
新飯塚
飯塚
小竹
鯰田
豊前大熊
糸田
船尾
筑前庄内
下鴨生
鴨生
漆生
上三緒
後藤寺線
上山田線
大行司
宝珠山
下浦
日鉱佐賀関
日本鉱業線
宗太郎
重岡
小半鍾乳洞

7

九州を横断する二つの鉄道と支線の話

……現・久大本線、豊肥本線他

反対議員の袴《はかま》の裾を踏みつけて可決した久大本線誘致

明治39年、大分県玖珠《くす》郡会議長、麻生観八《かんぱち》が、大分〜久留米間に鉄道を……という運動を始めた。そして観八は、議会に、鉄道建設促進請願書を提案した。しかし議員の中には、

「この山岳重畳《ちょうじょう》の草深い片田舎から、鉄道を敷いてくれなんて運動を起こしたところで、誰が相手にしてくれるものか」

と反対意見もあった。そこで反対派の議員が立って反対演説をしようとすると、その袴の裾を、後席の賛成派議員が踏みつけて立ち上がれないようにし、一瀉《いっしゃ》千里に可決（『麻生観八翁伝』[註1]）——とはいささか乱暴だが、とにかく請願書が国に提出された。

なお観八は玖珠郡恵良《えら》村（現九重町《ここのえまち》）の人。没落していた酒造業、舟来屋《ふなこや》の養子となり、21歳で酒造業を再興（社名は八鹿《やつしか》酒造会社と改称）。その一方、郡会議員として活躍した。

＊

観八は郡会の可決を受けて国に請願書を提出する一方、大分県の世論も盛り上げてもらおうと『大分新聞社[註2]』の社長を訪ねた。この社長は大分憲政会の重鎮だから、政治力にも期待したのだが、社長は、

「それは無駄な運動。麻生さん、いまのうちならあまり運動費も使っておられんし、大した損に

もなるまい。早々に手を引いた方がいいでしょう」

と〈半ば嘲るような顔〉（同）。

そこで観八は、大分のもう一つの新聞『豊州新聞社[註3]』を訪ね、社長に会うと、こちらは、

「私の新聞でも世論を喚起しましょう。また政友会の方々にも話してお力添えを致しましょう」

と、『大分新聞』とは打って変わって、やる気満々の応対。支持政党も『大分新聞』とは違って政友会。〈翁は直ちに政友会に入党した〉（同）とは、ずいぶん現金な話だが、観八のうれしさが伝わってくる。

＊

政友会に入党した観八は、明治43年、長崎市で政友会九州大会が開かれたときには、政友会の重鎮、野田卯太郎（福岡県選出）が宿泊する旅館を調べて前日から泊まり、野田が着くとすぐ部屋を訪れて大分〜久留米間の鉄道が必要なことを力説。同大会決議文の中に「久留米市より大分市に至る九州横断鉄道の敷設を期す」と盛り込ませるのに成功した（同）。

＊

さらに翌44年、久留米で陸軍特別大演習が開かれると、観八は大分県会副議長（玖珠郡選出）らとともに久留米に行き、旅館で、乃

麻生観八の銅像（恵良駅そばの松岡公園）

木希典大将ら将軍たちに会って陳情した。観八たちの説明を聞くと、乃木たちは、

「なるほどもっともだ。われわれ陸軍も、政府に側面から猛攻撃して陥落させてあげよう」

と、固く約束した（同）。

＊

こうして麻生観八は地元や軍部には支持を得たが、上京して、鉄道院総裁、後藤新平に陳情すると、後藤総裁は、

「あの山の中に鉄道なんか必要ない。君らは鉄道を敷いて山猿でも乗せるのか」

と一蹴した。また、そのあとの鉄道院総裁、仙石貢（元九州鉄道社長だったくせに……）も、

「久留米～大分間に鉄道なんかいらない。筑後川を舟で行き来すればそれで十分だ」

と冷淡な返事（同）。これは大正3年ごろの一駒だが、とにかく現久大本線は中央政府にはそんな無用のものと見られていたのだった。

＊

運動をつづけているうちに大正7年、前記の野田卯太郎が逓信大臣（まだ鉄道省はなく、逓信大臣が鉄道と郵政を所管していた）に就任。さらに翌8年、鉄道省が発足すると地元大分県選出の衆議院議員、元田肇が鉄道大臣に就任した。どうやら久留米～大分間の鉄道に実現の兆しが見えてきた。

註1　『麻生観八翁伝』篠原一郎著、昭38、大分県九重役場内麻生観八翁奉賛会発行。
註2・3　『大分新聞社』『豊州新聞社』両社は、昭17に合併して、現『大分合同新聞』。

社名にまで謳《うた》った大分〜湯平間を結べなかった大湯《だいとう》鉄道

麻生観八たちが久留米〜大分間に鉄道を……と国鉄誘致運動しているころ、大分市に大湯《だいとう》鉄道会社という私鉄が創設された。大分市と温泉地の湯平《ゆのひら》村（大分郡＝現在は由布市）の間に汽車を走らせようというのが目的。大分と湯平の頭文字を取って大湯という字を織り込んで社名にし、大正2年、創立した。ところが、この会社の鉄道は大分と湯平を結べなかった。一体どうしたのだろう？

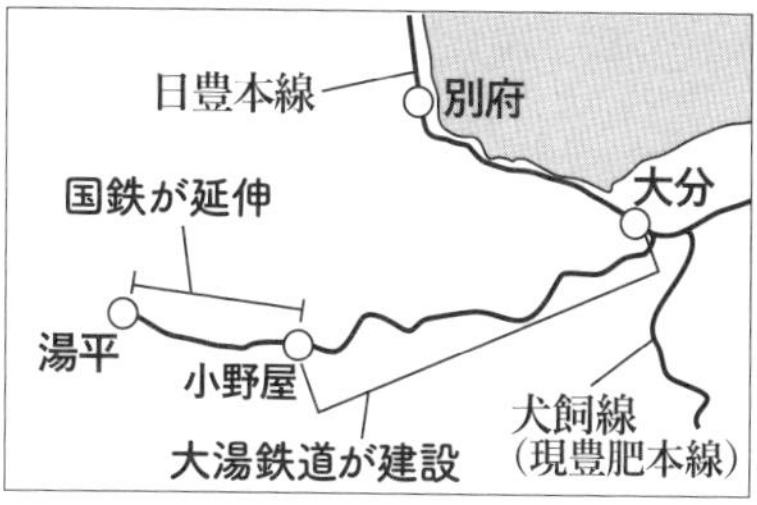

大湯鉄道線周辺線路図

大湯鉄道は、国鉄大分駅の横に、国鉄の駅と混同しないように「市」を付けた大分市駅という駅を造り、そばに本社社屋と木造の機関庫も設けた。線路は大分市駅からしばらく国鉄豊州本線（現日豊本線）と並行して走り、間もなく豊州本線を平面交差で横切って西へ向かい湯平方面へ延びていった。

そして大正4年（1915年＝10・30）、途中の小野屋駅まで約22キロが開通した。しかし終点予定地の湯平まではまだ10キロある。それなのに同社はここで金が尽きた。あとは造れない。とりあえず大分〜小野屋間に汽車を走らせた（『町誌湯布院・別巻』[註1]）。

＊

大湯鉄道の大分〜小野屋間が開通すると、終点の小野屋から温泉地の湯平までは客馬車が走った。大分から湯平温泉を目指す人たちは、終点、小野屋で汽車から客馬車に乗り換えて湯平へ向かった（同）。しかし、温泉客の希望は湯平に汽車で直行することだった。また湯平より西の地域からも鉄道を造って……という声は高まった。

そんなとき、麻生観八たちの運動、野田卯太郎が逓信大臣、鉄道省ができると初代鉄道大臣に大分出身の元田肇が就任。国鉄は大分〜久留米間に鉄道を建設する計画を立て、これが大正9年、国会で決定した。

*

鉄道の建設が決まれば、普通なら、両端から用地買収、線路敷設と行くところだが、ここの場合、大分側には、部分開通したものの全通できず、資金難で途方に暮れている大湯鉄道がある。国鉄はこれを買収すれば、用地買収から始めて鉄道を敷設するよりも、手間がはぶける。大湯鉄道も青息吐息で、国鉄に買収されるのは、何よりもありがたい。そこで国鉄は同11年（12・1）、大湯鉄道を買収し、線路を重軌条化[註2]して国鉄列車を走らせながら、さらに延伸工事を進めた。そして、翌12年（1923年＝9・29）、小野屋〜湯平間を開通させた。大湯鉄道が計画していた大分〜湯平間を国鉄が全通させたわけだ。

国鉄は大分〜久留米間に鉄道を建設する計画だから、大湯間が全通したあとも、大湯線の名で（もう大湯は過ぎているのに）、線を西へ部分開業しながら延伸していった。

註1　『町誌湯布院・別巻』平1、湯布院町編・発行。
註2　重軌条化　大湯鉄道の線路は、小さな軽便鉄道列車を走らせるつもりで敷かれていたので、25ポンド（1ヤード当たり）の軽量レールだった。JRが使用しているメートル法に換算するとほぼ12・3キロ（1メートル当たり）となる。いまJRの線路は大体50キロ（線により多少の差あり）だから、大湯鉄道の線路はかなり軽量だった。軌間は国鉄と同じ3フィート半（1067ミリ）だったので、変更なし（前記『町史湯布院・別巻』、『鉄道用語事典』〈国鉄の技術系キャリアで、国鉄小倉工場長などを歴任した久保田博著、グランプリ出版発行〉、「鉄道院年報大正4年版」〈『大正期鉄道史資料第11巻』に収録〉による）。

町長の弟がルートを曲げて造らせた現由布院駅

大分～湯平間を開通させた国鉄は、線をさらに湯平から西へ進めていった。この大湯《だいとう》線は、県道大分～佐賀線（現国道210号）とほぼ並行に敷設されていった。ところが湯平を過ぎた辺りで線路をグーッと右側にカーブさせ、北由布、南由布両村を通せ――と大分県議、衛藤一六《えとういちろく》を先頭に住民たちが国鉄に猛運動を始めた。

衛藤一六は北由布村長の弟で、当時このあたりにはまだ数少ない東大卒、大分県農工銀行支配人（頭取）、そして大分県議。なかなかの有力者。その要請には国鉄も折れざるを得ず、ルートは湯平駅から右へ、ヘアピンカーブ状に大迂回して、そのカーブの部分に南由布駅と北由布駅を

現在の由布院駅

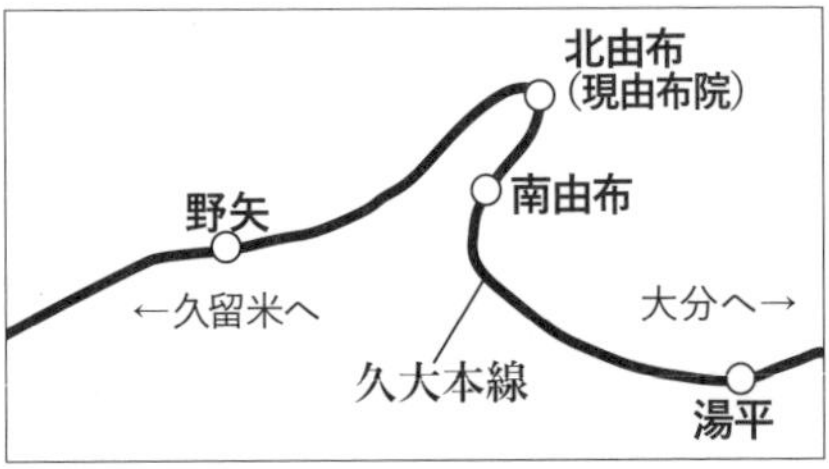

設け、大正14年（1925年＝7・29）、開通させた（『町誌湯布院・別巻』）。

地元では、衛藤一六の功績を讃え、このルートを「一六線」、北由布駅を「一六駅」と呼ぶようになった（同）。

＊

地元の猛運動と強力な政治力で、ルートを変更させて造った北由布駅だったが、駅の開設と並行して北由布村は、周辺の道路を整備、付近には役場、小学校などを建てた。すると住宅、商店などもぞくぞく建ち、駅の近くは大発展した。のち北由布、南由布両村は合併して由布院町になった。それに合わせて北由布駅は由布院駅と改称した（南由布駅は現在も南由布駅）。さらにその後、由布院町は湯平村と合併、湯平の「湯」を取り入れて、音は同じだが湯布院町と町名変更をした。そしてさらに平成17年からは由布市となった。湯布院町時代には、湯布院町にある由布院駅——と発音は同じだが、字が違う奇妙なことになっていたが、いまは由布市の由布院駅。

＊

由布院駅はすっかり有名になり、いまや久大本線を走る特急列車12本の名は、6本が「ゆふいんの森」(1～6号) あとの6本は「ゆふ」(1～6号) と全部、由布院駅にちなんでいる。

初めは、いまの言葉でいう「政治駅」だったのだろうが、その駅を核として見事に周辺を発展させ、駅名が同線を走る全特急の名に使われるような代表的駅にしたのだから、ただの政治駅ではなかった。終わりよければすべてよしということだろう。

政友会と民政党の誘致合戦で線路が蛇行した引治駅付近

大湯線(現久大本線)は、北由布駅(現由布院駅)の先(西側)でも、政治の力で曲げられ、線路は玖珠川[註1]の右岸に行ったり、左岸に行ったり……という蛇行状態になった。

この辺りでは、川の右岸が政友会の勢力圏で、左岸が民政党の勢力圏。そのため両党が鉄道を誘致し合い、大政争となった。

政友会の主張は、

「鉄道は右岸を通し、右岸に豊後中村、恵良《えら》、豊後森の各駅を造れ」

一方民政党は、

「鉄道は左岸を通し、左岸に豊後中村、引治《ひきじ》、塚脇の各駅を設置せよ」

というもので、双方一歩も譲らない。

上り列車は引治駅ホームを出るとまた対岸へ渡る

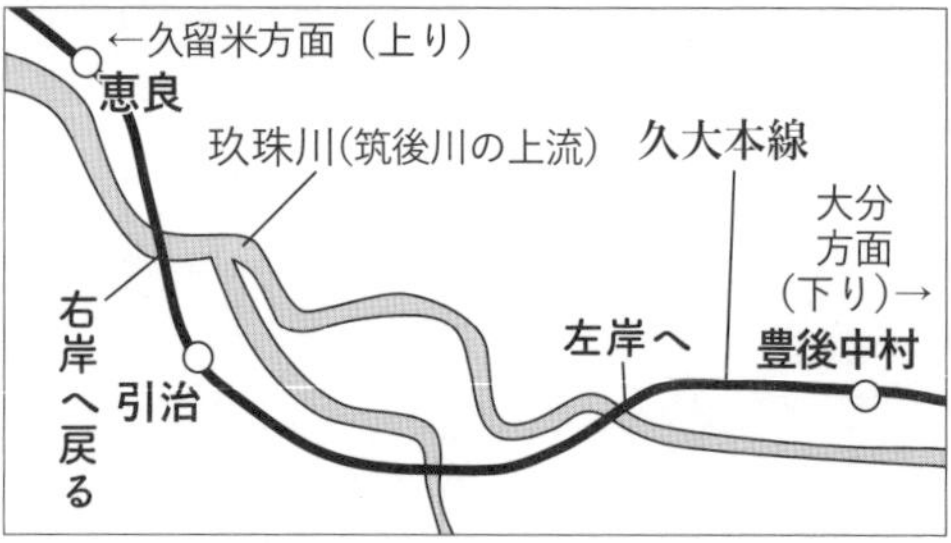

ときの政権は政友会内閣なので、現地の鉄道省大分建設事務所、石川所長は、政友会内閣の命により、せっせと右岸ばかりを測量していた。

ところが大正13年、政権が憲政党内閣に変わった。すると右岸ばかり測量していた大分建設事務所は閉鎖、石川所長は転勤。熊本建設事務所が工事を担当することになった（『福岡日日新聞』昭9・11・15付＝全通の日＝の工事経過回顧記事より）。

そうなると河原熊本建設所長は右岸測量を中止し、左岸ばかりを測量し始めた。左岸の人たちは大喜び。測量隊が行くと、村民たちは羽織袴《はおりはかま》を着て、中村から塚脇までの沿道に整列し、盛大な出迎え。まるで大名扱いだった。それに引き換え測量が中止になった右岸の人たちは態度一変。測量主任が川を渡るのに、腐ったワラ束を一つ取って足場にしたら「窃盗だ。警察に来い」とやられたほどだった（同）。こんなことをしているから、工事は大正10年から14年までストップしてしまった。

鉄道省本省の八田建設局長はアキレ返り、とうとう両党に対し、

「こういうふうに左右両岸の測量を繰り返していては、汽笛の声はいつ聞かれるか分かりませんぞ」と説得。結局、野矢《のや》駅から線路はまず右岸を走り、右岸に豊後中村駅を設け、ここを出ると玖《く》珠《す》川に鉄橋を架け左岸に渡ってそこに引治駅を設置。そして引治を出るとすぐのところにまた鉄橋を架けて線路は右岸に戻り、右岸の恵良駅に着くというくにゃくにゃルートが出現した（同）。

こうして大湯線は、昭和3年（10・28）、豊後中村まで、翌4年（12・15）、豊後森まで開通した。

豊後森の一つ手前（東側）の駅は恵良（大分県玖珠郡東飯田町恵良＝現九重町）。恵良は麻生観八が住むところだ。ところが観八は、近くに鉄道建設の槌音が聞こえ出し、来年は恵良駅も開業するという昭和3年（8・2）、病気のため自宅で死去した。63歳だった（『大分県交通史』）。恵良駅前の松岡公園には麻生観八の銅像が立っている。

註1　玖珠川　下流の日田市で、阿蘇外輪山から流れてきた大山川と合流して筑後川になる。

馬車鉄道があるから
なかなか国鉄線が建設されなかった久留米側

いま大分県日田市の人たちは、県庁所在地の大分市に行くのに、久大本線の列車に乗って、わずか1時間半ほどで大分に着く。しかし、久大本線が日田まで延びてくるまでは、この間（約94キロ）に交通機関はなかった。

そこで日田町（昭15から日田市）の人たちは、東にある大分へ行くのに、反対方向の西向きに久留米を目指した（『日田市史』）。理由は、当時、日田町には筑後軌道会社[註1]の終点、日田豆田駅があったからだった。ただし、この会社の線は、大分へは延びておらず、社名の通り筑後地区を走り、国鉄久留米駅前が終点だった。

だから日田町の人たちは、この筑後軌道の軽便鉄道に乗って久留米に出る（所要約3時間半）。そして久留米駅から国鉄の上り列車で小倉まで行き（所要約3時間）、小倉駅で日豊本線列車に乗り換えて大分駅に向かっていた（所要約4時間）。これだけで所要[註2]計約10時間だが、途中乗り継ぎ列車待ちの時間もあるから、さらにこれ以上の時間がかかっていた。東へ用事があるのに、まず西へ向かい、2度も乗り換えて「の」の字型コースで大分市に着いていた……とは驚きだ。

*

筑後軌道会社は、明治36年、筑後馬車鉄道会社として創立、県道大分～佐賀線（現国道２１０号）の道路上に線路を敷き、吉井～田主丸間に、客車（15人乗り）を馬が引く馬車鉄道を走らせたのが最初の姿。のち小さい蒸気機関車が列車を引く軽便鉄道に代わり（社名も筑後軌道と改称）、西は国鉄久留米駅前まで、東は日田豆田まで延伸された（大5全通）。日田豆田～久留米駅前間の所要時間は約3時間半だった（『吉井町史』）。

*

現久大本線の大分側は、大正12年から国鉄列車が走っていたのに、久留米側は同時に工事が進められなかったのは、この軽便鉄道があるからだった。久留米～日田間は、速度が遅いとはいえ、

浮羽郡吉井町中町通りの町並みを走る筑後軌道の蒸気機関車（大8）
＊西日本新聞アーカイブ

これで一応足の便は確保されていた。それに並行して国鉄の汽車が走るようになれば、筑後軌道会社は乗り手がなくなってたちまち経営破綻するだろう。これも国鉄が久留米側の鉄道建設になかなか着手しなかった理由かもしれない。

しかし、人が歩いているのと同じ道路上に線路が敷かれ、そこを黒煙を吐きながら軽便鉄道が走るというのは、いつまでもつづけられるものではなかった。そこで大分側よりかなり遅れてではあるが、やはりこちらからも鉄道を建設するということになった。そして昭和3年（12・24）、最初の区間（久留米〜筑後吉井間）が開通した。

ほぼ並行に国鉄の汽車が走り始めると、やはり小さくて、遅い軽便鉄道はかなわない。翌4年、筑後軌道会社は解散した。

会社を解散した旧筑後軌道の人たちは連絡自動車会社を発足させ、久留米〜日田間にバス営業（といっても初めは六人乗り幌付き乗用車使用）に転向した。同バス会社はのち五社合併で西鉄となった（『浮羽町史』）。

*

大分から西へ向かっては大湯線、一方、久留米から東へ向かっては久大線が延びて行き、昭和9年（1934年＝11・15）、天ヶ瀬〜日田間で、双方の線は繋がった。これで久留米〜大分間が全通。国鉄は間もなく（昭12・6・27）全線を久大本線と改称した。

この章のここまでは久大本線が全通するまでを紹介した。

次項からはこの線の話題の駅を紹介しよう。

註1　筑後軌道会社　本社は浮羽郡吉井町＝現うきは市。
註2　所要時間　ルートは『日田市史』、所要時間は旅行案内社発行『汽車汽船旅行案内』復刻版を参考にした。

宮原《みやのはる》線の線路を剥いで持って行って造った世知原《せちばる》線

久大本線が全通したあと、国はこの線の恵良《えら》駅（玖珠郡東飯田町恵良＝現九重町）から分岐して小国《おぐに》町（熊本県阿蘇郡）までの支線を造ることになった。線名は宮原《みやのはる》線。起点側から工事を始め、まず昭和12年（6・7）、途中の宝泉寺《ほうせんじ》駅まで開通した。そしてこの日から恵良〜宝泉寺間に毎日お客を乗せた列車が走り始めた。ところが、昭和18年（3・31）、突然、営業休止。列車は走らなくなった。さらに同年9月1日には、線の廃止。そして線路の撤去が始まった。

そのころ、宝泉寺町に住み、国鉄森保線区（久大本線豊後森駅構内）に勤務していた酒井春勝さんは、長崎県に新線を造るため長期出張を命じられ、現地に泊まり込んで作業に当たっていた。そしてある日、線路を満載してやってきた貨車の車票[註1]を見ると、ナンと発駅名欄には「恵良駅」と書いてある。営業休止になった宮原線恵良〜宝泉寺間の線路が剥《は》がれて、恵良駅から長崎県の新線建設工事現場に送られてきたのだった（定年後、寿工業森営業所長として勤務中の酒井さんの話＝昭59取材）。
「この戦時中、宝泉寺温泉に行くような列車の線路は剥いでしまえ。そしてその線路で石炭輸送のお役に立つ新線を造れ！」

という国の方針だったのだろう。宮原線を剥いで運ばれてきた線路を敷設して、昭和19年（4・13）、世知原線[註2]が開通した。世知原線のルートには昭和の初めから軽便鉄道（軌間2フィート半＝762ミリ）が通っていたが、軍需産業で石炭の需要が増えたため、昭和11年、国が買収、改軌・重軌条化[註3]。その工事に酒井さんたちが当たったのだった。開通すると世知原町一帯で掘られた石炭が（世知原線・松浦線・臼ノ浦線を通って）臼ノ浦港に運ばれ、工業地帯行きの貨物船に積み換えられるようになった。

宮原線の終点、肥後小国駅跡

＊

戦後になると、鉄鋼の生産も少しずつ増え、線路も豊富になり、営業休止になっていた宮原線恵良～宝泉寺間にも線路を再敷設、昭和23年（1948年＝4・1）、列車の運行が再開された。また宝泉寺から先の延伸工事も進み、昭和29年（1954年＝3・15）、恵良～肥後小国間が全通した。

しかし、バスやマイカーが増えると宮原線も列車の客が減り、赤字ローカル線になり、昭和59年（11・30）廃止された。いま宮原線の終点、肥後小国駅跡には線路の一部が残され、横に「ひごおぐに」と書かれたホームの駅名標示板が建てられている。

＊

現・久大本線、豊肥本線他

宮原線についてもう一つ、前記、酒井春勝さんに聞いた話。見出しを付けるなら「汽車が駅に近づくと近くの家庭の電灯が一斉に暗くなった話」——昭和12年、恵良〜宝泉寺間が開通し、宝泉寺温泉の地元は「温泉客が増えるぞ」と大いに期待した。ところが、シュッシュッポッポと汽車が宝泉寺駅に近づくと、近くの各家庭の電灯がスーッと暗くなるのだ。家庭の主婦の中には、

「汽車が来たけん、何時何分のはずバイ」

と家の時計の針を修正する人もいたと言う。国鉄の列車ダイヤはここまで信用されていたのかと驚かされる。

当時、宝泉寺にはまだ九州電力の電気が来ておらず、地元の協同組合の自家発電だった。ところが汽車が着くときは駅舎も、ホームもこうこうと電灯がともされる。このため各家庭の方は電圧が下がり、電灯が暗くなるのだった。便利になったいまでは想像もできないことだ。これも鉄道珍談の一つだろう。

*

宮原線の線路を剥いで持ってきて造った世知原線だったが、石炭輸送がなくなると、こちらも赤字ローカル線。昭和46年、廃止された（臼ノ浦線も同じ）。世知原駅跡は「躍進の泉公園」になり、世知原線の線路と、同線を走っていた機関車の動輪が飾られている。

註1　車票　積んでいる貨物の品名・発駅・着駅などを書いて貨車の側面に差し込んである伝票。

註2　世知原線　松浦線の肥前吉井駅から分岐して世知原駅まで。吉井・世知原両町とも平17からは佐世保市。

山の湯あり
噴出してゐる
時間

国鉄時代の宮原線麻生釣駅（昭30）　＊西日本新聞アーカイブ

註3　改軌・重軌条化　軽便鉄道用の軽い線路で、軌間も狭いのを、国鉄規格の重い線路で、軌間も国鉄規格（3フィート半＝1067ミリ）に敷き換えること。

全国のJR駅で第1号のひらがな駅名、うきは駅

うきは駅

久大本線うきは駅は、全国のJR駅で第1号のひらがな駅名の駅。

昭和6年（1931年＝7・11）、この駅ができたところは福岡県浮羽郡御幸村。駅名は筑後千《せん》足《ぞく》駅だった。のち御幸村は御幸町になり、さらに昭和26年、浮羽町になった。そして平成2年（5・1）、経費全額地元負担で、筑後千足駅を町名の通りに改称することになった。その際、読みは町の名の通りだが、表記はひらがなで、うきは駅とした。これがこの時点では全国のJR駅で第1号のひらがな駅だった。

面白いことには、平成17年（3・20）、浮羽町と吉井町が合併すると、新市の名も、うきは市と決まった（吉井市でも、浮羽市でもなく）。駅名を全国第1号のひらがな駅名にしたら、市名まで駅名に

倣ってひらがな市名になったのだった。

駅舎がカッパの顔の形をしている田主丸《たぬしまる》駅

駅舎がカッパの顔の形をしているのが久大本線田主丸駅（浮羽郡田主丸町＝現在は久留米市に合併）。屋根は緑色でカッパの頭の皿の形。2階の二つの窓が目。1階入り口の屋根は黄色でくちばしの形。その横に延びている部分は胴体で、寝そべっている形になっている。

中は顔部分の1階が地元の特産展示場、2階はカッパの資料展示場、胴体部分には観光協会事務局、切符売り場、コンコースなどがある。

この駅がカッパの顔の駅舎になったのは平成4年。当時の竹下登首相がふるさと創生事業を設け、全国の全市町村に「何に使ってもよろしい」と1億円ずつを交付。田主丸町では、この1億円を使って、それまでの古い木造瓦葺《ぶ》き駅舎を取り壊して建て替えることにした。新駅舎のデザインは、町役場の隣にある浮羽工業高校建築科の生徒たち。田主丸町がカッ

カッパをデザインした田主丸駅

パの町といわれていることからモチーフにした。高校生たちが描いたいくつものデザインをミックスして専門家が正式設計図を完成させた。こうしてその年、カッパの顔をした駅舎が出現した（町企画振興課の話＝平10取材）。正式名称は「田主丸ふるさと会館」。

同町がカッパの町といわれるのは昔、巨瀬《こせ》川（筑後川の支流）にカッパが棲んでいたという伝説があることから。駅舎のほか、歩道のわき、橋の欄干などいたるところに像があり、マンホールのふたにもカッパの図案。

お陰で田主丸駅はカッパの顔の駅として有名になった。この駅に止まらない特急も、駅通過時には徐行して、車内放送で「これがカッパの顔の駅でございます」と案内している。次項からは豊肥本線――。

鉄道院総裁の義父が元熊本藩士だからすぐ着工？の豊肥本線

話は、まだ現久大本線も、現豊肥本線もないころに戻る。明治42年、逓信大臣兼鉄道院総裁に後藤新平が就任すると、翌43年10月、彼は、大分、宮崎、鹿児島、熊本を視察した。

熊本・大分県民は、熊本～大分間の鉄道実現を切望、現地を見てもらう絶好の機会だと総裁を大歓迎。熊本側では、川路利恭知事らが、熊本県庁前から大津《おおづ》町（菊池郡）までは軽便鉄道[註1]、大津町からは2人引き人力車30両で宮地《みやじ》町（阿蘇郡＝現阿蘇市）へ向かった。人力車は地元の青年たちが後ろからも押して走り、沿道には小学生たちが日の丸の小旗を打ち振って「バンザイ、バンザイ」と叫んだ。熊本、大津、宮地などでは、地元民たちが集まって大歓迎会。宮地での歓迎昼食の宴のあと、また人力車を連ねて滝室坂《たきむろざか》を上り、県境で待ち受けていた千葉貞幹大分県知事ら大分県の歓迎団に引き継がれた（『豊肥線と阿蘇』[註2]）。

後藤新平総裁は、大いに気をよくし、帰京後、訪ねてきた新聞記者に、

「元気な青年団員たちが17人も来て、車を引く、車を押す。阿蘇の青年会は日本一だね」

と語った（同）。大分県玖珠郡長、麻生観八が、久留米～大分間に鉄道を、と陳情したときには、

「あの山の中に鉄道なんか必要ない。君らは鉄道を敷いて山猿でも乗せるのか」

と一蹴した同じ人物の口から出た言葉とは思えない褒め方だった。

そして新平が単に青年会を褒めただけではなく、鉄道院は翌々45年、宮地線（熊本側から延伸）、犬飼線（大分側から延伸）の名で建設することを決定。直ちに実測開始。大正元年、工事を始めた。視察に行き、陳情を受けて、わずか2年後にはもう着工だからすごい。

この章では、北から南への順で久大本線を先に書いたが、編年順で言えば現豊肥本線の方が先。現久大本線建設が始まったのは、現豊肥本線着工より10年もあとだった。

*

後藤新平は、陸奥国《むつのくに》胆沢《いさわ》郡（現岩手県奥州市）の生まれ。維新後、13歳のとき、胆沢県庁に給仕として働いていると、これを大参事として赴任してきていた安場保和が〈俊敏なるに着眼〉（『安場咬菜《こうさい》・父母の追憶』）、自宅、のち腹心の阿川光裕方に書生として住み込ませるなど目をかけた。

寝釈迦《ねしゃか》のような阿蘇五岳と豊肥線を走るＳＬ（昭24）　＊西日本新聞アーカイブ

そして安場が福島県令（知事）に赴任すると、阿川も、書生の後藤新平も福島に同行、安場が県立須賀川医学校を開設すると、新平はここに入学。

さらに安場が愛知県令に異動すると、新平も愛知県に移り、愛知県立病院の医師になった。県庁の給仕から、書生、医学校——と新平は、安場に育てられたようなものだった。

そんな関係だから、安場が参事院議官を命じられ、東京に移ると、新平も内務省衛生局照査係副長となり、東京へ。そしてその年（明16）、新平（27）は、安場の二女、和子（18）と結婚した（『安場保和伝』）。安場は、その後福岡県令（在職中に県知事と職名変更）となり、地元有志に働きかけて、九州最初の汽車を走らせたことは、この本の最初の章で紹介した通り。

新平はその後、医学研究のためドイツに留学、内務省衛生局長などを務めたが、さらにのちには満鉄総裁になったあと逓信大臣兼鉄道院総裁など政治家として活躍。この間（明32）、安場は65歳で死去しているが、新平が妻の父の郷里、熊本の人たちの願いを叶えてやりたかったのは無理もないことだった。

＊

熊本から東へ向かって鉄道建設が始まった宮地線は、大正3年（6・21）最初の区間である熊本駅〜肥後大津駅間が開通、同7年（1918年＝1・25）、宮地駅まで開通した。

註1　軽便鉄道　大日本軌道会社の大津軽便鉄道。

註2　『豊肥線と阿蘇』　熊本日日新聞編集委員室長、井上智重著、平11、一の宮町発行。

他町の反対運動を煽って自分の町に誘致した三重町駅

熊本駅から東へ向かって宮地線が延びる一方、大分駅からは犬飼線が西へ向かって延びていった。そして熊本からの最初の区間が開通したのと同じ大正3年（1914年＝4・1）、大分駅〜中判田《なかはんだ》駅（大野郡判田村＝現在は大分市）間が開通した。線は少しずつ部分開業しながら延伸、犬飼まで開通したあとも、犬飼線の名のまま延伸……。ところが犬飼の先で問題が起こった。

犬飼から先について国鉄は、ここから、

▽田中などを経由して竹田へ向かう案

と、

▽三重などを経由して竹田へ向かう案

を検討していた。ところが田中ルートの沿線では、

「汽車が通ると、煤煙でカイコの餌である桑の葉が汚れる」

とか、

「タバコの葉が汚れ、値が下がる」

などと地元の特産を守るために鉄道反対の声が起こった（『豊肥線物語』[註1]）。

田中経由案に地元で反対が起きたのを見た三重町経由案の地元は、心の中でほくそ笑んだ。こ

ちらは鉄道の必要を認める声が多数で、誘致しようという意向が固まっていた。しかもそれが単なる誘致運動ではなかった。町民有志が、田中地区に駆けつけ、田中地区の人たちと一緒に、

「わが田中地区に汽車を通すな！」

と叫ぶなどして反対運動を盛り上げた。

反対運動の強烈さには国鉄もお手上げ、田中経由案を撤回して、三重町ルートで建設することになった。こうして犬飼線は、大正10年（1921年＝3・27）、三重町まで開通、三重町駅が開設された（同）。鉄道誘致運動にもいろいろあるが、よその反対運動に参加して反対を成功させ、自分の町に誘致したのは珍しい話。

註1　『豊肥線物語』大分鉄道ファンクラブ事務局長、荘田啓介著、昭62、大分合同新聞社発行。

代議士がルートを曲げたので
岡城址から離れた豊後竹田駅

犬飼線に三重町駅ができたあと、線はさらに西へ延び、大正11年（1922年＝11・23）、緒方駅（大野郡緒方町＝現在は豊後大野市）まで開通。次は竹田町（大分県直入郡＝現在は竹田市）に延ばそうというのが国鉄の計画だった。

竹田町は、作曲家、滝廉太郎が少年時代、この町に住んでいて、のちこの町の岡城址をモチーフに『荒城の月』（〽春高楼の花の宴……）を作曲したことで有名。従って地元では駅は岡城址のす

ぐ下に造ってもらおうと話を進めていた。

ところが、この計画を聞いて横ヤリを入れたのが隣の朝地《あさじ》（大野郡上井田村朝地＝現在は豊後大野市）出身の吉良元夫衆議院議員。

「鉄道を朝地にも通してもらわなければ朝地は取り残されてしまう。ぜひ朝地の方に線を迂回させ、朝地に駅を設置してもらいたい」

と国鉄に申し入れた。強力な政治力に押されて国鉄はこれを聞き入れ、緒方駅から先は線路をグーッと北に迂回させ、大正12年（12・20）朝地に朝地駅を設置した（『豊肥線物語』）。朝地の地元は大喜び。このカーブを「吉良曲がり」と呼んで、吉良元夫議員の功績を讃えた（同）。朝地駅前広場には吉良議員の胸像が建っている。

線路が竹田町の北東の朝地へカーブしていったため、竹田町へは北の方から入ってきた。お陰で竹田町内の線路は、岡城址や市街地のそばではなく、町の北の端を通り、そこに豊後竹田駅が造られた（大13・10・15）。竹田町の人たちにとってはいささか不便な位置になった。

*

しかし、のち豊後竹田駅前には、朝地町出身の彫刻家、朝倉文夫（芸術院会員、文化勲章受章者）の裸婦像が立った。竹田市は武家屋敷の町。そのため豊後竹田駅舎も武家屋敷風。その武家屋敷風駅舎の前に裸婦像とは面白いコントラスト。

駅が岡城址のそばに建たなかったとはいえ、岡城址をモチーフに作曲された『荒城の月』は豊後竹田駅に最も馴染みの名曲。列車が着くたびに『荒城の月』の曲がホームに流されている（平13取材）。

このあと犬飼線はさらに西へ向かって延伸。一方、熊本から東へ向かって延伸してきた宮地線と、昭和3年（1928年＝12・2）玉来～宮地間で繋がり、熊本～大分間が全通。全線が豊肥本線と命名された。

ここまで現豊肥本線が出来上がるまでを紹介した。次項からは豊肥本線の話題の駅を訪ねる。

＊

九州で一番高いところにある波野《なみの》駅

九州で一番高いところにある駅は豊肥本線波野駅（阿蘇郡波野村＝現在は阿蘇市）。標高754・9メートル。阿蘇外輪山東斜面の波野高原にあり、ホームの駅名表示板のすぐ横に「九州で一番高い高原の駅（海抜七五四米《メートル》）」と書いた標柱が立っている。

高原の上だけに、この付近に鉄道を建設するのは大変だった。宮地線は、大正7年（1918年）、宮地駅まで開通。一方の犬飼線は、大正13年（1924年）、玉来《たまらい》駅（直入《なおいり》郡玉来町＝現在は竹田市）まで開通していた。ところが、宮地から波

波野駅

野高原に上る工事がなかなかの難工事。トンネルだけでも天狗・神石・堂山・願成就・坂ノ上の五つも掘らねばならない。中でも坂ノ上トンネル（２２８３メートル）は当時九州で一番長いトンネル。トンネル掘りに使う削岩機などのため、近くに国鉄が自前の火力発電所を造ったほどだった（『波野村史』）。

そして昭和３年（１９２８年＝12・２）、宮地〜玉来間が繋がり、熊本〜大分間の全線が豊肥本線となったのは、前項で紹介した通り。この最後の区間に九州で一番高いところにある波野駅が開業した（『ＪＲ九州社史』）。

＊

波野駅はいまは無人駅。地元の人の利用と、ときどき「九州で一番高い高原の駅」の標柱の前で写真を撮り合う鉄道ファンの姿が見られる。

阿蘇の駅なのになかなか阿蘇駅になれなかった坊中《ぼうちゅう》駅

いま豊肥本線阿蘇駅（阿蘇市）に降りると、駅のすぐそばから立派に舗装された阿蘇登山道路が延びている。山頂付近まで行く産交バスもこの駅前から出ている。だからここが阿蘇駅なのは当然のようだが、この駅、元は坊中《ぼうちゅう》駅で、なかなか阿蘇駅になれなかった。

ここに駅ができたのは大正７年（１・25）、宮地線の駅としてだった。開業したとき付けられた駅名は坊中駅。駅が造られたところが熊本県阿蘇郡黒川村字坊中であり、字名《あざめい》が駅名とされた（ホームに立てられている説明板による）。坊中というのは、ここに加藤清正が西巌殿寺《さいがんでんじ》を再建、その坊（僧侶の住むところ）があったので、明治になって寺社領没収で寺がなくなっても、坊中が地名として残っていたもの（『角川地名大辞典・熊本県篇』）。

鉄道が開通し、駅ができると阿蘇登山客が年々増加した。そうなるとよそから来る人の中には坊中駅が最寄り駅と知らない人がいっぱい。切符を間違えて買った、とか、降りる駅を間違えた、などの混乱がしばしば。そこで黒川村では、昭和３年、

「坊中駅を阿蘇駅に変更して頂きたい」

と鉄道大臣に陳情することになった。ところが話が大臣まで届く前に、門鉄局長から、

「坊中のほか、宮地、立野、長陽、阿蘇白川の各駅に下車して阿蘇山頂を目指す登山者もいる。その名を独占することに、他方面において反対を唱え、地方的紛争を生じることが之無哉《これなきや》」

と問い合わせてきた。そして実際その通りであり、改名問題は頓挫した。阿蘇駅になりたいのになれない坊中駅——というわけだ。

しかし戦後の昭和29年、黒川村は周辺の５村と合併して阿蘇町になった。阿蘇町の駅が阿蘇駅なら文句はあるまい。しかも坊中駅のすぐ近くから阿蘇山頂への登山道路も整備され、登山バスも走るようになり、坊中駅は名実ともに阿蘇登山口の駅になった。そこで昭和36年、坊中駅は晴れて阿蘇駅と駅名変更された（『くまもとの鉄道』）。

その後、阿蘇町は平成17年（２・11）、一の宮町、波野村と合併して阿蘇市となった。

現・久大本線、豊肥本線他

九州最大のスイッチバックがある立《たて》野《の》駅

九州最大のスイッチバックがあるのは豊肥本線立野駅（阿蘇郡南阿蘇村）だ。宮地線の駅として大正5年（11・11）開業した。

スイッチバックというのは、上り急勾配の途中にある駅では列車が一旦停車すると、そのままでは発進できないので、バックして勾配をゆるやかにし、弾みをつけて坂を上って行くもの。かつて蒸気機関車牽引時代はあちこちにあったが、列車がほとんどディーゼルカーになると、スイッチバックは少なくなった。いまスイッチバックがある駅というだけでも話題になるが、ここは九州最大のスイッチバック駅だから話題中の話題の駅ということになる。

立野駅へ、熊本方面からの線路はほぼ33・3‰《パーミル》（1000㍍進む間に33・3㍍高くなる）で延びてきている。在来線の勾配は35‰以下でなければならず（普通鉄道

立野駅ホーム。上り熊本方面行き列車㊨と下り大分方面行き列車㊧と全然反対方向に発車する二つの列車がともにこちらにシリを向けて停車している＝平20撮

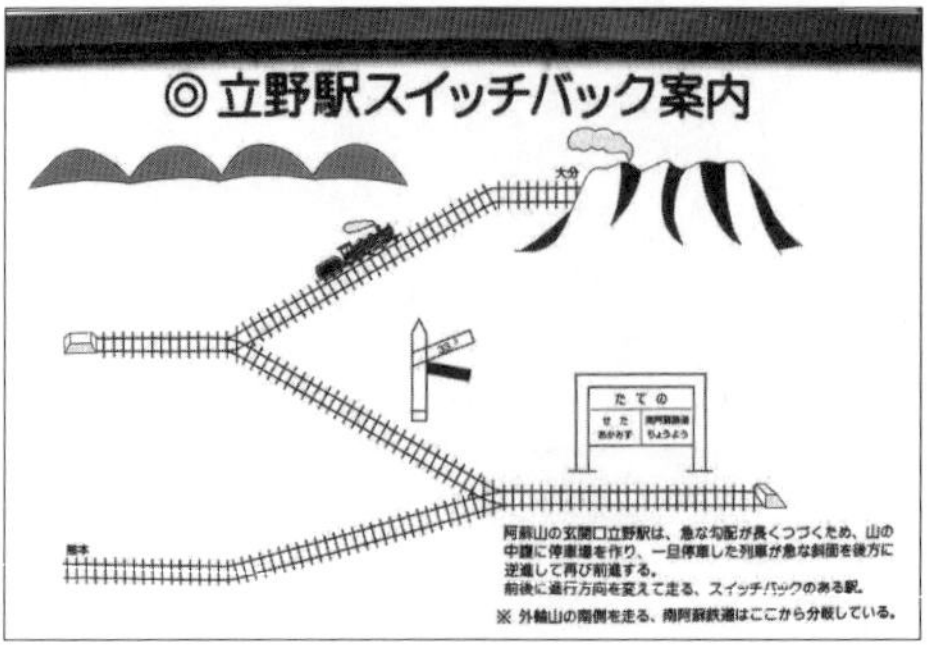

構造規則)、33・3‰は制限ギリギリに近い急勾配。一旦駅に止まると、そんな急な坂道発進はできないから、駅の部分だけは山を削って平地にしてある。そして列車がホームに着き、お客の乗降が終わると、ほかの駅のように前進せず、バックして行く。すなわち線路はこの駅で行き止まりになっていて、列車は前進できない。運転士はそれまでの運転室を出て、後部運転室に移り、反対向きに発車する。乗っている乗客たちにとっては列車がバックして行く形だ。列車は1133メートルバックすると、そこで運転士はまた先頭の運転台に戻り、やっと前向きに走りだし、次の赤水駅へ向かう(バックする距離は熊鉄局列車課の話=昭59取材)。1000メートル以上もバックするというスイッチバック駅は九州にはほかにない。

ホームの駅名表示板にも「たての」と駅名を書いた下に「秘境の里とスイッチバックのある駅」とスイッチバックのことが書いてある。さらに横には同じ大きさで「立野駅スイッチバック案内」というスイッチバックを図解した表示板も立っている。

「わざわざスイッチバックを見るためにやってきた」というお客もよくあり、地上で施設を見たあと、次の赤水《あかみず》まで1駅間だけ列車に乗ったりしている(松崎紘《ひろし》駅長の話=平13取材)。

*

スイッチバック駅で線路が行き止まりになっているため、この駅では、上り熊本方面行き列車も、下り大分方面行き列車も、同じホームに同じ向きで止まっている。

そのため駅に駆け込み、あるいは南阿蘇鉄道の列車で着いて急いで乗り換えという客が、ＪＲホームに走ると熊本方向に向いて止まっている列車がいる。早速乗り込み、ホッとしていると、列車は初め熊本方向に向かって走るが（実はバックしているのだが）、１１３３㍍走ると、逆方向の大分方面に向かって走り出す。「大変だァ」とお客は大あわて。次の赤水駅で降り、熊本行き列車に乗ってようやく目的地へ――こんな形の誤乗騒ぎがときどきあった、とこれも松崎駅長の話。

次項からは立野駅から分岐した南阿蘇鉄道へ入る。

日本一長い駅名の「南阿蘇水の生まれる里白水《はくすい》高原駅」

日本一長い駅名の駅は南阿蘇鉄道（元高森線）の「南阿蘇水の生まれる里白水高原駅」（阿蘇郡白水村）[註1]。平成４年（１９９２年＝４・１）、開業した。ひらがなで22字。白水村が「日本一長い駅名にしよう」とこの長い駅名を付けた（『読売新聞』＝平13・5・29付「うんちく玉手箱」欄）。

もっともこれは日本一を狙った命名であり、本当にこの駅名で会話をしていたらジュゲム騒ぎになってしまう。列車内の運賃表にも単に「白水高原」と書いてある。

＊

日本一長い駅名の駅

この日本一の駅、平成13年から19年までは、日本一の座を奪われていた。平成13年（4・2）、島根県の一畑《いちばた》電鉄に「ルイス・C・ティファニー庭園美術館前」（松江市）という駅が誕生した。「C」は1字のようだがカタカナでふりがなを振ると「シー」となり2字。従って全体は23字になり、「南阿蘇……」の22字を抜いた。お陰で「南阿蘇……」の方は駅名表示板に書いてあった「日本一」の文字を削ってしまった（同）。

ところが、平成19年3月末、同美術館が閉館した。――となると、一畑電鉄としてもありもしない美術館の名前を駅名にしておくわけには行かず、同年、松江イングリッシュガーデン前駅と改称した。これなら16字であり、当然日本一の座を降りた。

こうなると南阿蘇鉄道の「南阿蘇水の生まれる里白水高原駅」が再び日本一。ホームの駅名表示板にも、駅名の上に「日本一長い駅名」という字が復活した。

*

南阿蘇鉄道には、川面からの高さが日本一高い鉄橋もある。立野～長陽間の第1白川橋梁で、川面からの高さ64・5㍍だ。かつては高千穂鉄道（元国鉄高千穂線）深角《ふかすみ》～天岩戸《あまのいわと》間の高千穂橋梁が１０５㍍で日本一だったが、水害のため寸断され、平成20年、高千穂鉄道そのものが廃止。お陰で当時は第2位だった第1白川橋梁が日本一になった。

註1　白水村　平17からは南阿蘇村。

未完成トンネルが観光名所になっている
高森トンネル

せっかく掘り進められていたトンネルが、未完成のまま放り出された――と言えば普通は哀れな残骸になっているものだが、ナンと立派な観光名所になっているのが高森トンネル（阿蘇郡高森町）。なぜ哀れな残骸にならず、観光名所になったのだろうか？

高森トンネルは、国鉄高森線[註1]の終点、高森駅と、国鉄高千穂線[註2]（宮崎県）の終点、高千穂駅を結ぼうと鉄建公団が工事を進めていたルート上のトンネルの一つだ。

鉄建公団は、昭和48年以来、両線の間の、山にはトンネルを掘り、谷にはコンクリート高架橋を架け、線路を敷設するなど槌音を響かせた。ところが高森トンネル（６４８０メートル）を掘っているうちに、昭和50年、トンネル中に大量の出水。山の水が毎分32立方メートルずつトンネル内に流れ出した。工事現場も大変だが、高森町内も水涸れ。約１０００戸が断水。とうとうトンネル掘削は中断された。

公団が、どんな工法で工事を再開しようかと研究をしていると、その年、国鉄再建法が成立した。赤字ローカル線は廃止して、赤字国鉄の経営を再建しようという法律だ。既設の赤字線を廃

高森トンネル入り口＝平20撮

止しようというとき、新しく赤字新線を造ることなどとてもできる話ではない。公団も昭和55年、全国のローカル新線建設中止を決め、高森線と高千穂線を結ぶ工事も中止となった（鉄建公団下関支社の記者会見での説明＝昭55年）。そして造りかけの高森トンネルは高森町に無償譲渡された。

　高森トンネルは全６４８０㍍のうち２０５０㍍が掘られていたが、何といっても未完成のトンネル。トンネルの床面の真ん中には溝があり、湧水がゴウゴウと流れている。そんなものをもらっても、車も通せない。しかし高森町は考えた。この未完成トンネルを観光名所にしようと――。そこで２０５０㍍のうち入り口から５６０㍍地点までに照明を付けるなどして整備。トンネル入り口に料金所を設置、観光客はここで３００円の入場料（美化整備協力金＝平26現在）を払って中に入るようにした。トンネル入り口の近くには水の資料館「湧水館《ゆうすいかん》」も建てられ、付近一帯が湧水トンネル公園として整備されている（数字は湧水館展示資料による）。

＊

　高千穂駅側からも延伸工事が進み、高千穂駅の近くには葛原トンネル（１１１５㍍）も完成していたが、これは地元の神楽酒造会社が焼酎の貯蔵庫として利用している。トンネル内は気温の変化が少なく、常時17度前後であるため焼酎の貯蔵庫には持ってこい。トンネル内に４４０リットル樽が１５００本ズラリと並べられている（数字はトンネル内の展示資料による）。ここも見学者が絶えない。

註１　高森線　豊肥本線立野駅から分岐して高森駅までの支線。現在は三セク、南阿蘇鉄道。

註２　高千穂線　日豊本線延岡駅から高千穂駅までの支線。高千穂鉄道になり、平17、台風被害で廃線。

若松
藤ノ木
(仮)奥洞海
二島
筑前芦屋
東郷
福間
海老津
赤間
遠賀川
折尾
黒崎
八幡
枝光
戸畑
小倉
彦島
(さわら)
室木線
古月
鞍手
新北
室木
中間
筑前垣生
筑前植木
直方
筑豊中間
新手
岩崎
香月
香月線
貞元
南小倉
北方
城野
富野
幸町
大門
魚町
石田
下曽根
朽網
苅田
小波瀬
行橋
志井
石原町
呼野
採銅所
香春
上野
内ヶ磯
勝野
小竹
金田
赤池
中泉
伊田
糸田
後藤寺
後藤寺線
船尾
筑前庄内
漆生
鴨生
下鴨生
上三緒
上山田
添田
西添田
豊前川崎
池尻
今任
大任
伊原
上伊田
油須原
崎山
犀川
豊津
新田原
築城
椎田
豊前松江
宇島
三毛門
中津
東中津
今津
天津
豊前善光寺
柳ヶ浦
豊前長洲
宇佐
豊後高田
豊前四日市
円座
安心院
大貞公園
八幡前
真坂
洞門
羅漢寺
耶馬渓平田
津民
柿坂
下郷
白地
守実温泉
彦山
英彦山
豊前桝田
大行司
(えび)

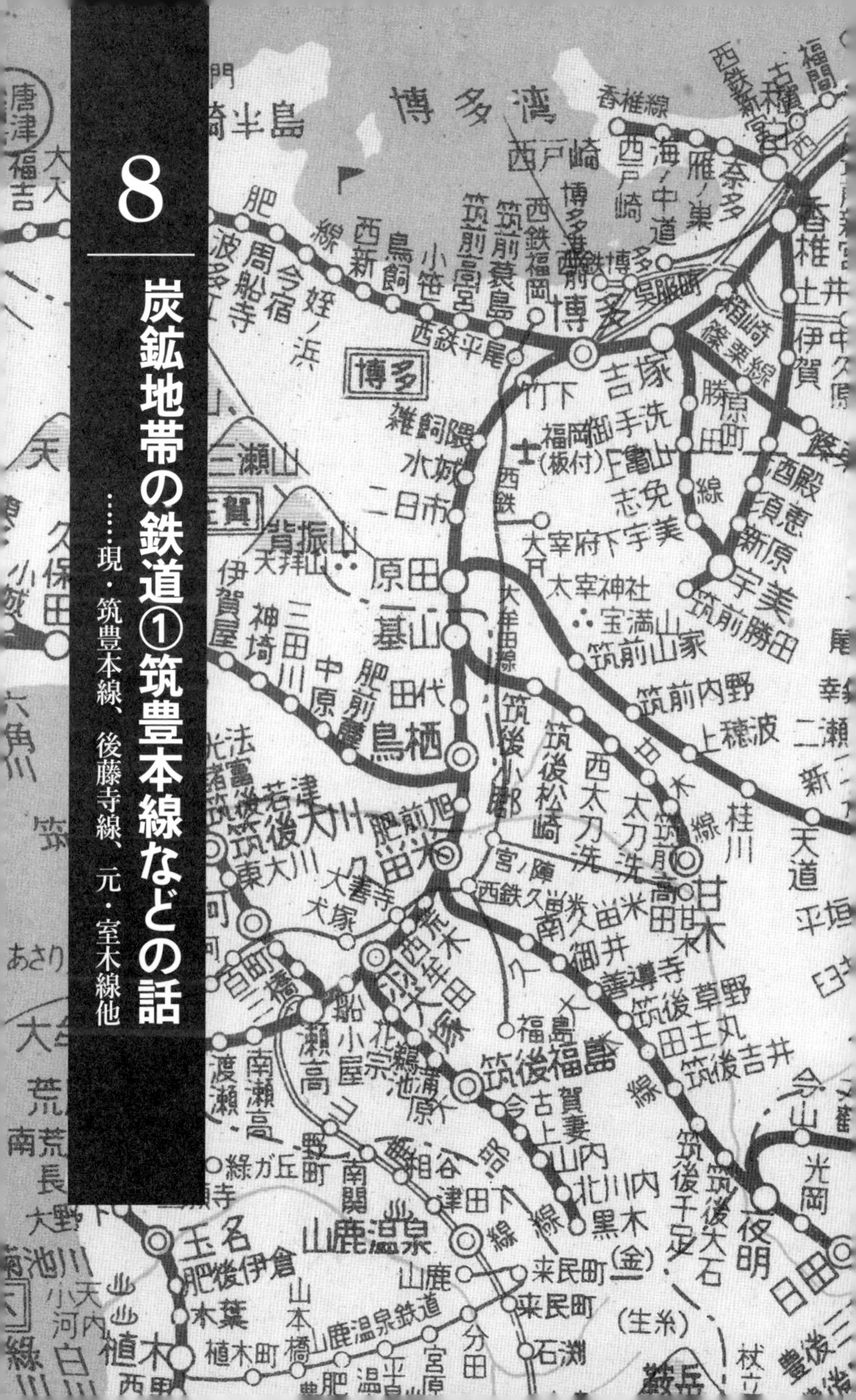

8

炭鉱地帯の鉄道①筑豊本線などの話

……現・筑豊本線、後藤寺線、元・室木線他

芦屋村に拒否され 若松村に変わった筑豊本線の起点駅

いまJR筑豊本線の起点は若松駅（北九州市）だが、本当は現福岡県遠賀郡芦屋町が起点になるはずだった。なぜ初めは芦屋（当時は芦屋村）が起点に選ばれ、それがなぜ若松（当時は同じ遠賀郡若松村）に変わったのだろうか？

現筑豊本線の母体は明治時代に筑豊興業鉄道会社[註1]が造ったもの。筑豊興業鉄道創設の目的は、石炭輸送。それまで筑豊炭田で掘られた石炭は、五平太《ごへいた》舟[註2]に積んで遠賀川を下り、河口の芦屋港で機帆船に積み替えられ、阪神工業地帯などに送られていた。筑豊興業鉄道はそれを貨物列車で運ぼうというのだから、ルートは五平太舟とほぼ同じ。すなわち遠賀川沿いに線路を敷き、河口の芦屋村に向かわせようとした。

ところが、芦屋村には五平太舟の船頭が大勢住み、またよそから来た五平太舟の船頭もここで石炭を降ろして運搬代金を受け取ると、料亭で酒を飲んだり、遊郭で遊んだりし、村は大にぎわいだった（『芦屋町誌』）。だから五平太舟の船頭たちだけでなく、料亭も、遊郭も、酒屋も、魚屋も、町を挙げて鉄道反対の声を上げた。筑豊興業鉄道は困り果てた。

＊

鉄道を炭田から河口の芦屋村に向かわせられないのならどうしようか……とは同社だけでなく、

炭鉱地帯を持つ鞍手《くらて》・嘉摩《かま》・穂波《ほなみ》・田川の4郡長も頭を悩ませた。その結果、郡長たちは代案として、筑豊から延びる線を折尾で九州鉄道の線に繋いで、門司へ運び、門司港から阪神向けの船に積むようにしようと考えた。そして代表たちが福岡県庁を訪れた。

ところが、ちょうどその日、遠賀郡長、岩佐専太郎もほかの用事で県庁に来ていた。岩佐は、芦屋村と違って、鉄道は地元の発展に必要だという意見の持ち主。4郡長が県庁を訪れた用件を知ると、4郡長に、

「なぜ遠賀郡を無視して、石炭を遠賀郡外に運ぼうとするのか」

と詰問。それだけではなく、帰郡すると郡内の有志を集めて事態を説明し、自説も述べた。すると若松村から出席していた5人が、

「よし、分かった。郡長に賛成だ。これから創設する筑豊興業鉄道株のうち遠賀郡割り当て全部を若松村の有志で引き受ける」

と申し出た（『遠賀郡誌』）。これには会社も喜んだ。

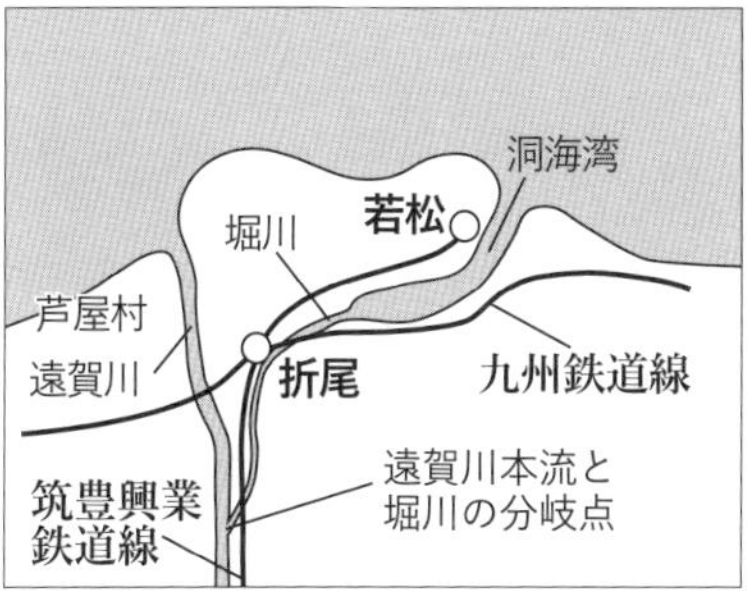

筑豊興業鉄道開通ごろの芦屋・若松付近

＊

実は五平太舟は、全部が芦屋村に向かっていたのではなく、一部は若松村にも向かっていたのだ。——というのは、遠賀川本流の途中、遠賀郡楠橋村寿命《じめ》（現北九州市八幡西区）で本流から分岐して、中間村岩瀬（現中間市）などを通り、洞海湾に出る堀川があったのだ。この堀川は江戸時代に藩米輸送のため黒田藩が掘削した

運河だが、明治維新で藩がなくなり、ちょうど時を同じくして石炭採掘が始まると、この堀川は石炭輸送の五平太舟の通路になっていた（『中間市史』）。本流に比べれば幅も狭かったが、一応の役には立っていた。そして洞海湾の湾口に若松港があった。鉄道は途中まで遠賀川沿いだが、楠橋村からはこの掘割沿いに走り、若松港のそばで石炭を下ろせばいい。それが遠賀郡長や若松村有志たちの意見だった（同）。

そこで筑豊興業鉄道はこのルートで線路を敷き、明治24年（1891年＝8・30）、同社の最初の区間、若松〜直方間を開通させた（『筑鉄報告』明24下期分）。こういういきさつで筑豊興業鉄道の起点は芦屋村ではなく若松村になった。

＊

芦屋村にあった石炭問屋、安川商店[註3]も若松に移転した。また芦屋村に住み、五平太舟の船頭をしていた吉田磯吉も若松に移った。磯吉はのち衆議院議員になり、その長男、敬太郎は東京商大（現一橋大）を卒業して、彼も衆議院議員、のち若松市長になった（『吉田磯吉翁伝[註4]』）。

以後、若松駅には筑豊からの石炭がぞくぞく着き、日本一の貨物取扱駅となった（昭28年度全国各駅貨物取扱量番付[註5]）。若松・芦屋両村は明治24年、町になった。そしてさらにのちの大正3年、若松町は若松市になり、昭和38年から北九州市若松区になっている。芦屋町はいまも芦屋町。

註1　筑豊興業鉄道会社　73ページ註1参照。
註2　五平太舟　公式には艜《ひらた》、川艜だが、ここでは通称の五平太舟と表記。
註3　安川商店　炭鉱経営者、安川敬一郎が経営。のちの安川財閥の前身。

註4 『吉田磯吉翁伝』 昭15、吉田磯吉翁伝記刊行会編、吉田敬太郎発行。
註5 全国各駅貨物取扱量番付 『石炭と若松駅』（昭61、若松駅史編纂委員会編・発行）所載。

乗客は無視？ ひたすら 炭鉱と港を結んだ筑豊炭田の鉄道網

一般的には鉄道は乗客の多いところを縫って造られるのものだが、筑豊興業鉄道会社の鉄道網は、乗客が多いか少ないかには関係なく、ひたすら各地の炭鉱の坑口（貯炭場）と港を結ぶ形で延びていった。

鉄道は、それまでの五平太舟に比べると、量的にも、早さの上でも段違いだった。なにしろ五平太舟は一隻平均7000斤《きん》（4・2トン）積みで、1隻ごとに1人の船頭が乗っていなければならなかった。ところが貨物列車は1両が6トン積み。[註1] それを数十両引っ張って走るのに、機関車1両と、人は2人（機関士と機関助士）しかいらない。すなわち五平太舟は船頭1人で4トン余を運ぶが、列車は2人で100トン以上を運ぶのだから、比べものにならない。

のち貨物列車の編成が長くなると、10両ごとぐらいに制動手が乗った。エアブレーキ登場前は、機関車でブレーキハンドルを回してチェーンを締めても、数十両も後ろの貨車まではなかなか利かない。そこで機関車でブレーキハンドルを回すと同時に、10両ごとに乗っている制動手たちも一斉にブレーキハンドルを回して、列車を停止または減速させた（元直方車掌区車掌、のち採銅所駅長、川本良信さんの話＝昭59取材）。

そのため長編成列車だと、機関士・機関助士のほかに、制動手が10両ごとに1人加わるが、それでも五平太舟数十隻、船頭数十人で運んでいた石炭を、汽車は数人で運ぶのだから、天と地ほどの違いだった。

明治24年（1891年）、若松〜直方間開通が九州における石炭の汽車輸送の始まりだった。

註1　6トン積み　貨車はのち次第に大型化し、最盛期には15トン積みが一般化。

まだ汽車がないころ石炭を運んでいた五平太舟とはどんなもの？

筑豊興業鉄道の汽車が登場するまで、筑豊の石炭を運んでいた五平太舟とはどんなものだったのだろうか？　そしてその輸送風景はどんなものだったのだろうか？

五平太舟の典型的なものは、長さ7間（12・6メートル）幅1間2尺（2・6メートル）。底が平らで、吃水《きっすい》が低いのが特徴。ほかに遠賀川の支流を行き来する小型の五平太舟もあった。標準的五平太舟はこれに石炭7000斤（4・2トン）を積み、まず下り、芦屋村などで石炭を降ろすと、今度はさおを使って川を上り、炭鉱に戻ってきていた。1往復には数日かかっていた。1カ月に4往復して約10円の収入。米1升＝5銭の時代だから、これはかなりのものだった（『筑豊万華』[註1]）。

五平太舟が着いて石炭を降ろす芦屋や若松の歓楽街が船頭たちでにぎわったのは、前々項で紹介の通りだ。船頭たちは「宵越しの金は持たぬ」という気質を競った（『筑豊学事始め』註2）。

＊

高収入が得られるものの、しかし五平太舟にもいいことばかりはなかった。川には各所に農業用水取水のための井堰があり、5～8月には堰が閉ざされることが多かった。閉ざされても通れないことはないが、操船には苦労させられた。

日照りがつづき、川の水そのものがほとんどなくなることもあった。明治26年には夏の間、川の水が涸れ、60日間にわたって舟が通れなかった。逆に大雨で水流が増し、操船が思うに任せず橋脚に衝突し舟が破損したこともある。

遠賀川の本流は川幅も広いが、折尾の堀川註3は幅が狭く、渇水や大雨でなくても操船が難しかった。川幅がわずか3間（5・4メートル）、ここを幅1間2尺（2・6メートル）の五平太舟が、あるものは下り、あるものは上るのだから、すれ違うときは隙間がわずか20センチそこそこ、舷側がこすりあって、怒鳴りあいからケンカになるのが日常的だった。

本流にしろ、堀川にしろ、炭鉱から河口へは川を下るのだから漕ぐのも楽だが、帰りは上流へ向かうのだから楽ではなかった。とくに逆風の日には悩まされた。順風になるか、風が収まるのを待つこともあったが、いつまでもは待てず、舟に縄を付けて岸を歩き、上流まで引いて帰ることもあった。

＊

五平太舟に石炭を満載して、川を下っていると、空舟で漕ぎつけて来て、

貯炭の山と貨車が並ぶ若松駅（昭28）　＊西日本新聞アーカイブ

「石炭をよこせ！」

と脅す輩もいた。応じないと暴力を振われた。水上強盗だ。

暴力で横取りされるだけではなかった。船頭の中には、途中で積み荷の石炭を荷抜きして売る者、川岸の人と物々交換（石炭を渡し、米や調味料を受け取る）をする者、岸辺から年ごろの娘に色気交じりでせがまれ、気軽に石炭を分けてやった者もいた。

それやこれやで舟が港に着いたときは斤量不足になっていることが多かった（以上いずれも『筑豊万華』）。

*

五平太舟の数は、鉄道開通前の明治22年には筑豊一帯で5000余隻。小型の五平太舟を合わせれば6500隻以上。遠賀川は舟で水面が覆われ感じだった（『中間市史』に所載の『福岡日日新聞』明22・4・19付）。

ピークは明治28年で、6999隻。この年、75万トンを運んでいる。汽車輸送が始まっても、中小炭鉱では引きつづき五平太舟を利用していたが（『筑豊万華』）、五平太舟輸送は年ごとに減り、昭和4年には200隻。昭和6年、6トンを運んだのを最後に、石炭の五平太舟輸送は完全に姿を消した（『中間市史』）。

*

かつて折尾駅前には堀川が流れていたが、いまは暗渠[註4]になっている。この堀川を、石炭全盛期には1日に400隻の五平太舟が通ったものだった（『折尾駅事績簿』）。

折尾駅営業係、岡山直敏さんは、子どものころから折尾で育ったが、その話を聞くと（昭63取材）、「私が小学生のころ（昭和初期）は、まだ堀川をポツン、ポツンと五平太舟が通っていました。もちろん1隻通れば、あとは1〜2時間後に、次の1〜2隻が……というくらいの数でしたが。舟には石炭を満載。子どもも乗っていて、母親が七輪をバタバタあおいでおかずか何か煮ていたり、という光景でした」

ということだった。

註1　『筑豊万華』元田川市立図書館長、永末十四雄著、平8、三一書房発行。
註2　『筑豊学事始め』ＮＰＯ法人住学協同機構筑豊地域づくりセンター編、平16、海鳥社発行。
註3　堀川　遠賀川本流から分かれて洞海湾と結ぶ水路。前々項参照。
註4　暗渠　駅の少し上流は堀川のままで（幅は狭くなっているが）、河畔には飲み屋が並んでいる。

のちの上山田線が初めは筑豊本線だった

筑豊興業鉄道は、明治24年、まず若松〜直方間を開通させたあと、線を南へ延伸して同26年（1893年＝7・3）、飯塚駅（穂波郡飯塚町＝現飯塚市）まで開通させた。

いまの筑豊本線をご覧になっている方は、このあと線は飯塚からさらに南の桂川《けいせん》方面へ延びたのだな、と思われそうだが、筑豊興業鉄道の線は飯塚から南へは延びず、左カーブして東へ進み、臼井《うすい》駅へ延伸したのだった（明28＝1895年＝1・5開通。この間の明27筑豊鉄道と社名変更）。明治30年、同社は九州鉄道会社に合併されるが、九州鉄道もこれを筑豊線と呼んで延伸し、同36年（1903年＝12・20）、上山田駅（嘉麻郡熊田村上山田＝現嘉麻市）まで全通させた。すなわち当時は、この若松～飯塚～上山田間が筑豊線という線名で（『九鉄報告』明35下期分）、九州鉄道が国有化（明40）されると、国鉄は、これを「筑豊本線」と呼んだ（『停車場変遷大事典』）。

＊

筑豊鉄道は、飯塚から臼井へ延伸する一方、飯塚から分岐して南へ長尾線という支線も建設、明治34年（12・9）に長尾駅（現桂川駅）まで開通した（『九鉄報告』明34下期分）。のちに赤字ローカル線として廃止（昭63・8・31）される上山田線が当時は筑豊本線で、のちの筑豊本線の飯塚～現桂川間が長尾線という支線だったわけだ。

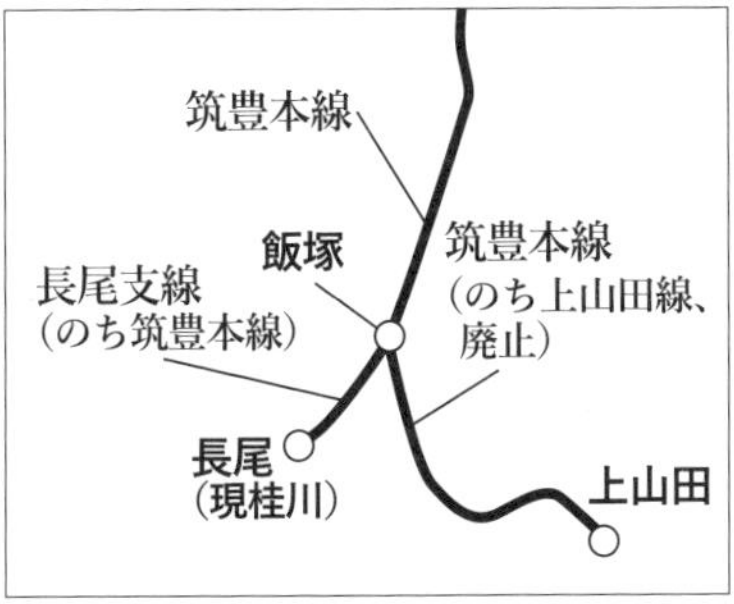

明治末ごろの飯塚付近

＊

九州鉄道を買収した国鉄は、昭和になって、長尾線の終点、長尾駅から鹿児島本線の原田駅（筑紫郡筑紫村＝現筑紫野市）まで線を延伸することになった。線の名は起点の長尾と終点の原田の頭文字を取って長原《ちょうげん》線で、昭和4年（1929年＝12・7）全通した。

長原線の全通を機に、長尾支線と長原線を含む若松～原田間が筑豊本線となった。また同日、飯塚～上山田間は上山田線という

鉄道ファンが見守る中、力強く走る筑豊線のＳＬ重連(昭46、穂波町)。
重連とは、機関車を２両連結にすること　＊西日本新聞アーカイブ

支線に変わった。線名がほぼ交換された形だ。上山田線は、のち日田彦山線の豊前川崎駅まで延長され、飯塚〜豊前川崎間となったが、赤字ローカル線として、昭和63年、廃止された。

隣村が意地で長尾駅と付けさせた現桂川《けいせん》駅

前項で現桂川駅のことを長尾駅と書いたが、現桂川駅はなぜ長尾駅だったのだろうか？

長尾線の終点、長尾駅が造られたところは桂川村（嘉穂郡＝現桂川町）。――桂川村の駅なら桂川駅と付けられるのが普通だが、この駅の名は、隣の上穂波《かみほなみ》村（同郡＝現飯塚市）字長尾の字名《あざめい》を取って長尾駅と付けられたのだった（明34・12・9開業）。

自分の村の駅なのに、なんで隣村の字名を付けなければならなかったのか？　というと、九州鉄道は初め、この支線を、当時この付近で人口の多かった上穂波村の中心、長尾まで延伸しようとした。だから終点は長尾駅で、線名は長尾線だった。

ところが延伸工事中の明治34年、長尾より少し手前の桂川村字豆田で麻生太吉の豆田坑が着炭し、開坑した。麻生は九州鉄道の株主。そこで延伸は桂川村で止まり、同年ここに駅が造られた。だから長尾まで鉄道は延びなかった。長尾の人たちは怒り狂ったが、どうにもならない。そこで長尾の人たちは、

「駅を桂川村に取られたが、この延伸は長尾駅までの長尾線だったんだ。駅名は意地でも譲らな

いぞ」

と強硬姿勢。とうとう九州鉄道は桂川村の駅なのに長尾駅と付けた。

そんないきさつで造られた駅だけに、長尾駅は石炭の積み込みには便利だったが――〈駅前一帯には一軒の人家もなく、見渡す限り田んぼだった〉(以上、『桂川町史』所載の古老の話)。

＊

しかし桂川村にとっては、やはり駅名に村の名が欲しいところ。そこでしばしば駅名改称運動が起こった。しかし〈駅設置当時ノ命名ノ由来ヲ知ル上穂波村長尾地区ノ頑迷ナル一部古老ノ反対ニ遭ヒ〉(『桂川町史』所載の国鉄に対する陳情書)なかなか実現しなかった。そして昭和15年、桂川村が町に昇格するのを機に国鉄に改称陳情書を提出するとき、ようやく上穂波村長も折れて陳情書に名を連ね、同年(昭15・12・1)、桂川駅に改称が実現した。

この章のここまでは、現筑豊本線がどう延びていったかを紹介した。

次項からは、この線の話題の駅を追ってゆこう。起点側から下っていってまず中間駅――。

仰木彬監督が一年の半分だけ通学列車に乗っていた中間《なかま》駅

筑豊興業鉄道会社は、若松～直方間に鉄道を建設するとき、初めはこの起点・終点間の駅は折尾駅だけの予定だった。ところが開業(明24＝1891年＝8・30)の2カ月前になって突然〈遠賀郡長、長津村大字中間ニ増設ノ要ヲ感ジタルヲ以テ、六月二十日該所ヘ停車場設置のコトヲ出願シ〉(『筑鉄報告』明24年上期分)、仮切符売り場と仮ホームだけ造って開業した。こうして、のちの筑豊本線は初め四つの駅がある鉄道として開業した。

仮ホームは盛り土で、客車の乗降口付近にだけ割石のバラスが敷かれ、これが下駄の歯に挟まって歩きにくかった（当時小学1年生で見物に行った勝原秀吉さんの話＝『中間駅物語』[註1]所載）。

*

ずっとのちのことだが、この駅から、福岡県立東筑高校野球部選手、仰木彬[註2]が列車に乗り、次の折尾駅（北九州市八幡西区）で下車、東筑高に通っていた。

ただし、彼は毎日、列車に乗ってはいなかった。年間の半分くらいは列車通学だったが、あとの半分は、友人にカバンを学校まで運ばせ、自分は学校まで線路沿いの道（約4キロ）を走って通学していた（スポーツ紙記者が野球部OBに聞いた話）。

走って通学していただけなら、立派なスポーツマンだな……というところだが、カバンは友人に学校まで運ばせていたというところが、さすが、一癖も二癖もあるプロ野球選手たちを統率して優勝に持ち込む監督になれたのだな、とあらためて感心させられた。

註1 『中間駅物語』 中間市郷土会、江副敏夫編・発行。
註2 仰木彬 のち西鉄ライオンズ選手、さらにのちオリックス監督、野球殿堂入り、平17死去。

最盛期の穂波町(現飯塚市)忠隈のボタ山　＊西日本新聞アーカイブ

高倉健がボクシングのグラブを肩に列車通学していた香月《かつき》線

前項で紹介した中間駅からは、香月線という支線が分岐していた。終点は香月駅（遠賀郡香月村。現北九州市八幡西区香月）で、香月村にある大辻炭鉱の石炭を運ぶため、明治41年（1908年＝7・1）に開通[註1]した線だ。

これも昭和になっての話だが、のちに東映スターになる高倉健（当時は本名の小田剛一、平成26年死去、享年83）が、終点、香月駅から、毎日、香月線の列車で中間駅まで行き、ここで筑豊本線の列車に乗り換えて、折尾駅で下車、県立東筑中学（現東筑高校）に通学していた（岩崎謙吾さん[註2]の話＝昭48取材）。仰木監督と同じ学校だが、高倉健の方がかなり先輩。

終戦直後だから客車が足りず、貨車のドアを開け放しロープを一本渡しただけのものに乗っての通学だった。高倉健は東筑中にボクシングクラブをつくり、いつもグラブを肩に掛けて通学していた。

そして当時は香月から折尾までの直通列車がなく、中間駅で一旦降りて、筑豊本線列車に乗り換え。ところがホームで筑豊本線の列車が来るのを待っているのは退屈なもの。しかもいくつもの中学の生徒たちが待っている。血の気の多い中学生たちが、暇を持て余しているのだからたまらない。他校の生徒との間で「何をッ」「やる気かッ」とよくケンカ。殴り合い。高倉健は大抵参加していた（同）。若き日の健さんのほほえましいエピソードだ。

註1　香月線開通　九州鉄道会社が着工、同社が国に買収されたので、国鉄が工事を引き継ぎ完成。

註2　岩崎謙吾さん　香月駅前で佃煮製造の岩崎食品会社を経営。高倉健と学年は違うが、同じ香月駅から東筑中学に列車通学をしていた。

九州で初めての複線区間は　底井野《そこいの》信号場〜植木信号場間

九州に初めて鉄道が敷かれたときは、全部単線だった。それが複線になった第1号はどこだろう？　現在の列車本数から考えれば、それは鹿児島本線（当時は九州鉄道会社の本線）だろう、と思われそうだが、実は九州で初めての複線区間は、筑豊興業鉄道会社線（現筑豊本線）の底井野《そこいの》信号場（遠賀郡底井野村＝現在は中間市）と植木信号場（鞍手郡植木村＝現在は直方市）の間だった。主としてお客を運ぶ九州鉄道より、主として石炭を運ぶ筑豊興業鉄道の方が列車本数が多く、単線では線路容量が足りなくなったのだった。

底井野信号場は、明治26年（12・20）開業した。植木信号場は、ひと足早くこの年の4月、開業、底井野信号場が業務を始めたのと同じ日（12・20）、駅に昇格した。

＊

信号場というのは、分岐器や信号機を操作するところ。単線区間を走って来た列車を、複線のどちらの線に入れるか？　とか、複線区間から来た列車を単線区間に入れても対向列車と衝突の恐れはないか？　などを判断してポイント切り換えなどをするのが仕事。

そういう作業は元からある駅にやらせればよさそうなものなのに、なぜわざわざ信号場を造ったのか？――というと、当時、元からある駅は、中間駅の次は直方駅だった。この間を複線にすれば、両駅で分岐器の操作をすればいいから、信号場の新設など必要ないが、両駅の間には、遠賀川と犬鳴川という二つの大きな川があった。ここにもう1本ずつ鉄橋を架けるのは当時としては、大変な工費と工期を要することだった。

そこで遠賀川を渡ったところから、犬鳴川を渡る手前までを複線化すれば、新たに架橋の必要はない。しかし、複線区間の両端には信号場がいる。そこで遠賀川を渡ってすぐのところに底井野信号場が設けられ、犬鳴川を渡る手前に植木信号場が設けられたのだった（『直方市史』編纂委員で、直方市植木在住の上刎《うえはね》忠さんの話＝昭54取材）。

＊

その後のことも紹介すると――明治30年、筑豊鉄道会社（明27社名変更）が九州鉄道会社に合併すると、その25日後（明30・10・25）、植木駅は筑前植木駅と改称した。九州鉄道にはすでに同社本線（現鹿児島本線）に植木駅（熊本県鹿本郡植木町＝平22熊本市に合併）があったから、同じ会社に二つの植木駅があっては混同するということから後発の方に旧国名を付けた。

＊

底井野信号場の方も変わった。この線が国有化で筑豊本線となったあと、時代が進むと、遠賀川にも、犬鳴川にも、もう1本ずつ鉄橋が架けられ、起点の若松から飯塚までが複線になった。しかし石炭輸送は増える一方。複線でも線路容量不足。そこで大正12年（7・1）には、遠賀川にもう1本鉄橋が架けられ、中間〜筑前植木間は3線になった（「中間駅事績簿」）。

　昭和になると、底井野信号場を旅客も乗降できる一般駅にして……という声が地元から起こった。これを承《う》けて国鉄は、昭和10年（4・26）、信号場から200メートルほど上り側の土手の上に筑前垣生《はぶ》駅を造った。のち3線のうち1線が撤去され、複線に戻ると、撤去された線の跡、元は底井野信号場があった位置に筑前垣生駅は移動した（昭25・1・20）。これがいまの筑前垣生駅だ。底井野信号場は5カ月後（昭10・9・21）廃止された（元中間駅長、木村俊隆さんの話＝昭54取材）。

鉱害でホームが線路より低くなった直方駅

駅のホームは乗客が客車に乗るためのものだから、地面より一段高くなっている。ところが客車の乗降口どころか、線路より低い位置にホームがある駅がある。筑豊本線の直方駅（直方市）だ。線路より低くなっているのは同駅1番ホームで、もちろんかつては1番ホームも地面から約76センチ[註1]の高さだった。1番ホームというのは改・集札口のすぐ前で、お客にとっては最も便利なところ。同駅では若松方面から来て、飯塚方面へ行く下り旅客列車が着発していた。

　ところがここは炭鉱地帯。駅の下を坑道が通っているらしく、駅全体がどんどん沈下していっ

直方駅。1番ホーム(左)は線路(列車がいるところ)より低くなっている

た。昔は女性がみんな、和服だったため股を大きく広げられず、ホームから列車に乗れなくなった。こりゃあいかん、というので昭和4年、構内全部の線路やホームをカサ上げした。ところが、1番ホームだけは駅舎と一体であり、1番ホームをカサ上げするには駅舎を取り壊して、地盤を高くして駅舎を建て直す以外にない。

しかし、そんなことをしていたら莫大な工事費がかかる。そこで国鉄は1番ホームと駅舎だけはカサ上げせず、1番ホームは使わないことにした。改・集札口前の最も便利なホームが使えないとは不便きわまりないが、仕方がない。お客はどの列車に乗る人も全部跨線橋を渡って別のホームに行かなければならないようになった(大15国鉄に入り、直方車掌区に勤務、採胴所駅長で定年退職、直方市在住の川本良信さんの話＝昭59取材)。

以来、1番線には列車が着かず、1番ホームの元線路側には柵がしてある。1番線の線路は剥がされ、線路跡には地元の人たちの奉仕で花壇が造られている。

*

直方市は、大相撲の元大関、魁皇(現浅香山親方)の出身地。そのため筑豊本線唯一の特急は「かいおう」号（1〜4号＝直方〜博多間）という愛称。力士の名が列車名になっているのは、全国でも「かいおう」号だけ。

註1　76センチ　かつての客車には、乗降口にステップが付いていたから、ホームは乗降口より低くても乗降できた。近年は電車やディーゼルカーが主体になり、これらにはステップがないから、乗降口とホームの高さが同じでなければならず、ホームの高さは92センチというのが現在のJRの標準。ほかに電車専用のホームは１１０センチ、新幹線は１２５センチと決められている（『鉄道工学ハンドブック』＝久保田博著。平7、グランプリ出版発行＝による）。

赤池住民に拒否された赤池支線

赤池支線という名の鉄道を造ろうとしたのに、線名にまで謳《うた》った赤池の地元から拒否された鉄道がある。筑豊興業鉄道赤池支線（現平成筑豊鉄道伊田線）だ。

筑豊興業鉄道会社は、明治24年（１８９１年）、同社として最初の区間である若松〜直方間を開通させたあと、本線を飯塚方面へ延伸するのと同時に、直方から分岐して赤池へ支線を造ろうとした。

赤池というのは田川郡上野《あがの》村赤池（のち赤池町＝現福智町）のこと。ここに旧福岡藩士、安川敬一郎と、藩士時代の同僚、平岡浩太郎[註1]が共同で創った大きな赤池炭鉱（のち明治鉱業）が開坑した。

この赤池は筑豊興業鉄道本線の直方駅からわずか8キロのところ。8キロの支線を造り、赤池駅を造

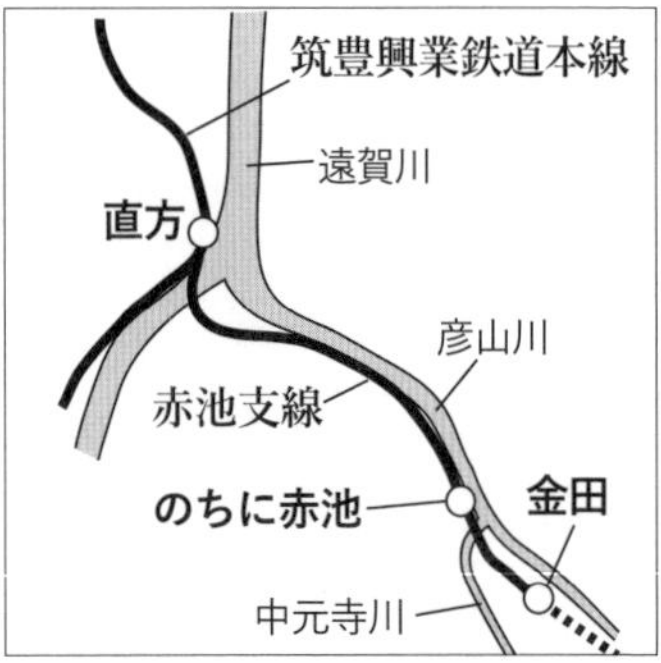

れば、ここから赤池炭鉱の石炭を貨物列車に積んで走り、直方駅からは本線に乗り入れさせ、たちまち若松の港へ運べる。炭鉱にも鉄道会社にも大きなメリットだった。

　ところが、この鉄道建設と赤池駅設置に地元などから反対運動が起こった。反対したのは芦屋村の場合と同じく五平太舟の船頭たちと地元の料理屋などだった。赤池は、地元で石炭が掘られていると同時に、もう一つの性格があった。英彦山から流れてきた彦山川と、添田村中元寺《ちゅうがんじ》から流れてきた中元寺川が、赤池で合流、川幅も広くなって遠賀川本流に流れ込むのだ。両川の上流から小さい五平太舟に積んで運ばれて来た石炭が、赤池で大きな五平太舟に積み替えられて遠賀川本流へ向かう。そのため合流点付近には常に何百隻もの五平太舟が繋がれ、船頭たちは運搬収入で懐がぬくぬく。川岸の料理屋は船頭たちで大にぎわいだった。これを汽車で運んでしまわれては、船頭も、料理屋も、めしの食い上げだ。船頭たちはムシロ旗を立て、座り込みをして、猛反対をした（『赤池町史』）。

　これには筑豊興業鉄道も困ったが、考えた末、赤池には駅を造らず、終点にもせず、赤池の先の金田《かなだ》（田川郡神田村大字金田。のち金田町、現在は赤池・方城両町と合併して福智町）まで線を延ばし、そこに金田駅を造り、明治26年（1893年＝2・11）、直方～金田間を開業した。途中の赤池には駅はなく、列車は直方を出ると次は終点の金田だった。

これで五平太舟の船頭や料理店は安心したが、現実は安心を吹き飛ばした。すなわち、石炭を小舟で赤池に運んでいた支流流域の各炭鉱は、金田駅ができたのなら、赤池の手前の金田まで五平太舟で運んで、金田からは貨物列車に積み替えようということになった。支流からの五平太舟は合流地点の赤池まで来なくなったのだ。

おまけに金田は輸送に便利なところとなったから、金田には新しい炭鉱もできた。また、これらの人を相手に商店も増え、市街地ができて活気あふれる町となった（『金田町史』）。拒否した赤池の方の『赤池町史』には「この事（赤池に駅を設置させなかったこと）が爾後《じご》赤池の発展を阻害した」と無念さがにじんでいる。

*

駅を拒否した赤池には駅が造られなかったが、本線開業と同時に、本線の途中から分岐して赤池炭鉱まで専用線が敷かれた。炭鉱の構内で石炭を満載した貨物列車は専用線を走って、本線に出て、直方経由、若松へ向かった（『筑豊炭砿誌』[註2]）。

筑豊鉄道（元筑豊興業鉄道）を合併した九州鉄道は、この直方〜金田間の線を明治32年（1899年＝3・25）に伊田駅（この時点では豊州鉄道の駅。現JR田川伊田駅）まで延長開業、直方〜伊田間が全通した。国有化後、直方〜伊田間は伊田線となり、現在は平成筑豊鉄道伊田線。

*

明治時代には駅を拒否した赤池だったが、のちには鉄道の便利さが分かってきて、

「せっかくわが町を鉄道が通り抜けているのだから、わが町にも駅を造って……」

と地元の人たちは声を上げた。そして国鉄に陳情。昭和12年（1937年＝6・25）、ようやく赤池町にも赤池駅が開業した。

＊

金田駅はいま平成筑豊鉄道の金田駅であると同時に、旧駅舎は同社本社。石炭貨車がひしめいていた広い構内は同社の車両基地になっている。

註1　平岡浩太郎　のち政治結社「玄洋社」社長、衆議院議員。
註2　『筑豊炭砿誌』明31、門司新報記者、高野江基太郎著・発行。

貝島炭砿の鉄道と九州鉄道を繋ぐために造られた勝野《かつの》駅

鉄道会社が自社の本線と支線の分岐点に駅を造るということはよくあることだが、炭鉱会社の鉄道と自社の鉄道を結ぶために駅を新設したところがある。九州鉄道（合併前の筑豊興業鉄道が造った線）の勝野駅（鞍手郡勝野村＝現在は小竹町）で、直方駅の次の駅だ。

明治25年（1892年＝10・28）に筑豊興業鉄道の直方～小竹間が開通したとき（若松から直方まではすでに開通していた）この間に駅はなかった。付近には民家もなく、炭鉱もなく、駅は必要なかった。

ところが、この線路が通っているところから西へ5キロほど離れた笠松村（鞍手郡＝現宮若市）に貝島炭砿の満之浦・大之浦両坑があった。貝島炭砿は、麻生・安川とともに筑豊石炭ご三家の一つ。だから貝島も初めは筑豊興業鉄道の株を１２０株持っていた。しかし、まだ同社の最初の区間（若松〜直方間）が開通するより前の明治23年、その株を売却してしまった（『宮田町史』）。株主ではなくなると、線路は貝島炭砿の近くを通らず、約５キロも離れたところを通るルートで敷かれた。

お陰で貝島炭砿は、貨物列車が小竹から若松まで走るようになってからも、相変わらず石炭を小型五平太舟に積んで犬鳴川《いぬなき》（遠賀川の支流）を運び、植木町（鞍手郡＝現在は直方市）で下ろし、筑豊興業鉄道の植木駅（現筑前植木駅）から貨車に積み、若松や門司へ運んでいた（『貝島太助翁の成功談』[註1]）。

しかし、五平太舟は貨物列車に比べれば積める量が少ない。しかも、犬鳴川は遠賀川本流より小さいので、五平太舟も小型。さらに植木で舟から貨車に積み替えの手間と時間がかかる。そこで貝島炭砿も、やはり石炭輸送は鉄道でなければ……と考えた。——と言っても、開通後の鉄道をいまさらルート変更できるものでもない。そこで貝島炭砿は、満之浦坑そばから九州鉄道線まで、自前の鉄道を造り、この線路に自社の貨物列車を走らせた（同）。

もちろん建設段階で、貝島は九州鉄道と協議、自社の線を九州鉄道の線に結節させ、そこから先は九州鉄道の線路を九州鉄道の機関車で引っ張ってもらうことにしていた。これを承《う》けて九州鉄道は、貝島炭砿の線路が延びてきて九州鉄道線に結節する地点に勝野駅を設置、貝島炭砿の鉄道が開通するのと同じ日（明34＝１９０１年＝２・13）開業した。満之浦坑そばには貝島炭砿の桐《きり》野《の》貨物駅が造られ、貝島炭砿の線は桐野線と呼ばれた（『宮田町史』）。

＊

開通から1年後の明治35年（2・19）、桐野線は、貝島炭砿から九州鉄道に建設原価で譲渡され、九州鉄道桐野線となった。

桐野線は貨物列車だけしか走らない線だった。しかし、国有化後の明治45年（7・21）、国鉄は地元の声に応えて、同線に旅客列車も走らせるようにした。駅も一般駅にし、旅客が乗降できるようにした。

昭和12年（8・20）には、桐野線を宮田線、桐野駅を筑前宮田駅と改称した。

だが平成元年（2・18）、宮田線は、赤字ローカル線として廃止された。

註1 『貝島太助翁の成功談』高橋光威著、明35、博文館発行。

初めは貨車に石炭を積むだけの芳《よし》雄《お》炭積場だった現新飯塚駅

筑豊で最大の都市は飯塚市で、同市の中心駅は飯塚駅——だった。ところが、近年は、その一つ手前の新飯塚駅の周辺に、市役所やその他の官庁・会社・商店なども集まり、乗客数も新飯塚駅の方が飯塚駅の2倍以上。いまでは新飯塚駅が飯塚市の代表駅になっている。しかし、この新飯塚駅も、明治時代、筑豊興業鉄道会社が線路（現筑豊本線）を敷いたときは、旅客列車など止まらぬ、芳《よし》雄《お》炭《たん》積場《せきじょう》という石炭積み込み施設だった。

筑豊興業鉄道会社は、若松~小竹間だった線を、明治26年（1893年＝7・3）、飯塚まで延伸。このとき飯塚駅と一つ手前の鯰田《なまずた》駅の間から東側へ分岐して麻生山内《さんない》坑の貯炭場まで約320㍍の立岩炭積支線を造った（『筑鉄報告』明26下期分）。そして支線の先端には芳雄炭積場を設けた。その名の通り炭鉱の貯炭場の石炭を貨物列車に積み込む施設で、旅客列車はこの支線には入ってこなかった（『麻生百年史』編纂委員、深町純亮さんの話＝平10取材）。

＊

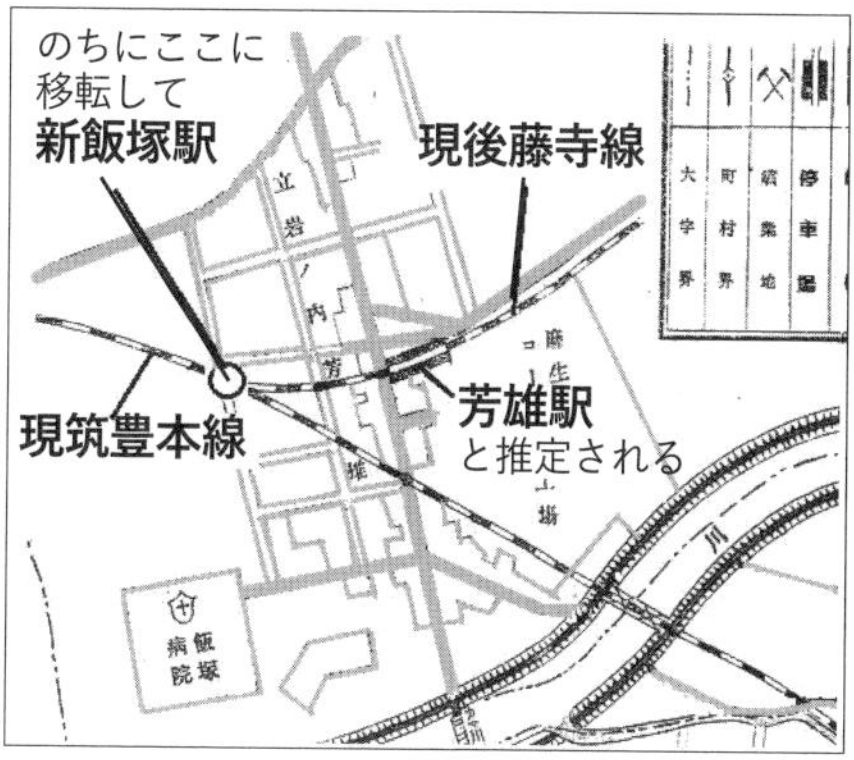

『嘉穂郡史』（大13発行）より。駅名・線名は加筆。
地図は一部加工しました。

本線から分岐した支線の先端にあった芳雄炭積場が、なぜいま本線上にある新飯塚駅の前身なのか？を知るために、立岩支線のその後を追ってゆくと——芳雄炭積場でせっせと貨車に石炭を積み込み、送り出している間に、その先の嘉穂郡稲築《いなつき》村山野（現嘉麻市）に三井山野鉱が開鉱した。当然、三井は九州鉄道会社（筑豊鉄道は明30九州鉄道に合併）に石炭輸送を要望。これに応えて九州鉄道は筑豊本線から芳雄炭積場までだった支線を山野まで延伸し、先端に筑前山野駅を設けた（明35・6・15開業）。また、これを機に芳雄炭積場を芳雄駅（貨物駅）に昇格させた（『九鉄報告』明35上期分）。

そのうちに山野一帯の炭鉱で働く人やその家族が増

芳雄駅跡。踏切名に芳雄の名が残る＝平10撮

えてくると、この駅から人も列車に乗られるようにして欲しいという声が起こってきた。国鉄（九州鉄道は明40国有化）はこの声に応じて大正9年（5・10）、この線に蒸気動車を走らせるようになった（『飯塚市史』）。

＊

ところが、山野の人たちがせっかく旅客列車（蒸気動車）に乗って、飯塚の町に行こうとしても、芳雄駅は本線との分岐点ではなく、本線より約320㍍手前。支線と筑豊本線の分岐点に駅はない。従って飯塚行きの本線列車に乗り換えることができない。これでは旅客は不便きわまりない。そこで国鉄は、この不便を解消しようと、芳雄駅を筑豊本線上（立岩支線との分岐器）に移転した（大13・2・10）。

これがいま新飯塚駅のある位置だが、この時点ではまだ駅名は芳雄駅だった。しかし、昭和10年（1935年＝2・1）、国鉄は、芳雄駅を新飯塚駅と改称した。

こうした曲折を経て元芳雄炭積場が新飯塚駅になった。

分岐点（現新飯塚駅の位置）から芳雄炭積場を経由して東へ延びた線は、後藤寺駅（現田川後藤寺駅）から西へ延びてきた線と繋がり後藤寺線となった（後藤寺線の詳細は後述）。

新飯塚駅から後藤寺線列車に乗ると、新飯塚駅を出て間もなく、麻生病院駐車場そばの線路わきに長方形の空き地があり、芳雄駅の跡を偲べる。

貨車をよこせと駅員が短刀や猟銃で脅された炭鉱地帯の各駅

石炭輸送が川舟から汽車に変わり、一度に大量を早く運べるようになったが、それでも石炭全盛期は炭鉱側の運びたい石炭が多すぎ、それを運ぶ国鉄の貨車の方が足りなかった。荷主である炭鉱側が国鉄に「ウチのヤマの石炭を運んでくれ」と頼んだものだった。頼むのも、頭を下げて頼むのならいいが、そこは〽川筋男の意気のよさ……（新新炭坑節）という炭鉱地帯。依頼の仕方もいささか血の気が多かった。

＊

例えば筑豊本線飯塚駅（飯塚市）の場合は、大手の住友忠隈《ただくま》炭鉱[註1]には駅から専用線が延びていて、次々に空車が入って行き、石炭を積んだ盈車《えいしゃ》が出てきていた。また中規模鉱は駅構内の11番線そばまでトラックで運んできてベルトコンベヤーで積んでいた。小規模炭鉱（通称、小ヤマ）は13番線（構内の一番外側の端）で積み込んでいた。ところが、大手にはカラになった貨車が重点的に回るが、小ヤマには少なく、13〜14社あるのに、13番線にはわずか3、4両しか回ってこないという日もあった。すると積めなかった小ヤマの幹部——といっても普通の会社のように背広にネクタイなどというのではなく、袖の端からはクリカラモンモンが見えているような御仁たち。

「なんでウチのヤマには貨車を回さんのかッ」

とすごい剣幕。恐ろしくなった駅員たちは走って逃げる。すると、クリカラ氏たちも、

「この野郎、逃がさんぞ！」

と追っかけ回す。そんなことがしばしばだった（石炭全盛時代から飯塚駅に勤務、取材当時は営業センター次長だった石倉久さんの話＝昭59取材）。

ピークの昭和34年には、この駅で石炭を積んだ貨車が1日平均100両。近くの駅で積まれ、この駅で組成[註2]される貨車が150両、計250両。次々に若松、戸畑など港頭駅へ向け発車していた（同駅営業センター所長、高倉縋《すがる》さんの話＝同）。それほど貨車が出ていたのにそれまでも足りなかったのだから、当時の石炭輸送の量はすごかった。

＊

日田彦山線西添田駅（福岡県田川郡添田町）では配車交渉に来ていた小ヤマの幹部が、

「ウチのヤマにもっと貨車を回せッ」

とズドーン！――駅長事務室で猟銃をブッ放した。駅員たちは飛び上がった（国鉄ＯＢで元同駅勤務、千々石定利さんの話＝平4取材）。

＊

室木線室木《むろき》駅（福岡県鞍手郡鞍手町）では、やっと夜が明け始めた午前5時ごろ、もう駅長事務室に、ドヤドヤと十数人の訪問者。いずれも近くの炭鉱の幹部たち。それが事務室をドッカと占領してドスの利いた声を出す。これも貨車の要求。駅員たちは震え上がったものだった。

門鉄局の配車計画に従っていると、室木のような小さい駅はどうしても配車が少ない。そこで駅員たちは、午前8時半に勤務が終わると（駅は一交と言って24時間勤務で、午前8時半に交代）、自宅に帰らず、港頭の若松駅に行って、

「この貨車はウチの駅から送り出した貨車だ。ウチに返してくれ」

と駅員同士で交渉。目の前で室木行きの機関車に連結させたりもしていた。（同駅での話＝昭54取材。室木駅は昭60廃止）

＊

上山田線大隈《おおくま》駅（福岡県嘉穂郡大隈町）では、駅長事務室の机にブスリと短刀を突き立て、「これでもウチのヤマに貨車を回せねぇのかッ」と、やられたこともあった（大隈駅は昭63廃止）。

註1　住友忠隈炭鉱　いまも飯塚駅から元同鉱の三つのボタ山が見える。
註2　組成《そせい》　着いた貨物列車をバラバラに切り離して、行き先別に繋ぎ換える作業。

山陽新幹線のロングレールを生んで自らは息絶えた室木《むろき》駅

山陽新幹線が博多まで延伸されたとき、そのロングレールを生んで自らは息絶えたのが室木《むろき》線室木駅[註1]（鞍手郡鞍手町）だ。

室木線は鹿児島本線遠賀川駅から分岐して室木駅までの線だった。鞍手郡西川村（現鞍手町）

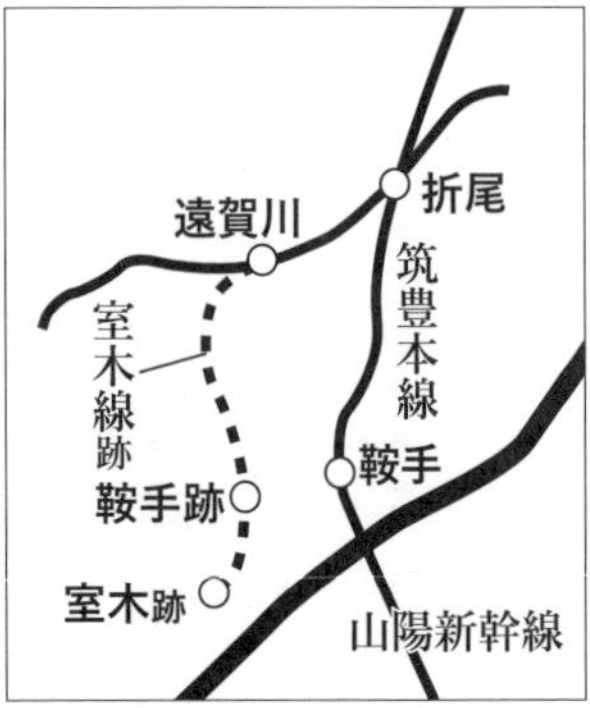

など遠賀川支流の西川流域各炭鉱の石炭を若松港へ出すため、明治40年、九州鉄道会社が着工。同年、同社が国に買収されたので、翌41年（1908年＝7・1）、国鉄が開通させた。石炭全盛期には、石炭輸送に大忙しだったが、昭和30年代の後半になると、石炭輸送はなくなり、終点、室木駅構内も石炭を積み込んでいた側線は撤去され、ホームの付近だけを残して空き地になっていた。

　そこへ昭和40年代、それまで東京～岡山間だった新幹線を博多まで延長する工事が始まった。高架を造るコンクリートはミキサー車で道路を運ばれたが、その上に敷くレールは長くてとても一般道路を運べない。そこで国鉄は新幹線が通るルートから一番近いところにある駅を探した。その結果、予定ルートから約500メートルのところに室木線の終点、室木駅があることに気づいた（図参照）。そして室木駅構内の、元は石炭を積み込んでいたスペースと、隣接する鞍手町の土地[註1]も借りて、昭和47年、下関工事局室木軌道工事区を設置した（当時、同区の助役で、取材時は下関工事局技術管理課試験係長、平田文雄さんの話＝昭54取材）。

*

　そして新日鉄八幡製鉄所で造られた長さ25メートルのレールを貨車で鹿児島本線・室木線を通って室木駅に運び、それを同軌道工事区で溶接して100～150メートルのロングレールにした。室木軌道工事区から新幹線線路敷設位置までは約500メートル離れている。そこでこの間は田んぼを買収して埋め、土を盛り、小さな川があるのでそこには鉄橋を架けて、それらの上に線路を敷き、ロングレールを台車に積み、すでにでき上がっている高架の上に運搬した（同）。

室木線を終点からさらに延ばした形の工事用線路は、新幹線ルートにはほぼ直角にブチ当たる。そのため工事用線路は新幹線高架の直前で急カーブしなければならない。しかも高架の上に上がるのだからかなりの急勾配。急カーブで急勾配のところを、長くて重いロングレールを積んだ台車を牽引して走ると、ディーゼル機関車は浮き上がってしまい脱線しそう。これではいけないと機関車に錘《おもり》としてコンクリート枕木を10本ほど載せて走らせた（同時期、同区のもう1人の助役で、取材時は下関工事局技術管理課資料係長、西村昇さんの話＝昭54取材）。

高架の上に運ばれたロングレールは、ここに敷設されたあと、現場でさらに溶接され、1キロ以上の超ロングレールになっていった。ロングレールは、無限に長いのが一番いいのだが、実際には途中に側線への分岐点があったり、閉塞信号区間の境目には線路の継ぎ目に絶縁物を挟まなければいけないなどの制約があり、ある程度の長さまでしか繋げないのだ。

こうして昭和50年（1975年＝3・10）、岡山～博多間が開通、東京～博多間に新幹線が走るようになった。継ぎ目ごとのガタン、ゴトンという音が少なく、揺れの少ない新幹線は、1キロ以上も継ぎ目のないロングレールのお陰であり、九州のロングレール生みの親は室木駅構内だった。

*

しかし、その室木駅があった室木線も石炭輸送がなくなってからは赤字ローカル線。当然、廃止対象線に選定され、新幹線が博多まで延長開通すると、10年後の昭和60年（3・31）廃止された。

25メートルレールが運び込まれ、ロングレールにする溶接が行われていた室木駅跡は、室木線代替バスの折り返し場所になっている。

註1　鞍手町の土地　工場団地として造成したが、工場の進出がなく空き地だった。

廃止になった室木線の駅が筑豊本線に〝飛び駅〟した鞍手駅

菅原道真を慕って京都の菅原邸の梅が太宰府まで飛んできたので飛び梅というのだそうだが、室木線廃止で室木線の鞍手駅が筑豊本線に移ったのは〝飛び駅〟というのだろうか。

室木線は昭和60年（3・31）廃止されたが、それに先立ち国鉄と地元などが話し合う特定地方交通線対策協議会で、鞍手町（福岡県鞍手郡）から、

「室木線廃止には同意するが、室木線にある鞍手駅は残してもらいたい」

という条件が出された。

線がなくなるのに、駅が残るとは妙な話のようだが、実は鞍手町には筑豊本線も走っているのにそちらは鞍手町に駅がない。そこで室木線の鞍手駅の名を筑豊本線に移してもらいたいというわけだ。国鉄もこれを呑み、室木線廃止2年後の昭和62年（１９８７年＝７・１）、筑豊本線筑前垣生《はぶ》駅（中間市）〜筑前植木駅（直方市）間の鞍手町小牧に新しい鞍手駅を開業させた（前項の地図参照）。

幸いローカル線を廃止すると、1キロ当たり3000万円の転換交付金が運輸省（現国交省）から交付される。室木線は全長約11キロだったから3000万円×11キロ＝3億3000万円もらえた。このうち1キロ分の3000万円で鞍手駅の駅舎やホームが造られた。廃止されたローカル線の駅が元の駅名のまま他の線に移されたのは全国でも鞍手駅だけだろう。

機関車を1両も持たなかった鉄道会社

前に客車を2両しか持たない鉄道会社のことを書いたが、その豊州鉄道会社も機関車は持っていた。ところが機関車を1両も持たない鉄道会社があった。

それは九州産業鉄道会社で、麻生商店[註1]が創った会社。麻生商店は、元々は採炭が本業だったが、炭層を探す採鉱冶金《やきん》技術を利用して、大正時代、福岡県田川郡後藤寺町（現在は田川市）の船尾山で石灰石の採掘を始めた。これも石炭と同じく消費地やセメント工場のあるところに運ばなければ金にならない。そこで辺りを見回すと、船尾山の石灰石採掘現場から2・7キロほど東に国鉄起行《きぎょう》駅がある（次ページの図の①）。

起行駅は、明治30年（1897年＝10・20）、豊州鉄道会社が行橋〜後藤寺間を開業させたあと、同30年、後藤寺駅から起行炭鉱まで、700メートルの短い線路を延ばし、貯炭場のそばに造った駅。明治40年からは国鉄起行駅になっていた。

そこで九州産業鉄道は、自社の採掘現場そばに船尾駅を造り、ここから国鉄起行駅まで2・7

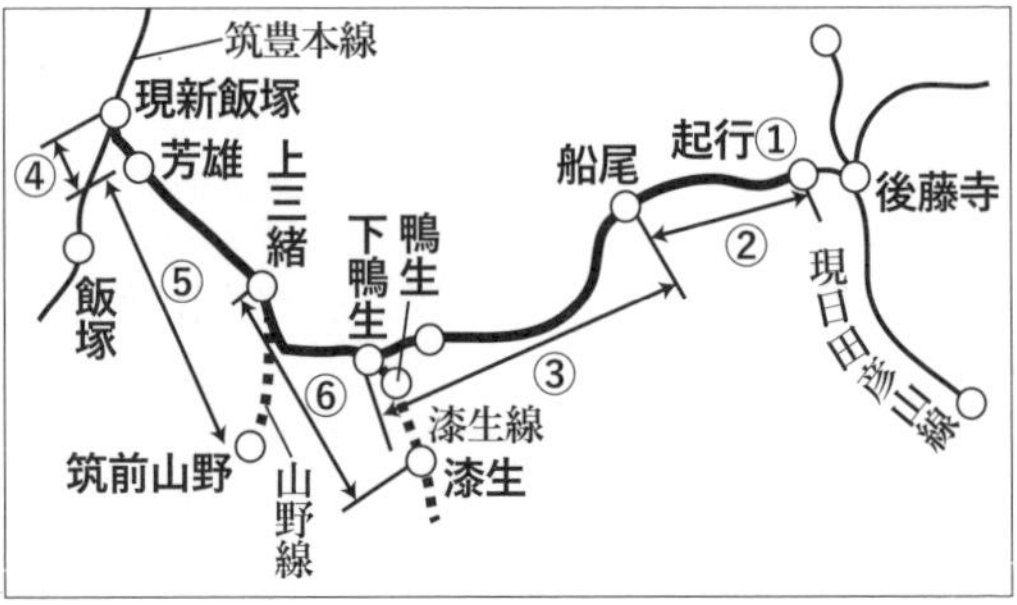

後藤寺線

キロの鉄道を建設した（大11・2・5開通。図の②）。そして貨車は買い、駅でセッセと石灰石を積み、貨物列車を編成した。しかし、わずか3キロ足らずの線を走るためにわざわざ機関車は買わなかった。機関車は、国鉄が後藤寺機関区の機関車を産業鉄道の線まで乗り入れさせ、船尾駅から石灰石満載の貨物列車を牽引し、産業鉄道の線・国鉄の線を走って、門司駅などに運んだ（『麻生百年史』[註2]）。国鉄としても貨物運賃収入が入るのだから、立派な商売になった。

＊

こうして船尾山のセメントは、船尾駅から起行・後藤寺経由で東側へ運ばれるようになったが、九州産業鉄道は、製品を西へも運び出せないものかと考えた。すると、筑豊本線から分岐して漆《うるし》生《お》駅へ向かっている国鉄線が、船尾に一番近いところでは船尾駅の西約5キロのところを通っている。そこで九州産業鉄道は船尾駅から西へも線路を延ばし、漆生へ向かう国鉄線の途中駅、赤坂駅（現下鴨生駅）に繋いだ（大15・7・15開通。図の③）。

＊

筑豊本線から分岐して漆生駅へ向かっている国鉄線のことを少し説明すると、これは明治時代に、筑豊興業鉄道が同社本線から麻生山内《さんない》炭坑の貯炭場へわずか約320メートルの貨物支線を造り、そこに芳雄《よしお》炭積場を造ったのが母体（図の④。詳細は384ページ参照）。

そのうちにもっと先に麻生上三緒《かみみお》炭坑、さらに先には三井山野炭坑が開坑。このころ筑豊興業鉄道は九州鉄道に合併（明30）していたから、九州鉄道が明治35年（6・15）、線路を芳雄炭積場から山野（嘉穂郡稲築《いなつき》村山野、のち稲築町＝現嘉麻市）まで延伸した（地図の⑤）。

＊

さらに、大正に入ると三井は、漆生（稲築村鴨生《かもお》＝現嘉麻市）にも開坑した。九州鉄道は国鉄になっていたが、国鉄は大正2年、山野線の途中の上三緒《かみみお》駅から分岐して漆生まで線路を延伸した（地図の⑥）。山野まで延びていた線をさらに先へ延ばしたのではなく、途中から枝分かれした線の形で延ばされたのが、いまでは本線になっているわけだ。これらの駅は初め貨物専用駅だったが、大正9年からはこの線に蒸気動車が入ってくるようになり、旅客も乗降できる駅になった（『稲築町史』）。

この西から漆生まで延びた線の途中駅、赤坂駅（現下鴨生駅）に、大正15年、東から九州産業鉄道の線が結節したのだった。

＊

その後、芳雄炭積場は芳雄駅になり、筑豊本線の分岐位置に移転（大13）していたから、この時点で筑豊本線芳雄駅と田川線（現日田彦山線）後藤寺駅間を結ぶ筑豊横断鉄道が全通したわけ。のち（昭18＝1943年＝7・1）国鉄は、九州産業鉄道会社を買収。これで新飯塚駅（昭10までは芳雄駅）〜後藤寺駅（現田川後藤寺駅）間が国鉄線となった。国鉄はこの線を後藤寺線と命名し、現在に至っている。

あらためて現後藤寺線全体を見ると、わずか13キロの短い鉄道が、筑豊興業鉄道・九州鉄道・九州産業鉄道・豊州鉄道・国鉄の5者（4社と国鉄）で造られたものだったのか、と驚かされる。

註1　麻生商店　のち麻生鉱業会社。現麻生セメント会社。なお平20～21の総理大臣、麻生太郎氏は、同社創業者、麻生太吉氏の曾孫。

註2　『麻生百年史』　昭50、麻生セメント会社編・発行。

同じ敷地内なのに駅舎が移動したので駅名が変わった下鴨生《しもかもお》駅

駅が移転したのではなく、同じ敷地の中で駅舎の位置を動かしたら、駅の名前まで変えなくてはならなくなったのが現下鴨生《しもかもお》駅（後藤寺線）。石炭積み込みのために造られた駅だから構内が広く、庄内村赤坂（嘉穂郡＝現在は飯塚市）と稲築《いなつき》村鴨生（同郡、現在は嘉麻市）にまたがっていた（大5・2・1開業）。

駅が開業したときは貨物駅で、旅客列車はやってこなかった。構内の貨物業務を取り扱うのに便利な位置に駅舎があり、そこは庄内村赤坂だったから駅名も赤坂駅と付けられた。

ところがそのうちに周辺の人たちから、

「せっかく線路があって汽車が走れるのなら旅客列車も走らせて、旅客も乗せて……」

との声が高まった。そこで国鉄は大正9年から、この駅にも旅客列車――といっても蒸気動車が一両で走るだけのもの――が止まり、旅客も利用できるようにした。しかし、それまでの駅は貨物駅だったから、駅舎は各炭鉱の関係者が訪れたり、駅員が貨車を操車するのには便利な位置だが、旅客が利用するには不便な場所だった。

そこでまた地元からは、

「駅舎やホームをもっと旅客に便利な位置に造って……」

との声。これを承《う》けて国鉄は、昭和26年、それまでの駅舎より100メートルほど東側に旅客ホームと駅舎を新しく造り、貨物業務も含め駅舎はそこに移転した。ところが、そこは同じ駅構内でも、行政的には稲築町鴨生。それでは……と、昭和31年（12・20）に駅名も変更することにしたが、鴨生には同駅の少し南に鴨生駅があった。そこで赤坂駅を改める駅名は下鴨生とされた（国鉄OB会飯塚支部監事で、稲築町に住む渡辺米雄さんの話＝平9取材）。

中で扇風機が回って機関車の煙を外に出していた冷水《ひやみず》トンネル

筑豊本線筑前内野駅～筑前山家《やまえ》駅間の冷水《ひやみず》トンネル（3286メートル、筑紫野市）の中では直径約3メートルの大きなファンが回っていた。トンネルの中に扇風機があったのは九州でもここだけだ。

ファンは出口（筑前山家側）付近のトンネルの壁に取り付けられており、蒸気機関車時代に大

冷水トンネル（上に排煙機器室が残っていたころ＝昭63撮）

活躍をした。筑前山家駅からトンネルへ向かって上る列車は25‰《パーミル》という急勾配を約6キロ走り、しかもトンネルの中も4・5‰。石炭を焚きつづけて走らねばならず、そのままではトンネルの中に機関車の煙が充満してしまう。そこで列車が山家側からトンネルに入る直前、始動点（線路に電流を流してある）を踏むと、自動的にファンが回り始め、煙をトンネル外に送り出すようになっていた。列車が反対側の内野方面からトンネルに入るときは、勾配が3・3‰と緩やかだから、煙は自然に内野側に出る。従ってファンがあるのは山家側だけ（JR九州門司機械区助役、香月義彦さんの話＝昭63取材）。

この装置が造られたのは昭和24年。しかし、蒸気機関車がいなくなったので、昭和49年ごろには止められた（同）。

ただ、この取材当時（昭63）は、まだトンネルの上に排煙装置機器室の建物が残っており、九州ただ一つのファンが回るトンネルの名残をとどめていた（いまは撤去）。

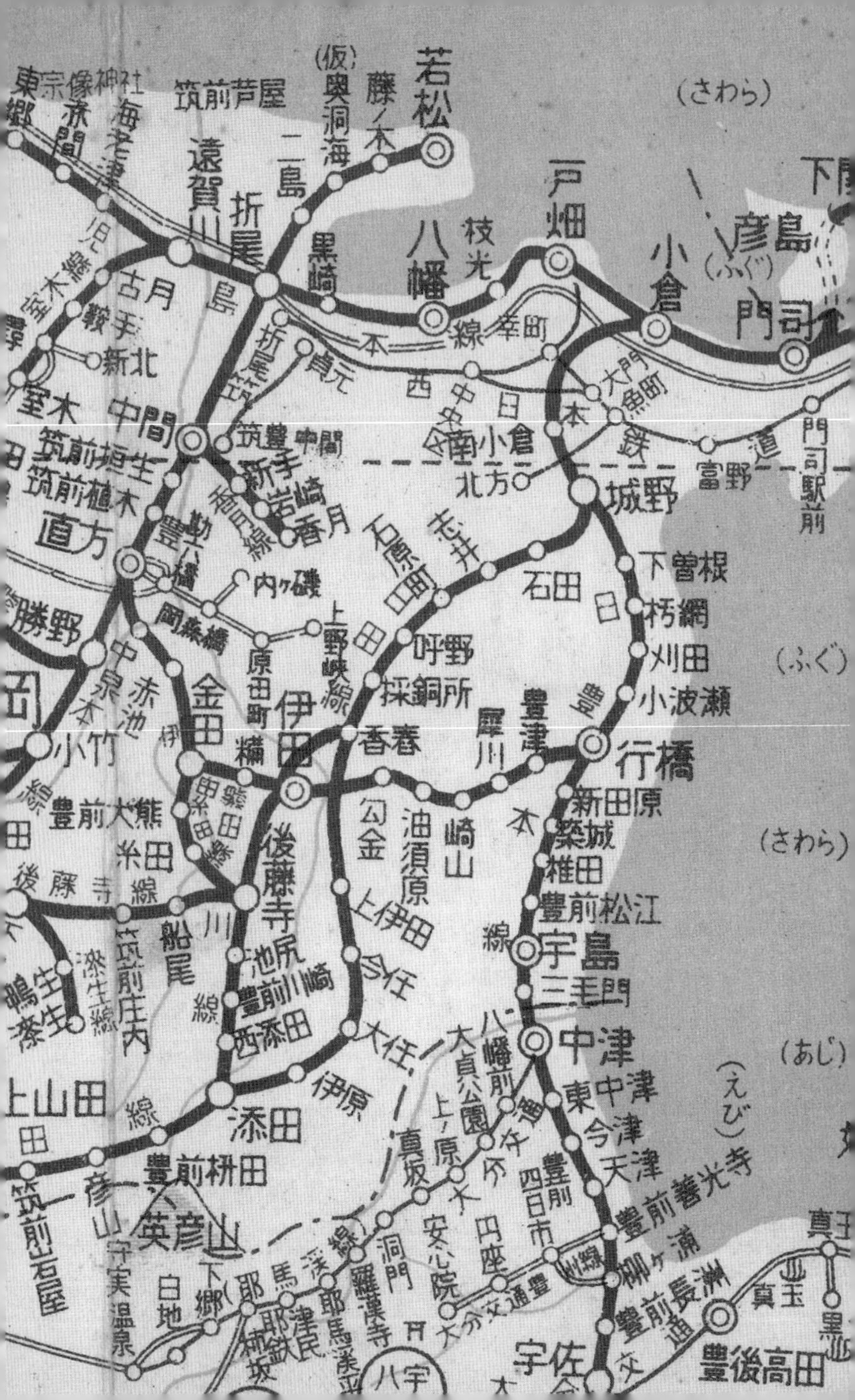

若松
藤ノ木
(仮)奥洞海
二島
東郷
宗像神社
赤間
海老津
筑前芦屋
遠賀川
折尾
黒崎
八幡
枝光
戸畑
小倉
彦島
(ふぐ)
下関
門司
(さわら)
室木線
古月
鞍手
新北
室木
中間
筑前垣生
筑前植木
直方
筑豊中間
新手
岩崎
香月
香月線
貞元
幸町
大門
魚町
西鉄
南小倉
日豊本線
北方
城野
富野
門司駅前
石原町
志井
石田
下曽根
朽網
刈田
小波瀬
(ふぐ)
行橋
勝野
小竹
中泉
赤池
勘六橋
内ヶ磯
上野峡線
原田町
金田
伊田
糒
採銅所
呼野
香春
勾金
油須原
崎山
犀川
豊津
新田原
築城
椎田
(さわら)
豊前松江
宇島
三毛門
中津
東中津
今津
天津
(えび)
(あじ)
豊前善光寺
柳ヶ浦
豊前長洲
豊後高田
宇佐
豊前大熊
糸田
糸田線
後藤寺
後藤寺線
船尾
筑前庄内
漆生
漆生線
鴨生
池尻
豊前川崎
西添田
添田
大任
今任
上伊田
伊原
添田線
上山田
豊前桝田
彦山
英彦山
筑前岩屋
白地
下郷
耶馬渓線
羅漢寺
洞門
津民
真坂
大貞公園
八幡前
安心院
円座
豊前四日市
大分交通
真玉

9

炭鉱地帯の鉄道②篠栗線などの話

……現・篠栗線、香椎線、日田彦山線他

糟屋《かすや》郡の石炭を糸島郡船越湾へ運ぶために計画された篠栗線

昭和43年までの筑豊本線は、若松〜原田間で、列車もほとんどこのルートを走っていた。いまも筑豊本線が若松〜原田間であることに変わりはないが、列車はほとんどが筑豊本線を桂川まで下って、ここから篠栗線へ入り、鹿児島本線の博多へ向かっている。逆も同。いまやこの筑豊本線〜篠栗線というルートは、まるで通勤・通学・買い物客のための線のよう。

しかし、そもそもは篠栗線も、筑豊本線と同じく石炭運搬のために造られた線だった。篠栗駅に保存されている『篠栗線鉄道建設之沿革』[註1]によると、篠栗町などがある糟屋《かすや》炭田と、その奥の筑豊炭田の石炭を船越湾（福岡県糸島郡志摩《しま》村。現在は糸島市）に運び、ここから機帆船で阪神工業地帯に送り出そうと計画されたのだった。

*

計画したのは、港の名を取って船越鉄道会社[註2]だった。筑豊・糟屋から船越湾へのルートの途中には糸島郡の中心都市、前原町（現糸島市）もあるから旅客も利用できる。結構な計画だった。

ところが、実際には船越湾までの鉄道は建設されなかった。それどころか、船越鉄道会社そのものも消滅してしまった。一体どうしたのか？　実は船越鉄道の計画が公になると、驚いたのは九州鉄道会社。同社はすでに筑豊鉄道会社を買収していて、筑豊炭田の石炭を若松・門司へ送るのが大きな収入源。船越鉄道が糟屋炭田の石炭を運ぶのはいいとしても、筑豊炭田へまで線を延ばし、筑豊の石炭を運ばれては、たちまち減収になる。そこで九州鉄道は、船越鉄道の発起人、小河久四郎が九州鉄道役員でもあるのに目を付け、

「このルートの権利を九州鉄道に売ってください。船越鉄道が計画していた通りの鉄道を九州鉄道が建設します」

と説得した。

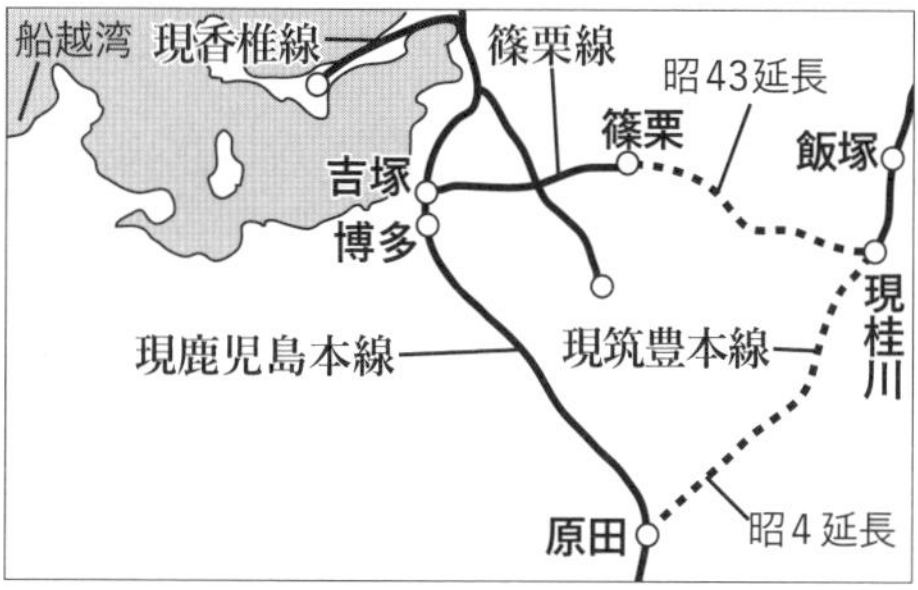

明治37年当時の篠栗線一帯

＊

また、博多築港建設促進運動中の市民団体「博多築港団」も、船越鉄道には反発した。博多湾に立派な港を造るよう運動しているのに、すぐ近くの船越湾に石炭列車が次々に着き、港も整備されたら、博多港の方はさびれてしまうと考えたのだ。そんなとき、東京の実業家、渋沢栄一[註3]が船越鉄道に出資しようと思って福岡を訪れ、人力車十数台を連ねて船越湾へ向かった。すると、これを聞き込んだ博多築港団のメンバー十数人が騎馬隊を編成して追っかけた。博多から船越湾へ走る人力車隊、それを砂ボコリを上げて追う騎馬隊……とはまるで映画の一シーンのような光景。間もなく騎馬隊は渋沢らの人力車隊に追いつき、現地視察を実力阻止した（『博多風土記』）。

発起人への説得、出資者の追い返しなどが功を奏して、船越鉄道は解散、建設計画は九州鉄道が受け継いだ。九州鉄道が建設するとなれば、筑豊・糟屋からの線路を船越湾まで敷く必要はない。同社の本線（現鹿児島本線）に繋げばいい。そこで同社はまず本線上に篠栗線分岐のための吉塚駅[註4]を新設し、明治37年（１９０４年＝６・19）、吉塚～篠栗間を開通させた。同区間が開通すると、篠栗一帯の糟屋炭田の石炭を積んだ貨物列車は吉塚から九州鉄道本線に入り、港頭の門司などへ走っていった。

*

篠栗線の終点、篠栗駅は、篠栗村と勢門《せと》村の境界線上に造られた（『篠栗線鉄道建設之沿革』）。なぜ村の中心でなく、境界線上なのか？　同沿革を読み進むと、向田・平岡炭鉱がある篠栗村と、貝島炭砿がある勢門村の中間に造ったのだそうだ。やはりここも炭鉱地帯の駅だった。両村は、昭和30年、合併して篠栗町となった。

*

吉塚～篠栗間を開通させた九州鉄道だったが、その先はまったく延伸の動きを見せなかった。そしてせっかく船越鉄道が取得し、九州鉄道に引き継がれた篠栗から筑豊までの鉄道建設免許も失効させてしまった（『藤金作翁』[註5]）。どうやら九州鉄道としては、船越鉄道に筑豊の石炭を運ぶ鉄道を造られたら荷を奪われるから、ライバルをつぶすために船越鉄道を買収し、糟屋の石炭だけは運ぶようにしたということのようだ。

これには地元の人たちも怒った。第一、約束違反だ。ところがそのうちに明治40年、九州鉄道は国に買収されて解散してしまった。それなら九州鉄道の約束は国に果たしてもらおうと、藤金作衆議院議員たちは国に大分《だいぶ》線[註6]建設陳情をつづけた。陳情をつづけたお陰で大分線は大正11年、鉄道敷設法別表に織り込まれた。しかしその後、次々に戦争が起こり、政府は資金不足、資材不足で着工は延び延び。戦後は国鉄が赤字になり、新線建設は難しくなった。

＊

ところが、昭和39年、政府が鉄建公団[註7]を創設した。鉄建公団は政治的につくられたものだから、筑豊からの石炭輸送がなくなったことなどお構いなし。せっせと篠栗線の終点、篠栗駅から線の延伸工事を進め、筑豊本線桂川《けいせん》駅に結節させた（昭43＝1968年＝5・25開業）。これは鉄建公団下関支社管内（九州・西中国）の新線建設第1号だった。

石炭輸送がなくなったころに石炭輸送の鉄道が延伸されたとはアキレた話のようだが、しかし、筑豊・糟屋から炭鉱がなくなると、炭鉱地帯の人々は福岡へ働きに出るようになった。また福岡で働く人たちが筑豊や糟屋郡に家を建てたりするようになり、同地区は福岡のベッドタウンになった。これらの人々が筑豊本線・篠栗線を通しで走る列車で通勤・通学。そのためこの線に石炭列車は走らず、冒頭で紹介したように通勤・通学列車のような感じになった。

お陰で篠栗線は昭和57年度と、58年度決算では、線別営業収支[註8]が九州全43線中第1位になった。鹿児島本線や日豊本線より上なのだ。石炭輸送のために造られた線は、のちにどんどん廃止されるのに、石炭がなくなったころ石炭輸送のために造られた線——が営業収支九州一、とは予想もされないことだった。

これとは別の数字だが、国鉄（ＪＲになってからも）では、断面乗客数が1日４０００人以下の線は地方交通線として運賃を1割ほど高く設定している。筑豊本線は地方交通線だが、篠栗線は幹線の方に入り、運賃が筑豊本線より約1割安い。

国鉄が民営化されたあとの平成13年（２００１年＝10・6）、ＪＲ九州は筑豊本線・篠栗線（厳密に言うと黒崎～吉塚間）を電化した。両線にはいま電車が走っている。

註1　『篠栗線鉄道建設之沿革』　篠栗駅保管書類の手書きの記録。

註2　船越鉄道会社　本社、福岡市、発起人は十七銀行（のち五社合併して現福岡銀行）頭取、小河久四郎。

註3　渋沢栄一　旧幕臣、維新後は大蔵省などに勤務、のち実業家となり、第一銀行など５００社を創立。

註4　吉塚駅　駅誕生のいきさつは「篠栗線分岐点になるのを拒否した箱崎駅の地元」の項に。

註5　『藤金作翁』　昭10、清原陀仏郎著・発行。藤金作は糟屋郡選出福岡県議、のち衆議院議員。

註6　大分線　篠栗から先は大分村（現筑穂町）などを通るので陳情段階では大分線と呼ばれた。

註7　鉄建公団　創設のいきさつは４３８ページ、油須原線の項の本文中に詳述。

註8　線別営業係数　黒字の額ではない。１００円の収入を上げるのに経費はいくらかかったかという係数。従って１００以上は赤字。昭57年の篠栗線は２１４。これでも九州で最もいい数字だった。この年九州最悪の室木線は２７９２。

ホームまでの階段数が九州で一番多い筑前山手駅

篠栗線が篠栗から桂川《けいせん》まで延伸された区間に、平地からホームまでの階段が95段もある駅がある。筑前山手駅（糟屋郡篠栗町）で、この階段数は九州一。九州一といっても自慢するほどのことではなく、逆に、ホームに上がるのが九州で一番くたびれる駅ということになる。

この駅の前後はコンクリートの高架の上を線路が通っており、駅も地上14・5メートルの高架の上。まず道路から小さい岡（山の裾の部分）の上まで石段を25段上ると駅舎（といっても階段だけのための5階建てペンシルビル）があり、1階の券売機で切符を買い、この中の階段を16段上ると2階（といっても階段の踊り場程度の広さ）、さらに18段上ると3階、同数上ると4階、同数上った5階が最上階でホームがある。すなわち建物の中を70段、外を25段、計95段上らなければならない。この95段が九州一なのだ。

＊

なぜそんな構造の駅が出現したのかというと、篠栗〜桂川間は平地に国道２０１号が通っており、鉄道を敷こうとするとその山側、すなわち山の麓に建設する以外にない。山の麓は高いところと、谷のようになっているところがあり、ここに鉄道を通すとなると、山にトンネルを掘り、谷に高架橋を造らねばならなかった。鉄建公団は着々とトンネルを掘り、高架橋を造っていった。

大行司駅ホームから見た71段の石段。
下の瓦屋根が駅舎（無人）

そして、この区間の駅は城戸《きど》（現城戸南蔵院前）と筑前大分《だいぶ》の2駅にする、と国鉄と公団は決めていた。

ところが、駅の位置が決まったあとになって、地元から「筑前山手と九郎原《くろうばる》にも駅を造って欲しい」という要望が出てきた。そこで福岡県はこの旨を国鉄と公団に陳情し、実現させた（『篠栗線沿線地区の開発構想』＝福岡県企画室編）。

あとで追加建設することになった2駅のうち九郎原の方は狭いながらも用地があったが、筑前山手地区は高架つづき。仕方なく高架の途中にホームを造り、そのわきに階段だけのペンシルビルを建てて筑前山手駅とした（筑穂町議、田中邦夫さんの話＝平9取材）。こんないきさつで、九州でホームまでの階段数が最も多い駅が出現した。

＊

筑前山手駅の95段に次いで九州で2番目にホームまでの階段数が多いのは日田彦山線大行司《だいぎょうじ》駅（朝倉郡東峰村）。ここは階段ビルではなく、駅舎からホームまで山の斜面に沿って造られている石段を71段上らなければならない。

このあたりは山の中腹を線路が通っており、ホームは線路のそばだが、駅舎は山の下だから、駅舎からホームへは71段もの石段を上らなければならないわけ。ちょうど真ん中付近が踊り場のようになっており、お年寄りの乗客はそこで立ち止まって一息入れたりしている。

次項からは、この篠栗線と交差している香椎線と、香椎線に縁の深い旧勝田線の話——。

海軍炭鉱の石炭を港へ運ぶために造られた香椎線

篠栗線と似て香椎線も、朝の列車は福岡市の東側からと、西側から、福岡市を目指す通勤・通学客がギッシリ。まるでこの線は、鹿児島本線香椎駅（糟屋郡香椎村＝現在は福岡市）から東と西へ支線を延ばしたように見える。しかし、実はこの線は、糟屋郡須恵《すえ》村（現須恵町）にある海軍炭鉱[註1]の石炭を、同郡志賀島《しかのしま》村（現在は福岡市）の港まで運ぶために造られた鉄道だった。途中で九州鉄道会社の線（現鹿児島本線）と交差するから香椎駅にも寄っただけのことだった。

海軍炭鉱というのは、当時の軍艦（商船も同じ）が石炭を焚いて走っていたので、海軍が良質の石炭を探し求めて、明治23年、糟屋郡須恵村新原《しんばる》に、自前の炭鉱を開庁したもの（『海軍炭鉱50年史』[註2]）。掘り出された石炭は、荷車に積み、約12キロの道を人が引いて那珂郡千代村（現在は福岡市）の官営林の中にある海軍の千代村貯炭庫[註3]に運んでいた。そして博多港に運搬船が入港すると、請負人が貯炭庫から港まで、これまた荷車を引いて運んでいた（『須恵町誌』）。

しかし、荷車では運ぶ量も少ないし、時間もかかっていた。そこで博多湾鉄道会社[註4]（本社、志賀島村）が創設された。そして会社のそば（博多湾の入り口の内側）に西戸崎《さいとざき》港を造り、須恵村の海軍炭鉱の石炭を貨物列車でここに運び、船に積んで呉軍港（広島県）などに輸送することになった。

線路敷設工事は西戸崎側から始まり、明治37年（１９０４年）1月1日、須恵駅まで完成したところでまず開業した。海軍炭鉱の貯炭場はもう1駅先にできる予定の新原駅近くだが、近いうちに日露戦争が始まりそうになってきたので、少し手前まででも早く開通させろと海軍が急がせたのかもしれない。そして約1カ月後の2月8日、日露戦争開戦。湾鉄では須恵駅から新原までの未開通区間に仮線を造り、6月から仮線にも貨物列車を走らせて石炭を運んだ（『日本鉄道請負業史・明治篇』）。

そして翌38年（6・1）には須恵～新原間の本線も完成、晴れて西戸崎～新原間が開通した。糟屋郡一帯には海軍炭鉱以外にも民間の炭鉱があり、湾鉄は線をさらに同郡宇美村（現宇美町）まで延伸。同年12月29日、西戸崎～宇美間が全通した。

*

しかし、そのうちに須恵村の海軍炭鉱第1、第2、第3、第4坑は上層炭を掘り尽くし、海軍は隣接する同郡志免《しめ》村（現志免町）に第5、第6、第7、第8坑、同郡宇美町に新3坑を開坑して、そちらで採炭を始めた（『海軍炭鉱50年史』）。

新しい坑口ができると、そこへ線路が延びるのは炭鉱地帯の鉄道の常。湾鉄も早速、自社の線（現香椎線）の途中駅、酒殿《さかど》から分岐して志免村までの貨物専用線を敷き、先端に旅石《たびいし》駅を造った（明42＝１９０９年開通）。

註1　海軍炭鉱　時代により「第四海軍燃料廠」などと名称が変わっているが、海軍炭鉱と略記。
註2　『海軍炭鉱50年史』　昭18、第四海軍燃料廠編・発行。
註3　千代村貯炭庫　貯炭庫跡地は現在九大医学部になっている。
註4　博多湾鉄道会社　同社では博鉄《はくてつ》と略称していたが、一般には湾鉄《わんてつ》と呼ばれていた。

歌手、郷ひろみさんのお父さんが働いていた国鉄志免《しめ》炭鉱

海軍炭鉱が志免村でも採炭を始めると、そこに湾鉄が線を延ばしただけでなく、もう一つ筑前参宮鉄道会社という会社（本社、福岡市）が創設され、鉄道を建設し始めた。

この会社は、官幣大社筥崎宮（箱崎駅近く）、そして神功皇后が応神天皇をお生みになった宇美八幡宮（宇美駅近く）、さらに菅原道真が祀られている太宰府天満宮（筑前勝田駅のもっと先）の三大神社参拝客のための鉄道を建設するのだと称して「参宮鉄道」を名乗った。しかし、実際には太宰府までは延長せず、志免村の海軍炭鉱の石炭をセッセと運ぶのが主な仕事だった。筑前参宮鉄道線は、大正7年（1918年＝9・19）、まず終点側の宇美～筑前勝田間が開通、翌8年（5・20）、吉塚～筑前勝田間が全通した（『西日本鉄道70年史』）。

湾鉄も、参鉄も、昭和17年、5社合併で西日本鉄道となり、さらに同19年、両線は国に買収され、湾鉄線は国鉄香椎線、参鉄線は国鉄勝田線になった。また香椎線酒殿《さかど》駅から分岐した支線

の旅石《たびいし》駅と、勝田線の志免駅は合併して勝田線志免駅となった。

海軍炭鉱の本事務所も志免村に移転した。

昭和20年、太平洋戦争の敗戦で、日本海軍はなくなった。すると、海軍の次に石炭を多量使うところは国鉄であり、海軍炭鉱は国鉄に移管され、国鉄志免鉱業所になった（『志免炭鉱九十年史』[註1]）。

歌手、郷ひろみさん（本名、原武裕美）の父、原武英夫さんは国鉄マンだった。英夫さんは、兄、忠男さんとともに予科練に入っていたが、終戦で復員、国鉄に入った。兄の忠男さんは竹下気動車区検修係（ディーゼルカーの検査と修理の仕事）、英夫さんは国鉄志免鉱業所に配属され、石炭を掘った。そしてここで結婚、宇美町の宿舎で暮らし、裕美くんが生まれた（定年後、ジャパンエキスプレス博多駅荷物預かり所に勤務していた兄、原武忠男さんの話＝昭54取材）。

裕美くんは子供のころから歌がうまかったが、地元で歌っている程度だった。ところが、そのうちに志免鉱の石炭も掘り尽くし、また全産業ともエネルギー転換が進み、国鉄も石炭を焚く蒸気機関車からディーゼルカーや電車に切り替え。そのため志免鉱も昭和39年に閉山。英夫さんは広域異動で南武線尻手《しって》駅（神奈川県川崎市）の改札掛になった。

すると、さすが東京に近いところだけあって裕美くんはプロダクションの目にとまり、歌手、郷ひろみとなってデビュー、大スターになった。しかし、郷ひろみが有名になったあとも父、英夫さんは国鉄に勤務、東京駅助役で定年退職した。

そして石炭輸送がなくなると、勝田線は昭和60年（3・31）、廃止。香椎線は前項の冒頭で紹介したようにもっぱらベッドタウンからの通勤・通学客や、海の中道海浜公園への客が利用する線に変わった。

次項からは日田彦山線の駅――。

註1 『志免炭鉱九十年史』 昭55、志免炭鉱整理事務所長、田原喜代太著・発行。

添田町の中心駅なのに添田駅と名乗れなかった上添田駅

現日田彦山線の母体を造った小倉鉄道会社は、小倉市富野（現北九州市。現在JR貨物会社の東小倉駅がある位置）にあり、そばに起点、東小倉駅もあった。

終点は上添田駅（田川郡添田町）だった。添田町の中心部に造られた駅なのに、なぜ添田駅ではなく、上添田駅と付けられたのか？ それは、添田町にはすでに国鉄添田駅（現西添田駅）があるからだった。

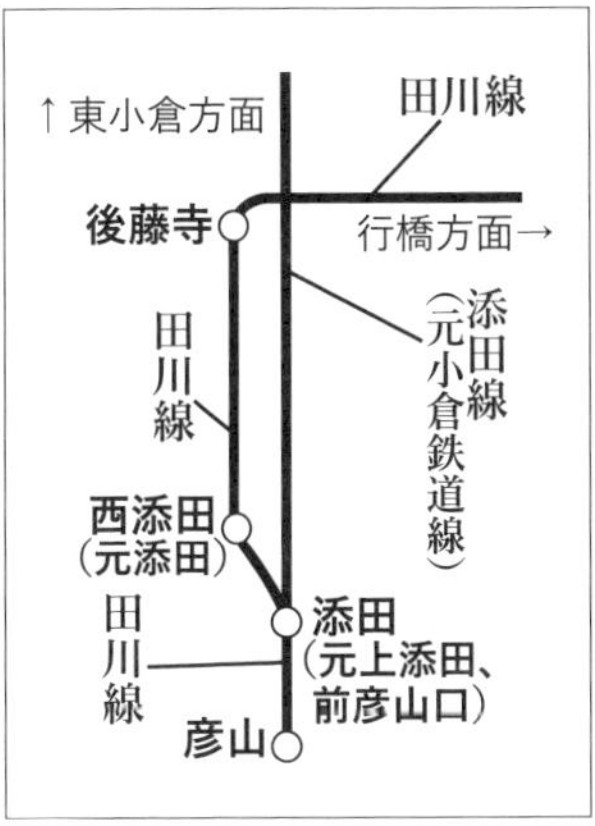

昭和18年当時の添田付近概念図

国鉄添田駅というのは、もともと九州鉄道会社が造った駅だった。もう少し遡ると、豊州鉄道会社が行橋駅～伊田駅～後藤寺駅間を開通（明29）させたあと、九州鉄道に合併。九州鉄道が後藤寺駅から添田村（明44から添田町）まで延伸し（明36）、村内にはほかに駅がないから、これに添田駅と命名。九州鉄道が国有化されたので、国鉄添田駅になっていたのだった。

＊

小倉鉄道時代の上添田駅は、一時期、彦山口駅という駅名になっていた。添田町のすぐ南には観光地の英彦《ひこ》山[註1]（田川郡彦山村＝昭17添田町に合併）がある。小倉鉄道は石炭輸送のために造られた鉄道だったが、北九州の人たちは、英彦山の8キロほど手前まで汽車が走るようになったのなら、終点の上添田駅まで汽車で行って、あとは歩いてでも英彦山に行こう――とぞくぞく小倉鉄道の列車を利用するようになった（昭7からは同駅前～英彦山間にバスが運行＝『角川地名大辞典・福岡県篇』））

英彦山観光客が訪れるようになると、会社は駅名を彦山口駅と変えた。一体いつのことか？と『添田町史』を見たが「彦山口駅と呼んでいた（いつ改名したか不明）」としか書いていない。そこで『福岡県統計書』[註3]の駅別乗車人員数のページを見てゆくと、昭和6年度版までは「上添田駅」だった欄が、昭和7年度版からは「彦山口駅」となっている。上添田駅が彦山口駅になったのはこのころだと分かる。

ところが彦山口駅だったのはいつまでだったか？と『福岡県統計書』のその後の版も見たが、昭和14年度版から駅別乗車人員数のページがなくなっている。昭和12年に日中戦争が始まり、駅別乗車人員数も国の機密扱いになったのだろうか？これで昭和12年までは確実に彦山口駅だったことが分かったが、では12年以後のいつか？は、同統計書では手繰っていきようがない。

門鉄局の正史『門鉄年表』[註4]には、

「昭和17年8月1日、田川線添田駅を西添田停車場と改称」

とか、

「同月25日、田川線西添田～添田～豊前桝田～彦山間開通」

と書いてあるが、彦山口駅についての記載は全くない。そして昭和17年8月25日時点では、いつの間にか、元上添田駅が添田駅として書かれている。

従って推論する以外にないが、現添田駅が彦山口駅だったのは昭和7年から17年（恐らく8月1日）までだったのだろう。

*

前記の「昭和17年8月25日、田川線西添田～添田～豊前桝田～彦山間開通」について説明しておくと、このころ小倉鉄道は国に買収されることになっていた。買収は、翌昭和13年（5・1）。そこで国は、行橋駅から田川市内（伊田・後藤寺駅など）を経て、添田駅（現西添田駅）まで延びてきている田川線をさらに延伸して、間もなく国鉄駅になる上添田駅（現添田駅）に結節、さらに延ばして英彦山の麓に彦山駅を造り、そこまで汽車を走らせることにしたのだった。その経過の中で、同じ国鉄駅なら添田町の中心部にある方を添田駅、町の西の方にあるのを西添田駅とした、と考えられる。

こうして昭和17年、線路は、彦山駅まで延び、添田町の中心にある駅（元上添田駅）が晴れて添田駅となった。

旧小倉鉄道会社線（東小倉〜添田間）は、国有化後は国鉄添田線となった。

註1　英彦山　元の表記は彦山だったが、江戸時代、霊元法皇より「英」の尊号を受け英彦山と呼称するようになった（『福岡県百科事典』）。村名・駅名は彦山。

註2　『停車場変遷大事典』　鉄道公報から駅の変遷に関する事項を拾い出し編纂したもの。平10、JTB編・発行。

註3　『福岡県統計書』　毎年度、福岡県発行。現在は『福岡県統計年鑑』と改称。

註4　『門鉄年表』　正式書名は『鉄道年表―九州の鉄道80年記念』（昭44、門司鉄道管理局編・発行。

駅舎とホームが100メートルも離れている添田駅

前項の地図は添田付近全般を描いたから、添田駅も一つの○になっているが、実際に添田駅に行ってみると、駅舎とホームは約100メートルも離れている。駅というものは、大抵、駅舎の前にホームがあるものだが、これは一体どうしてだろうか？　恐らく九州で一番、駅舎とホームが離れている駅だろう。

なぜこんな不便な構造になっているのか？　実はこの駅が、小倉鉄道会社線の終点、上添田駅として開業したとき（大4）は、他の駅と同じく駅舎のすぐ前にホームがあり、列車が着き、お客はそこで乗降していた。

ところが前項で紹介したように昭和17年、国鉄が、田川線を延伸し、小倉鉄道のこの駅（翌年、国有化されて国鉄駅になる）に寄って、彦山駅まで開通させた。こんなときは、本来なら駅舎の前の、東小倉駅から延びてきている線路の隣に島式ホームを造り、そこに田川線の列車が着くようにする。乗客は駅舎の改札口から跨線橋を渡ってそのホームに降り、列車に乗るようにするもの。ところが当時は石炭輸送全盛期。東小倉からの線の横には貨車用の側線がズラリと並んでいて、新たにホームを造ったり、線路を敷いたりするスペースがなかった。

そこで構内ではあるが、東小倉からの線や、側線などがあるところよりもっと先の方（南側）に田川線（現日田彦山線）のホームを造り、列車はそこに入ってくるような配線にした。こういうわけで添田駅の田川線のホームは、駅舎や添田線ホームから１００㍍も離れたところ——ということになったのだろう。

添田駅ホーム。はるか右奥に駅舎が見える

＊

ところが昭和63年（3・31）、添田線は廃止された。こうなると駅舎のすぐ前の添田線（元小倉鉄道線）ホームには列車が着かなくなった。そしてこの駅に着く列車は、駅舎からはるか離れたホームに着く現日田彦山線（元田川線）の列車だけとなった。しかし駅舎は元ご本家、添田線ホームのそばにあるのだから、お客はそこで切符を買ったり、改札をしてもらったりしてて、100㍍離れたところにある日田彦山線列車のホームまで歩いていかねばならない。

*

添田線の廃止により添田線線路は剥がされ、ホームは取り壊され、駅舎は線路を剥いだあとに移った。(15㍍西側に新築移転)。元駅舎があったところは、駅前広場とロータリーになっている(種子野哲雄駅長の話＝昭63取材)。駅舎の位置は少し西に移ったが、ホームまでの距離が約100㍍であることは前に同じ。

線の変遷が九州で最もヤヤコシい
日田彦山線

現日田彦山線(当時は田川線)が彦山駅まで延伸したあと、国鉄はこれをさらに南へ延ばす工事を始めたが、戦争が激しくなるにつれ、資材も、労働力も少なくなり、工事は中断した。

一方、南の久大本線夜《よ》明《あけ》駅から分岐して北へ向かっても線路は延びてきていた。彦山駅に繋ぐ予定だから、線名は彦山線。これは太平洋戦争前の昭和12年、宝珠山《ほうしゆやま》駅(朝倉郡宝珠山村＝現東峰村)まで開通していた。しかし、戦争が激しくなると工事がストップしたのは、北から南へ延びていた線と同じだ。

彦山駅と宝珠山駅の間は未開通のまま放置されていた。

＊

戦後、建設資材も人手も回復してくると、国鉄は南北双方から線路を延ばし、彦山～宝珠山間は昭和31年（1956年＝3・15）に繋がった。これにより東小倉～添田～彦山～夜明間が全通し、日田線[註1]と命名された。日田線の終点は夜明駅だが、列車は東小倉駅から夜明駅まで走ったあと久大本線に入り、観光地の日田駅まで直通で運転された。

＊

これで目的地の方はいいが、発駅の方にも問題があった。起点の東小倉駅は、小倉鉄道が貨物列車から石炭を降ろして船に積みやすい位置に造られている。国鉄鹿児島本線のそばにあるのだが、鹿児島本線には東小倉駅はない。だから北九州地区から日田観光に行く人たちは、鹿児島本線の列車で小倉駅まで行き、下車して駅前から西鉄市内電車で富野電停まで乗り、東小倉駅から添田線の列車に乗り、彦山や日田に行っていた。

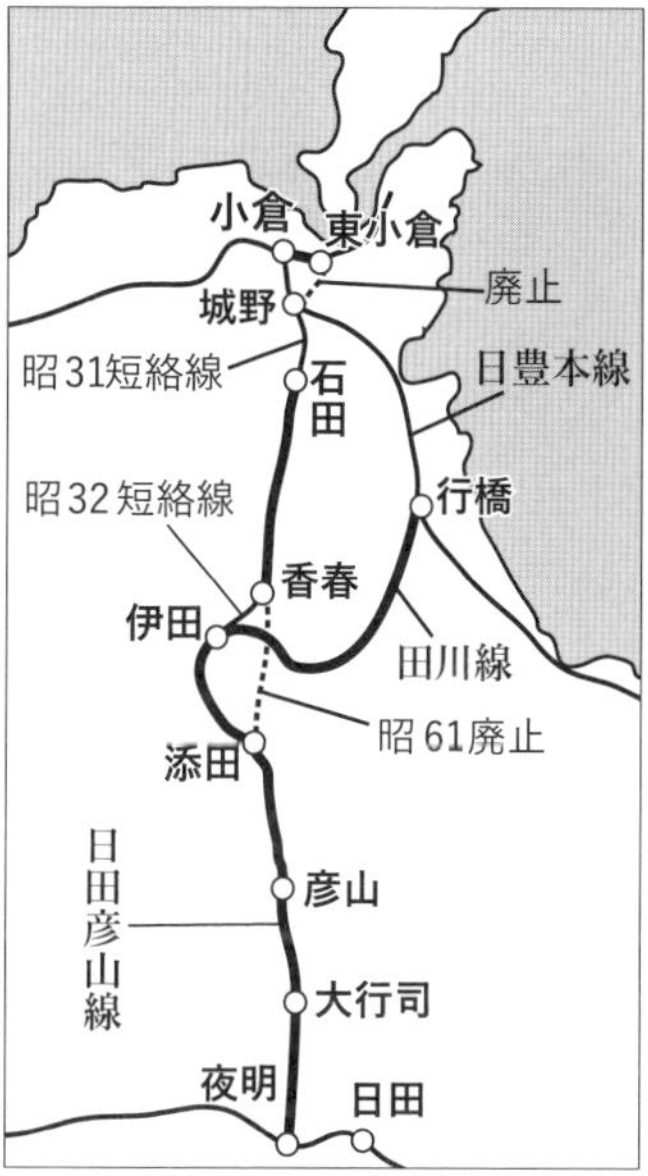

日田彦山線変遷図

ところが、これでは不便。そこで北九州地区の人たちは、日田線の列車を小倉駅から出して……と声を上げた。これに応えて国鉄は昭和31年（11・18）、日豊本線城野駅と日田線石田駅を短絡

国鉄日田線（当時）の開通を祝い、筑前岩屋駅で開かれた一番列車の歓迎式典（昭31）　＊西日本新聞アーカイブ

国鉄日田線(当時)の開通を祝う、日田市内での祝賀パレード(昭31)
＊西日本新聞アーカイブ

線で繋いだ。そして日田線列車を小倉駅から発車させるようにした。小倉駅発列車は日豊本線を城野駅まで走り、ここから日田線に入って日田へ向かう。これによって日田線は城野駅が起点となり、城野～夜明間の線となった。そろそろ石炭輸送も減ってきていたので、東小倉～石田間は列車運行停止、のち廃止して線路も撤去された。

＊

城野駅にある日田彦山線の起点標

同じころ、田川市[註2]の人たちからは、小倉～添田～夜明間の日田線列車を田川市経由にして、われわれも利用できやすくして……という声。そこで国鉄は城野～石田短絡の翌32年（10・1）、日田線の香春《かわら》駅と田川線の伊田駅の間に短絡線を建設した。こうなると小倉からの列車は途中、香春から田川市の二つの駅（伊田・後藤寺＝現在は田川伊田・田川後藤寺）を通って日田へ向かうようになった。すなわち田川市内の人たちも市内の駅で列車に乗って、南の観光地日田へでも、北の商業都市小倉市へでも直行できるようになった。

＊

日田へ、日田へ——の動きが活発になるのを見て添田町は、「わが町の英彦山も観光地ですよ。お忘れなく……」と国鉄に働きかけ、3年後の昭和35年（4・1）、日田線（城野～香春〜伊田〜後藤寺〜添田〜彦山〜夜明間）は日田彦山線と改称された。

＊

香春〜伊田間に短絡線ができ、田川市内を通って夜明までが日田彦山線になると、母体の添田線（元小倉鉄道の線、約39キロ）は、城野〜香春間を日田彦山線に取られ、香春〜添田間（約12キロ）だけの短いローカル線となり、そのうちに日本一の赤字線。とうとう昭和60年（3・31）に廃止になった。

ここまでは日田彦山線が出来上がるまでを書いた。次項からは、現日田彦山線の元起点側から、話題の駅を見ながら下って行こう。

註1　日田線　それまでは東小倉〜添田間が添田線、添田〜彦山間が田川線の一部、大行司〜夜明間は彦山線だった。

註2　田川市　伊田町・後藤寺町は昭18合併して田川市。

松本清張がサラリーマン時代に線路を歩いて通勤した添田線

松本清張は作家になる前のサラリーマン時代、毎日、添田線の線路を歩いて通勤していた。〈復員したときの兵隊服でしばらく社に通勤し部長に叱られたりした。兵隊の編上靴をはいていたのは、家の横を通る鉄道線路が、新聞社へ行く近道なので線路の石ころを踏むのに便利だったからだ〉（『半生の記（増補版）』＝松本清張著、昭52、河出書房新社発行）と書いている。

清張は小倉市（現北九州市）砂津の朝日新聞西部本社の広告部で図案を描いていて、同市黒原の旧陸軍兵器廠工員住宅に住んでいた（清張が工員住宅に住むようになったいきさつと、この住宅居住中に聞いた話を元に『黒地の絵』を書いたことは、297ページ、城野駅の項で詳述）。

その元工員住宅街のすぐそばを国鉄添田線が通っていた。しかし列車本数は多くなく、線路の上を歩いていても轢かれることはなかったようだ。旧兵器廠工員宿舎街そばの盛り土の上に上がり、線路上を5㌔ほど歩くと、終点、東小倉駅のすぐ近くに朝日新聞西部本社はあった。

家は六畳一間と四畳半二間。ここに清張夫妻、子供4人（入居時は3人だったがここで1人生まれた）、それに両親の計8人で暮らしていた。そして夕方、添田線の線路を歩いて帰ってくると、それから黙々と小説を書き、昭和27年、芥川賞を受賞。翌々29年、東京へ出て行った。

＊

昭和29年、同市三郎丸で電柱に「売り家」という手製のビラを貼っているおじさんを、山本ツネ子さんと母親が見つけた。母が、ビラを貼っているおじさんに事情を聞くと、

「息子が東京に転勤になったので、私たちも東京に移る。そのため家を売るのだ」

ということ。それなら……と話をして売ってもらい、清張が芥川賞作品を書いた家にはその後山本さんとお母さんが住んだ（山本ツネ子さんの話＝平10取材）。

家の中を見せてもらい、さらに線路はどこを通っていたのか？　案内してもらうと、家から10㍍ほどのところ。住宅街はかなり広いが、清張が住んでいた家は住宅街の東の端の方で、とくに

線路から近かった。なるほど清張が線路を歩いて通勤したわけだと納得させられた。

添田線の、清張が歩いて通勤した区間はのち廃止され、線路も撤去。線路跡は盛り土を平にし、線路幅より広くして、そこにも住宅が建ち並んでいる。

市が金を出して二つの駅名に「田川」と書き加えた田川市

昭和32年、日田線（現日田彦山線）香春《かわら》駅と、田川線伊田駅が、短絡線で結ばれたので、田川市内の伊田・後藤寺両駅[註1]が日田線の駅になったことは前々項で書いた通りだ。ところがそうなると、よそから田川市を訪れた人から、

「田川市に行くつもりだったのに、田川と名の付く駅がないからよその駅に間違えて下車した」

とか、地元の人たちの間からは、

「田川という名の駅がないから、よその人に田川市にはまるで国鉄の駅がないように勘違いされる」

などの声が上がってきた。そこで田川市は昭和57年、国鉄に駅名変更を陳情。経費１７００万円は市が負担して、二つの駅名にいずれも「田川」を加え、田川伊田駅と田川後藤寺駅が実現した（昭57・11・3改称）。

＊

駅名変更の経費と言っても、駅舎の看板を付け替えたり、ホームの駅名表示板を書き換えたり……ぐらいのもの、と思われそうだが、そんなに簡単ではない。伊田駅が田川伊田駅と変われば、他の各駅に掲げてある「当駅から各駅への運賃一覧表」も「伊田」の部分を「田川伊田」と書き換え、電照表示のプラスチック板なども作り替えねばならない。

また両駅の場合はここを終点とする列車もあるから、この線を走る全列車のサボ（サイドボード＝の略。行き先票）も「伊田ゆき」を「田川伊田ゆき」に作り替え、ディーゼルカーなら前頭部の行き先表示のロール状の幕もやはり「伊田ゆき」の部分を「田川伊田ゆき」と書かれたものに作り替えなければならないなど、あれやこれやで１７００万円かかった。それを地元市が全額負担した。

＊

これが平成14年、西鹿児島駅を鹿児島中央駅と改称するときは６６００万円もかかった。物価が上がっていたこともあるが、鹿児島中央駅までの運賃を掲げている駅が、伊田・後藤寺の場合より多かったからだ。また鹿児島中央ゆき列車の方が伊田・後藤寺ゆき列車より多かった。さらに新駅名が公募だったから賞金も必要だったなどで、経費が多くかかったというわけだ。

註１　伊田・後藤寺両駅　伊田駅は明治28年、豊州鉄道会社が伊田村に開駅。後藤寺駅も豊州鉄道が翌29年、弓削田村に開駅。伊田村は大３伊田町になり、弓削田村は明40後藤寺町になり、両町は昭18合併して田川市。

トンネルが爆発し山が裂けて谷になった二又トンネル

現・日田彦山線、篠栗線、香椎線他

現日田彦山線（当時は田川線）彦山駅の少し先で、トンネルの大爆発が起こり、トンネルの天井だけでなく、その上の山も吹っ飛んでしまい、トンネルだったところは谷になったという事件があった。彦山駅～筑前岩屋駅予定地の間の二又トンネル（田川郡添田町）でのことだ。

彦山駅と筑前岩屋駅予定地の間は山岳地帯で、三つのトンネルを掘らねばならなかった。その三つのうち彦山駅から約600メートルのところには二又トンネル（長さ約100メートル）と、さらに少し先に吉木トンネル（約50メートル）が掘られ、すでに完成していた。しかし、さらに先には長い釈迦岳トンネル（4379メートル）も掘らねばならず、線路は敷かれていなかった（当時門鉄局施設課軌道係主席で、彦山駅の近くに住み、爆発で母と甥を失った野北喜徳さんの話＝昭54取材）。

すると、これに目を付けたのが陸軍小倉兵器補給廠。山の中にあって使われていない洞窟――これは天然の火薬庫になる、ここに小倉の山田弾薬庫の火薬を疎開させよう、と両トンネルに火薬を貯蔵した。

ところが、日本の敗戦。米軍は日本軍に武装解除を命じ、ここの火薬も全部接収。焼却処理することになり、昭和20年（終戦の年）11月12日、第126連隊（小倉市に駐屯）ユントン・ユーイング少尉が兵2～3人を連れてジープで現地にやってきた。少尉らは添田署を訪れ、警察官4人の立ち会いと、消防団員４人の作業協力を求め、午後3時ごろ、まず吉木トンネルに向かった。ここで少尉はトンネル内の火薬入り木箱10個を運び出させ、火薬を15～20㍍ほどに細長く撒いて導火線代わりにし、先端にライターで火を付けた。火はジワジワと燃えていった。つづいて少尉らは二又トンネルに移動、ここでも同じ方法で火を付け、ジワジワと燃えるのを見届け、小倉へ帰って行った（添田署沿革簿）。

吉木トンネルの導火線の火は火薬に燃え移ったあと、ジワジワと約40日間で燃え尽きた。ところが、二又トンネルは吉木トンネルと違って、しばらくするとトンネル口から炎が噴き出した。トンネル断面の大きさの横向きの炎の柱、しかもいろんな色の交じった炎（弾道を確認する曳光弾も貯蔵してあり、それも爆発）であり、美しいものだった。そのうちに炎は彦山川を越えて川っ渕の民家に届き、この家は燃え上がった。火事を知らせる半鐘が乱打された。

そして午後5時15分、ついにトンネル内の火薬は大爆発した。トンネルの上の山（通称、丸山）は吹っ飛び、大きなキノコ雲が舞い上がったのが遠くからも見えた。爆発の大音響は、北は福岡、南は別府でも聞こえた。トンネルがあったところは谷のようになった。爆発地点から半径約２㌔以内の添田町落合の人たちは炎に焼かれたり、飛んできた岩石に当たったり、あるいは倒壊した家の下敷きになった（野北さんの話）。

*

彦山駅には、午後5時27分発上り４１８列車に乗ろうと駅に来ている人たちが大勢いた。ところが同5時15分同駅に着く下り４０９列車（この列車が折り返しの４１８列車になる）が延着してい

山が裂けて谷になった二又トンネル跡＝平11撮

て、所定の時刻になっても同駅に到着しなかった。駅の南ではトンネルから美しい炎が噴き出てきている。この時点では多くの人が爆発など予想もせず、駅前広場に出て炎の方を見ていた。そこへ5時15分、大爆発――。駅前広場にいたほとんどの人が死亡した。また火と岩石は辺り一面に飛び、次々に家が焼けたり、つぶれたりし、人が死んだり、けがをした。落合一帯では家屋の焼失・倒壊１３５戸、死者１４７人、重軽傷者１４９人に上った（『二又トンネル火薬爆発事件の真実』＝昭59、添田町編・発行）。

＊

同じように火をつけたのに、なぜ吉木トンネルは爆発せず、二又トンネルは爆発したのか？――それは吉木トンネルの方は積み重ねられた火薬の箱の間に比較的隙間[註1]があった。それに対して二又トンネルの方は隙間が少なく、ほぼギッシリ積まれていた。だから二又トンネルだけが爆発したものと見られている。

＊

その後、爆発現場付近にも線路が敷かれ、昭和31年（3・15）、現日田彦山線が全通した。

二又トンネルがあった丸山は真ん中が吹っ飛び、山は裂け、裂け目の谷となったところをいま列車が通っている。爆発しなかった吉木トンネルは深倉トンネルと名前を変え、その中を列車が走っている（後藤寺保線区彦山線路班の話＝昭和54取材）。

＊

ユーイング少尉は小倉の米軍法会議で、軍籍を剥奪され、本国に送還された（野北喜徳さんの回想記＝添田郷土史会編・発行『そえだ』第10号所載）。

註1　隙間　吉木トンネルはトンネル容積に対し火薬の収納量は20〜25%。二又トンネルは収納率70〜75%だった（裁判記録）

駅舎が岩で造られている
筑前岩屋駅

彦山駅から二又トンネル跡や長い釈迦岳トンネルを通ると筑前岩屋駅（朝倉郡宝珠山村＝現東峰村）。この駅の駅舎は、板壁などはなく、岩と木の柱で造られている。平成9年、宝珠山村が、古い駅舎を取り壊して、コミュニティ施設「岩屋ふれあいホール」として建てた。

駅のすぐ近くに国指定重要文化財（建造物）の岩屋神社があり、本殿は自然の巨岩を背面の壁にし、前の方は木造という造り。これにちなんで駅も木の柱と自然の岩を組み合わせて造られた。屋根の形も岩屋神社をイメージしたデザイン（宝珠山村役場の話＝平9取材）。岩の間からは清水が湧き出て岩の面に沿って流れるようになっている。駅舎の中には池もある。この水は、駅から見えると

岩で造られた筑前岩屋駅

ころにある釈迦岳トンネル（4379メートル）の湧水をパイプで引いて利用しているのだ。

＊

トンネルを掘ると山の水がトンネル内にしみ出して来るのはどのトンネルでも同じだが、ここ釈迦岳トンネルの湧水はおいしいことで有名。「岩屋湧水」の名で環境省の平成の名水百選に選ばれている（福岡県内唯一）。そのため駅舎内に送水しているほか、駅前に三セク「宝珠山ふるさと村」が設けた自動給水機5台があり、ポリ容器を抱えた村の人たちがひっきりなし。100円玉を1個入れると3分間（約30リットル）水が出る（平20取材）。

ホームに福岡県と大分県の境界線が通っている宝珠山《ほうしゅやま》駅

筑前岩屋駅の次は、九州で2番目に改札口からホームまでの階段数が多い駅、大行司駅（九州一は篠栗線筑前山手駅）、次は宝珠山《ほうしゅやま》駅（朝倉郡宝珠山村＝現東峰村）。この駅は九州でただ一つ、ホームに県の境界線がある駅。

駅の位置は駅舎の中心で表すことになっており、東峰村だが、駅構内は同村と大分県日田市にまたがっている。そしてホームの真ん中より少し下り側（南側）のところを、福岡県と大分県の境界線が通っている。ＪＲ九州の宝珠山駅構内地図を見ると、ホームの手前（起点側から見て）6割ほどが福岡県で、あとの4割ほどが大分県になっている（ＪＲ九州施設部管理課副長、相原正信さんの話＝昭63取材）。県境がホームを横切っている駅は全九州でもここだけ。

境界線が横切っている――といっても、それは地図上のことで、現場に県境を示す何ものもない。だから長い間、列車の乗客も、駅に降りた人も、ホームを県境が横切っていると気づく人は少なかった。そこで平成19年、東峰村がホーム上の県境の位置に「県境の駅」という標柱を建て、東峰村の名産、小石原焼の陶板を線状に並べて埋め込み、誰にもこのホームに県の境界線が通っていると分かるようにした（『西日本新聞』平19・8・3付）。

*

この駅は、昭和12年（1937年＝8・22）、久大本線夜明駅から分岐して英彦山の麓を目指す彦山線の駅として開業した。当時は福岡県宝珠山村と大分県日田郡大鶴村にまたがって造られたが、大鶴村は昭和30年、日田市に合併

ホームを県の境界線が横切る宝珠山駅

して現在は日田市。宝珠山村は平成17年、町村合併で東峰村になった。日田彦山線は平成29年、九州北部豪雨で添田―夜明間が不通になり、令和5年8月、バス高速輸送システム（ＢＲＴ）が開業。

面白い駅名や面白い形の駅がいっぱいの平成筑豊鉄道

平成筑豊鉄道会社の田川線には面白い名前の駅がいくつもある。いずれもＪＲから三セクの同社に引き継がれたあと造られた新駅。福岡県と沿線市町村などが出資してつくった会社だけに、駅を新設して……という地元の声もよく届き、駅名も地元の希望がよく採用されている。

今川河童駅のカッパの像

起点、行橋駅から三つ目は今川河童《かっぱ》駅（行橋市）。現在は行橋市だが、昭和29年までは京都《みやこ》郡今川村だったところ。会社では初め今川駅とする予定だったが、地元の要望で今川河童駅になった。この駅の付近には、今川にカッパが棲んでいたという伝説があるからぜひ駅名に織り込んでくれというのが地元の意見だった（美夜《みや》古《こ》郷土史学校事務局長、山内公二さんの話＝平9取材）。ホームのわきにカッパの像が立っている

（平2・10・1開駅）。

＊

少し西に進むと東犀川《さいがわ》三四郎駅（福岡県京都郡犀川町＝現みやこ町）というのがある。犀川町には明治の豊州鉄道時代から犀川駅があるから、その東隣に新設された駅となれば、犀川の頭に「東」とか「新」などが付くのが普通だが、三四郎とは人名。実は人名は人名でも、夏目漱石の小説『三四郎』の主人公の名なのだ。

この三四郎のモデルは、漱石が東大教授時代の教え子、小宮豊隆（ドイツ文学者で、学習院大学教授などを歴任）で、小宮の出身地がこの駅の近く。そこで、『三四郎』のモデルが生まれた地の駅だ、ということが分かるよう駅名に謳《うた》われた（平5・3・18開駅）。

＊

その次は明治30年（4・20）、豊州鉄道の駅として開業した犀川駅（京都郡犀川町＝現みやこ町）。駅名にちなんで犀の頭と角の形をした駅舎で有名。これは竹下登首相のとき、国から全国の全市町村に1億円ずつ交付された「ふるさと創生事業」に町費を継ぎ足して、それまで木造瓦葺きだった犀川駅舎を取り壊し、この新駅舎を、平成5年、完成させた（犀川町役

犀の頭と角の形をした犀川駅

場の話＝平10取材）。

　建物の本体は楕円形で犀の頭の形。角は長さ27㍍の円錐形だが、まさか斜めに突き出すわけには行かず、頭の部分の先端に垂直に立て、塔型にした。夜と早朝には塔の中にライトがつく。建物は正式には町のコミュニティ施設で「ユータウン犀川」という名称。その中に駅舎・喫茶店・タクシー会社・商工会・ホール・会議室・列車乗務員宿泊所などがある。

　平成筑豊鉄道の列車は夜中になると1両を除いて全部金田駅構内の車両基地に戻るが、戻らない1両は犀川駅に停泊して、翌朝4時台に犀川発、行橋行きの列車となる。早朝の発車だから乗務員は犀の頭の中の1室に泊まり込む。

＊

　さらに進むと、赤という漢字で一字の駅が平成15年に新設された。別に赤色に関係があるのではなく、ここが赤村（田川郡）だから村の名を付けただけのことだが、村名・駅名とも珍しい名前（平15・3・15開駅）。赤駅がある赤村の中心駅は油須原駅（油須原線については次項で詳述）。なお赤村は歌手、西川峰子さんの出身地。

＊

駅舎が理髪店になっている中泉駅

赤村には源じいの森駅という名の駅もある。村の自然学習施設「源じいの森」が造られたので、そばに駅も造られ、この名がついた。源じいという有名なじいさんがいたわけではなく、赤村は源氏ボタルが多いので「源」、また赤村の村花である春蘭を地元では「じじばば」というので、合わせて「源じい」としたのだそうだ（赤村役場の話＝平9取材）。いささかこじつけのような気もするが……（平7・7・21開駅）。

駅からも、施設からも、見えるところに九州第一号鉄道トンネルがある（次々項に詳述）。

ボクシングジムがある糒駅－平11撮

＊

平成筑豊鉄道伊田線の中泉駅は駅舎が理髪店になっている。駅舎の入り口には赤青白の回転塔が回り、理髪店のおじさんがお客の髪を切っている。また合間を縫ってホームの掃除などもしている。

＊

同線の糒《ほしい》駅（田川市）は、無人駅になって、駅舎が取り壊された跡に、筑豊ボクシングジムの練習場が建っている。毎日、夕方から若者たちが練習をしており、「ボクシングジムのある駅」と『週刊文春』（平8・1・25号）のグラビアページでも紹介された。

油須原までたどり着かなかった油須原線

油須原線という名で建設されていながら、目的地の油須原駅（前項参照）まで延びてゆかずに工事中止、廃線となった線がある。この線こそ九州の赤字ローカル線の典型だろう。

油須原線は、国鉄時代に、政府が、漆生線の終点、漆生《うるしお》駅（嘉穂郡稲築町＝現嘉麻市）から田川線の油須原駅まで建設しようとした線。稲築《いなつき》・山田地区からの石炭列車を、油須原線を走らせて、そのあとは田川線～日豊本線～鹿児島本線経由で、門司の港へ送り出すのが目的だったということだが、どうも分からない。稲築・山田の石炭は漆生線～後藤寺線を経由して、東の日田彦山線にでも、西の筑豊本線へでも出せるのに、なぜ新線建設なのだろうか？

だから政府としても、全くの新線を建設するのはばかられたのだろうか、漆生から先に少し新線を造って既設の上《かみ》山田線に繋ぎ、上山田線の先にも少し新線を造って既設の添田線に繋ぎ、その先はまた新線を造って田川線の油須原駅に繋ぐという、既設線も利用して新線を造るという建設方式にした。

そして、昭和31年、着工された。石炭輸送のために……と建設が始まった線だが、もうそのころはエネルギー革命（石炭から石油へ）の波がドンドン進み、石炭採掘も、石炭輸送も減る一方。国鉄としては、一方では「赤字を増やすな」と言われながら（世論から）、一方では赤字のタネのローカル線を造らせられる（鉄道建設審議会の答申により政府が決定という形）のだからたまらない。

現・日田彦山線、篠栗線、香椎線他

もう赤字のタネは造りません、と工事継続を拒否した。

　すると政府は、国鉄がこれ以上赤字路線の建設はイヤだというのなら、鉄道建設公団をつくり、そこに政府が金を出して建設させ、完成したものを国鉄に譲渡しよう（昭39・2・26参院予算委での田中角栄蔵相答弁要旨＝『現代の眼』昭57年10月号所載）と、昭和39年、鉄建公団を誕生させた。油須原線工事も同年、国鉄から同公団が引き継いで延伸を進め、昭和41年（1966年＝3・10）、日田彦山線の豊前川崎駅まで開通した。しかし、このうち漆生線～嘉穂信号場間は漆生線延長という工事名で、完成後は下鴨生～漆生間が漆生線（図①）。上山田～豊前川崎間は上山田線延長という工事名で、完成後は飯塚～豊前川崎間が上山田線（図②）。線名では油須原線が部分開通したということにはなっていない。

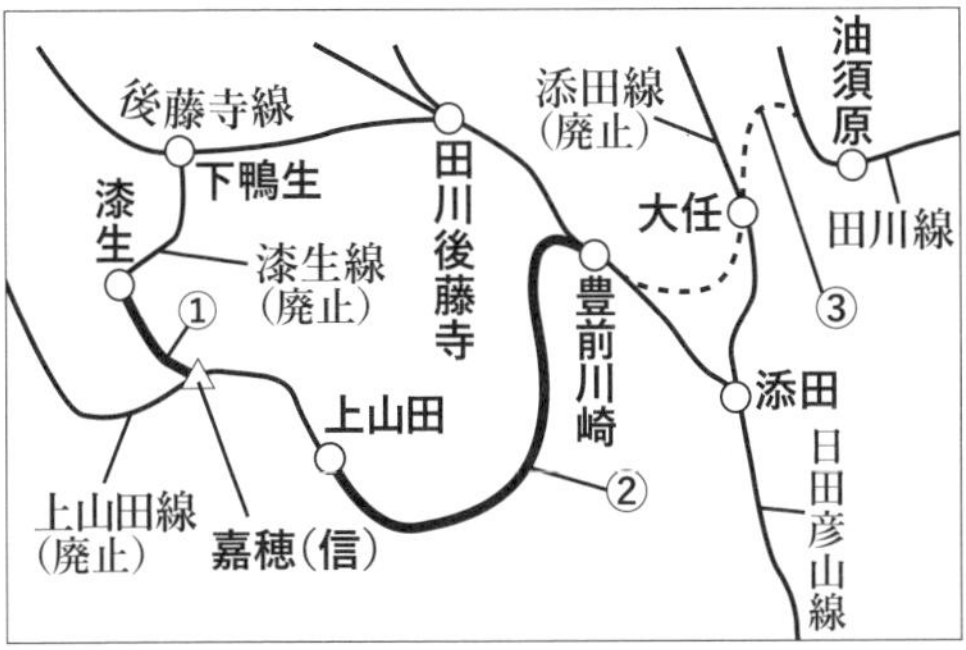

上の図は国鉄最後のころの油須原線一帯

＊

　このあと線は、豊前川崎駅から添田線大任《おおとう》駅へ延ばし、大任駅から油須原駅へ延ばして全通の予定だった（図③）。豊前川崎～油須原間の川にはコンクリート橋が架けられ、山にはトンネルが掘られ、田んぼは買収されて盛り土で築堤が築かれ、路盤が完成したところには立派なコンクリート枕木が並べられ、線路も敷かれた。

　ところが、国鉄は線をタダでもらっても、その上に列車を走

大任駅手前で工事中止の油須原線。
向こうは添田線を走る列車＝昭54撮

らせれば、人件費も燃料代もかかる。石炭輸送がないのだから収入はホンのわずか。赤字が増えるのは明らか。そこでまさに公団の線が国鉄の添田線に繋がろうとする直前で、

「結節については、公団と国鉄の間でさらに細部まで協議が整ってから実施して頂きたい」

　と、丁重にではあるが、事実上の結節拒否（門鉄局企画室、山田正三補佐の話＝昭54取材）。

＊

　そのうちに国鉄の赤字はますます問題化。既存の赤字ローカル線も廃止せよということになり、昭和55年、国鉄再建法[註1]が成立した。そのあと公布された同法施行令と併せて、全国83線を廃止[註2]せよ、ということになったのだ。

　列車が走っている線でも、赤字線は廃止せよ、というとき、新たに赤字線を造るわけにはゆかない。鉄建公団も、昭和55年度には油須原線などを全部工事中断。昭和62年、国鉄が分割民営化されると、各地にあった公団の現地工事事務所も引き揚げてしまった。油須原線の名で建設され、延長開業された漆生線も、上山田線も廃止。油須原線の名で開業するはずだった豊前川崎～油須原間も、工事は99％完成し、あとは国鉄線と繋いで列車が走り出すばかりになっていたのに、1

現・日田彦山線、篠栗線、香椎線他

本の列車も走ることなく工事中止となった。

註1　国鉄再建法　これは略称で、正式法名は、日本国有鉄道経営再建促進特別措置法。このあと昭51日本国有鉄道改革法が成立し、国鉄は分割民営化される。

註2　赤字線の廃止　地元が第三セクターを創って引きつづき経営するなら譲渡も可とされた。

九州の第1号鉄道トンネルは田川線の石坂トンネル

平成筑豊鉄道には、九州に初めてできた鉄道トンネルがある。田川線源じいの森駅（田川郡赤村）のすぐ上り側（崎山駅側）にある第1、第2石坂トンネルだ。源じいの森駅に降りると、すぐそばが赤村立自然学習施設「源じいの森」で、施設内のトンネルがよく見えるところに「九州でいちばん古い石坂トンネル」という大説明板が立っている。

大説明板のそばから見て、手前が第1石坂トンネル（33㍍）で、その向こう（東側）が第2石坂トンネル（74㍍）。明治28年（1895年＝8・15）、豊州鉄道会社が行橋〜伊田間に鉄道を建設したとき掘ったものだ。

掘った人にも、同社にも、これが九州第1号トンネルだという意識はなく、のちにこれを引き継いだ国鉄も同じだったようで、九州の国鉄ナンバー1を並べた資料にも出ていなかった。

ところが平成7年の夏休みに、ここを訪れた大学生（現在は京都市で医師）が、

九州第１号の石坂トンネル

「確かこれは九州で最初に掘られたトンネルですよ」と、赤村役場に話した。村でも知らなかったから驚き、調べてみると、確かにその通り。そこで翌8年、源じいの森に前記のような大説明板を立てた（赤村役場の話＝平9取材）。

＊

明治28年に掘られたのに、平成になってようやく九州の第1号トンネルと分かったとは驚きだが、このときまでみんなが気づかなかったのは、九州にはここより早く鉄道が開通している線でトンネルのあるところがいくつもあるからだった。

　例えば鹿児島本線海老津～教育大前間には城山《じょうやま》トンネルがあるが、ここは九州鉄道会社が明治23年に開通させたところ。明治23年の開通なら、明治28年開通の豊州鉄道より5年も早いではないか？　こちらこそ九州最初のトンネルではないか？　と思われそうだが、実は明治23年に開通したときは、ここにはトンネルは掘られず、線路は城山峠の上を越えていたのだ。なにしろ明治20年代の九州のトンネル掘削技術では７００㍍近いトンネルを掘るのは無理、または相当の殉職者を覚悟しなければならなかったのだろう。

　国有化後、国鉄はここを複線にしたが、そのころはもうトンネル掘削技術もかなり進歩していたようで、峠の下に複線の城山トンネル（６９４㍍）を掘った。そして峠越えの線は撤去した。

しかし、これは明治42年のことであり、明治28年の石坂トンネルよりも遙かのちのことになる。

＊

鹿児島本線は熊本県下にも、豊州鉄道の明治28年より前の明治24年開通した区間に、いま三つのトンネルがある。しかし、これも明治時代にはトンネルを掘らず、山を迂回するルートで線路が敷かれた。そして昭和42年、この辺りを複線化するとき▽玉名～肥後伊倉間は、それまでの迂回ルートの単線を上り線にし、下り線は新に第1、第2桃田トンネルを掘って別線を敷設　▽田原坂～植木間も同様に下り線用の田原坂トンネルを掘った。だからいまここは下り列車だとトンネルをくぐり、上り列車は昔同様にトンネルのない迂回ルートを走っている　▽また玉名～肥後伊倉間は翌43年、複線トンネルを掘って上下線ともトンネルを通り、迂回ルートの旧線は廃止した（『くまもとの鉄道』）

＊

明治23、24年には、このように迂回ルートや、峠越えルートにして、トンネル掘りを避けていた。しかし、明治28年の豊州鉄道となると、そのころはトンネル掘削技術もいくらか進歩。またトンネルが第1、第2でそれぞれ30㍍余と70㍍余と短かった。この程度なら掘ろうということになったものと思われる。それでも、このトンネルそのものではないが、アプローチ部分の切り取り崩壊により〈線路百間余が埋没、工事中なる工夫・土方等二十名が圧死〉（『門司新報』明28・7・14付。職業の呼び方も当時のまま引用）など、やはり殉職者が出ている。

索　引

※ページ数は下記内容を紹介している各項の見出し位置を示す

博多 旧町名歴史散歩

B5判変型／並製／オールカラー224頁 定価1600円＋税

日高三朗・保坂晃孝 著

約50年前に消えた「太閤町割り」ゆかりの町名。山笠とともに今なお息づく、旧町の歴史と風情をたどる

博多祇園山笠大全

B5判変型／並製／オールカラー160頁 定価1500円＋税

西日本新聞社・福岡市博物館 編 保坂晃孝 監修
博多祇園山笠振興会・櫛田神社 協力

長い伝統を誇る博多の祭りの歴史やしきたり、用語などを豊富な写真と図版で詳しく解説した、待望の山笠ガイド

博学博多200 増補改訂版

B5判／並製／376頁 定価2000円＋税

調福男・渕浩子 著
西日本新聞トップクリエ 編

足かけ17年、全200回の朝刊人気連載が一冊に。福岡・博多の歴史、人、祭りなどの物語を満載した〈郷土事典〉

随筆集 柚子は九年で

四六判／上製／200頁 定価1500円＋税

葉室麟 著

歴史の敗者や脇役たちの人生を描く小説家の思いとは。直木賞受賞作家、初の随筆集。博多が舞台の短編小説収録

西日本人物誌［7］
黒田如水

三浦明彦 著

四六判／並製／234頁　定価1456円＋税

大河ドラマ主人公・黒田官兵衛（如水）の正確な史実による評伝。黒田家のルーツ、軍師の時代、隠居生活から家臣まで

西日本人物誌［20］
柳原白蓮

井上洋子 著

四六判／並製／268頁　定価1500円＋税

女性の自立を大正の世に問うた美貌の歌人。「筑紫の女王」が遺した珠玉の和歌と雅やかな生涯をひも解く

戦争とおはぎとグリンピース
——婦人の新聞投稿欄「紅皿」集

西日本新聞社 編

四六判／並製／216頁　定価1400円＋税

明日を今日より良い日にしたい——。日常に「戦争」があった時代。女性の投稿からその覚悟を読み取る。

博多かるた

博多を語る会編
錦山亭金太夫 絵・文字

読み札・絵札各48枚／予備札4枚／箱入り　定価1800円＋税

昔ながらの博多ことばや博多の名所・行事などを盛り込んだ郷土愛たっぷりのかるた。解説付きで、お土産にも最適

[著者略歴]

弓削信夫（ゆげ・のぶお）

昭和7年生まれ。元フクニチ新聞記者。17年にわたり国鉄九州総局記者クラブに在籍し、九州の鉄道を取材。定年後も福岡県の広報誌「グラフふくおか」に「ふくおか駅紀行」、「スポーツ報知」に「あの駅この駅」を連載。著書に『福岡鉄道風土記』『福岡県JR全駅』（葦書房）がある。鉄道友の会会員。

[編集・制作]
末崎光裕／保坂晃孝（西日本新聞社）
藤村興晴（忘羊社）
[写真]
弓削信夫
西日本新聞社データベース資料部

明治・大正・昭和　九州の鉄道おもしろ史

2014年6月12日　初版第一刷発行
2023年12月1日　第七刷発行

著　者　弓 削 信 夫
発行者　柴 田 建 哉
発行所　西日本新聞社
〒810-8721 福岡市中央区天神1-4-1
電話 092-711-5523　FAX 092-711-8120（出版担当窓口）
印刷・製本　西日本新聞プロダクツ

ISBN978-4-8167-0885-5 C0065

昭和9年の九州の主要鉄道路
「婦人倶楽部附録　全国旅行案内地図」より